JN043707

渋沢栄一 92年の生涯

白石喜太郎

冬の巻

『渋沢栄一 92年の生涯』冬の巻／目次

『渋沢栄一　92年の生涯』各巻・目次

※各巻目次の小項目は省略しています。

凡例

本書は、渋沢栄一の秘書・白石喜太郎が「和泉清」のペンネームで雑誌『経済知識』に連載したもので、「序に代えて」によれば、連載を読んだ渋沢栄一が「一々筆を加えられ、観察の正鵠（せいこく）を得ざる点、記述の不備なる点を懇切に示教」したといいます。まさに、渋沢栄一自身が添削した伝記です。渋沢栄一没後の一九三三年（昭和八）に、『渋沢栄一翁』の題名で刀江書院より出版されました。

この度の出版に当たり、左記のような編集上の補いをしました。

一、旧字・旧仮名を新漢字・新仮名に改めました。

二、難字にはルビをふり、難解な表現などには意味を（　）で補いました。

三、原本の「渋沢栄一子爵は」「子爵は」の表記を、「渋沢栄一翁は」「翁は」と改めました。

四、登場人物の年齢表記は、原本の数え歳表記を踏襲しました。

五、海外の国名や地名などの漢字表記の一部を、カタカナ表記に改めました。

六、原本は全一巻の大著で全六篇の構成でしたが、このたび新たに「春の巻」「夏の巻」「秋の巻」「冬の巻」の全四巻に分冊し、タイトルを『渋沢栄一　92年の生涯』と改めました。

七、今日の人権上の観点からしますと、不適切と考えられる表現もありますが、歴史的な史料としての価値に鑑み、原本通りとしました。

二〇二〇年一二月

国書刊行会

冬の巻

一、報効会

大正八年（一九一九）十月十二日、当時の陸軍大臣田中義一は、京浜の有力実業家約六十名を小石川後楽園に招き、伏見宮貞愛（さだなる）親王殿下台臨（だいりん）の下に、廃兵および軍人遺族の生活、ならびに当時の社会不安状態などにつき詳述し、このさい官民協力して軍人を保護後援し、もって国防の基礎を鞏固（きょうこ）ならしむるの急務なるを力説した。けだし、財団法人報効会創立の動機をなした大演説であった。

報効会設立について、翁はこういっている。

> 私は従来各種の会に関係しておりますが、なかには、その声明のみ高く、実際の効果が少ないことが多いのですが、この報効会は、その声明は低くとも、その目的に向かってかなり努力しつつあり、したがって、その効果も決して少なくないと思っております。かく申せば、自分が会長をしている関係上、偉そうなことをいうと考えられるかも知れませんが、決して誇張でもなければ、また自慢でもありません。
>
> 元来、一国の富を増進せしむるには、経済、国を守るには、あるいは言葉が穏やかでないかも知れませんが、いわゆる武力が必要でありまして、われわれ人体にたとえてみると、武力が骨であれば、経済は肉でありまして、この骨と肉との強弱、割合がそのよろしきを得ざれば、決して

健康体と申す訳にはまいりませんと同様に、経済、武力互いに相まって、はじめて国家の安定を得られるのであります。

むかし藤原氏時代には、独り文化の発達に努めておりましたため、しらずしらずのうちに、源平両氏の天下となり、封建制度の出現を見るようになったのであります。これは、私がいまさら説明するまでもなく、『日本外史』に詳しく書いてある事柄であります。

さて、封建制度が出来てみますと、武力の必要上、多額の御用金を命ずるので、いわゆる骨は太くても肉が衰えるという有様で、しかも、武士は国を富ますということは少しも考えず、肝心の肉である一般国民を圧迫して、二言目には、おまえらのかれこれいうべきものでない、というように、今で申せば、はなはだしき差別待遇をしたのでありまして、かようの有様が、明治維新まで続いて来たのであります。こうなってくると、誰でも自然に内心武士が憎いようになってきまして、かく申す渋沢もその一人であったのであります。

しかるに、王政維新により、封建制度は破壊され、明治大帝により文武とも統一されましたが、因習の力は恐ろしいもので、なかなかぬけきらず、たとえば日清、日露の戦争当時は一般に軍人を尊敬するようでありましたが、戦後、時の経過するにつれて、だんだん無用の長物視する傾向があるように考えられ、すなわち、一般に肉の栄養には注意しておりますが、骨のほうは漸次衰えるという訳で、この点は私らの常に切に憂うるところでありましたのみならず、このことにつきましては、当時の陸軍大臣田中大将もまた、私らと同様にお考えになっていたので、ときどきこのことについて、お話したことがありまして、ついに大正八年（一九一九）十月十二日、小石川の後楽園に、田中陸相をはじめ京浜実業家六十余人が集会をいたし、かたじけなくも、故伏見元（げん）帥（すい）宮殿下台臨（だいりん）あり、田中大将から当時のシベリア出征の苦心など、軍事上につき種々、局外者の想像しあたわざる状況を述べられ、かつ、実業家の軍事上の苦心を承知なきがごとく、経済界の事情も軍人の想像しあたわざる苦心もあるべく、この両者の権衡（けんこう）を得てこそ、国運の進展も得らるべしとの述懐談があり、私が来賓を代表して、武力と経済力との一致調和が必要なることは、田中大将とぜんぜん同感なる旨を述べ、かつ、これは本日一日の談話にとどめず、何らかの形式において実現すべきを約し、ただちに私ら十人で委員会を組織し、まず、軍人遺族ならびに廃兵の救護など、軍人後援の事業を実施することに決し、そののち委員は数回会合、熟議の上、報効会を設立することになったのであります。

次いで、これと前後して、大阪市に大阪軍人後援会が生まれ、その目的が同一でありますから、これと合併して今日に至ったのであります。

田中の主張を具体化するための委員会を組織したメンバーは、翁をはじめ、大倉喜八郎、郷誠之助、井上準之助、団琢磨、串田万蔵、和田豊治、大橋新太郎、藤山雷太、中島久万吉の十氏であった。

これらの委員の尽力により、報効会が生まれたのは、翌大正九年（一九二〇）五月で、翁は会長に、井上準之助、池上四郎の両氏は副会長に、原富太郎、大倉喜八郎、大橋新太郎、佐々木勇之助、団琢磨、中島久万吉、串田万蔵、郷誠之助、野々村政也、田中隆三、山岡順太郎、湯川寛吉の諸氏が理事となり、藤山雷太、大谷嘉兵衛、土居剛吉郎、喜多又蔵の諸氏が監事に就任し、東京、大阪、および横浜の有力者約八十名が評議員となった。

報効会の成立は、ただいま申し上げた通り、当時相集まった者が首唱者となり、ただちに寄附者たることを同意したのであります。しこうして、その方法も、一定の原本を積んで、それより生ずる利子をもってするというのが、一般寄附の振り合い（事のなりゆき）でありますが、本会のごときは、金高も余り小さくては援助すべき人が多いために、効が薄い。ことに、原本の利子で経営するというのは、取り扱いに煩雑をきたしますから、各自が年々その引き受けた額だけを出す。

すなわち、一口の高を少なくして、その口数を多くし、つまり、大なる金額を集めたい、その一口の金額は、毎月十円、一年に百二十円として、十口または五十口を持つというようにして、十年を一期と定め、満期となればまた十年を継続し、さらに十年というように、世のあらんかぎり約束していく。ただし人には盛衰があるから、あるいは継続出来ぬ人が生ずるかも知れない、そういう場合は、他の人を選んで補欠すれば、いつまでも継続が出来る。一口の金額は、百二十円でも、あるいは一万二千、五、六万も年々引き受けた人もあります。

これを形から申しますと、たとえば済生会のごとき、原本を出金して、これより生ずる利子をもって経営すれば、名は大きいが金は少ない。報効会は、出す金高は一口百二十円という、極めて少ないようであるが、実からいうと大きいのであります。

田中閣下は、この募金は全国にもおよぼしたいといわれたが、本会もその希望でありますが、かかる事柄は時機を図らないと、一般に貫徹せずして、厭忌（えんき）の感じを起こしますから、機会の来るのを待っておりましたが、今日のごときは、これを全国に発表するに千載一遇（せんざいいちぐう）の機会と思うのであります。

　ありがたいことには、帝室からも特に多額なる御下賜金（ごかしきん）をいただきました。しかしてそれは一時でなく、年々御下賜あらせられることと拝承します。しかし、御下賜金は、年々の経営費に混入せずに、基本金として、その利子を用いることにしたのであります……。

　右は、報効会設立後、日なお浅き大正十年（一九二一）九月、帝国在郷軍人会連合分会代表者会堂の席上における、翁の口演筆記の一節であるが、資金醵集（きょしゅう）の方法において、新機軸を案出し、声を大にせずして効果の挙がる方法とした。

　また、帝室からの御下賜金は、基本金として積み立て、その利息を経営費に充てた。かくして、昭和三年（一九二八）には基本金百五十万円を算するに至った。

　一方、会員よりの醵出（きょしゅつ）金をもって実施した事業は、明治十年（一八七七）戦争以来の戦傷廃兵、公傷者、ならびに戦死者、公傷死者の遺族に対する慰謝金の贈与、飛行機、潜水艦、国境警備、その他突発事変による遭難者遺族、戦死軍人遺族にして、特別生計困難なる者に対する慰問金の一時的贈与をなし、昭和二年（一九二七）十月までに、延べ人員四万五千五百人、贈与金合計二百万円以上にのぼる実績をあげたのであった。

二、対外関係

連合国傷病兵罹災者慰問会

大正中期の翁の足跡を辿って、ここまで記してきて注意を惹くのは、海外関係の次第に繁くなりゆくことである。しこうして、年来努力を続けてこれるアメリカはもちろん、中国にインドに、はたまた国際連盟に各種各様の関係を生じていくのを見るのである。

しこうして、関係のときの前後から考えて第一に挙げねばならないのは、連合国傷病兵罹災者慰問会である。この事業は、連合軍慰問使派遣のことから出発している。連合軍慰問使派遣計画について、大正六年(一九一七)一月、翁はこういっている。

そもそも本計画は、先月九日開催の日米関係委員会の食卓で、偶然起こった問題であるが、今次の欧州変乱は各交戦国において、多大の人命、財産を犠牲とし、悲惨な現象を呈しているが、ひるがえって我が国の現状を観るに、地理的に遠隔なのと事情が異なるものがあるため、影響するところがさほど大でない。のみならず、経済上においては、かえって少なからざる利益を収めている有様である。

想うに、欧州戦乱は人道の上からまことになおざり視すべからざる次第で、与国民(互いに助け合う間柄の国民）たる我が国として、この急を救い、兼ねて各交戦国を慰問すべく適当なる人士を派遣したいとの意見で、折から参会していた本野外相はじめ一同賛成し、ここにはじめて中野武営氏と相計って計画を立てた次第であります。

爾来、首相および外相との数次の会見により着々進行し、さらに本月十日、首相と協議の結果、なるべくすみやかに、首相指名のもとに貴・衆両院議員、旧大名、華族、および全国六大都市の実業家中より発起人を選び、きたる十七、八日頃までに第一回発起人会を開く予定で、まず、事務所は当分貴・衆両院事務所をもってこれに充て、貴族院議長を総裁に衆議院議長を副総裁に推し、しこうして、派遣すべき人員は貴・衆両院議員の中より二名宛とし、各交戦国を巡訪し、各国傷病兵および罹災民の救助に尽くしてもらいたい。

なお、これに充（あ）つべき資金としては、百万円ないし二百万円を、全国の有志から醵集し、慰問使派遣費は、もちろん、これを国庫の負担とすべきつもりであります。

以上は、じぶんの希望でありますが、ねがわくは人道上、かつは友邦に対する情誼（じょうぎ）として、政党政派に関せず、いわゆる挙国一致、本計画の成立をみたいものであります。

かくて、同月十七日、寺内首相は、華族、上下両院議員の主なる人々、ならびに東京、京都、大阪、横浜、神戸、名古屋の主なる実業家、および新聞、雑誌、通信社の各代表者を官邸に招き、種々協議の結果、具体的に設立のことを決し、その名を連合国傷病兵罹災者慰問会とし、総裁に徳川家達公、副総裁に翁および島田衆議院議長、常務委員に早川千吉郎、大橋新太郎、岡崎國臣、和田豊治、柿沼谷蔵、中野武営、串田万蔵、安田善三郎、柳田國男、会計監督に大倉喜八郎、近藤廉平の諸氏を選び、委員ならびに評議員約二百人は、全国有力者を挙げた。

越えて同月二十日、市内各新聞社の人々を招待して懇談会を開き、徳川総裁より同会設立の趣意を述べ、次いで、翁および島田副総裁より懇談あり、さらに月末、全国に向かって寄附金募集を発表した。かく寄附金募集が具体的に発表されたので、三月中旬、翁はその要務を帯びて関西に旅行した。

翁は、この会の寄附金募集のために、この旅行をしたが、また別に第一銀行頭取辞任についての披露ということがあった。東京においては去年十月六日、その披露をなし、朝野の有力者に実業家としての告別の辞を披瀝した。次いで、関西各地に赴き、同様披露のはずであったが、神戸における招宴を行いたるのみにて、病気のため中止し、爾来、遷延するなかに年がたったので、この行をもってその希望を達することとなった。

三月十四日午前八時三十分、東京を発し、同夜九時十一分、三の宮着、常盤花壇に投じ、翌十五日午前十時、兵庫県庁において、連合国傷病兵罹災者慰問会寄附金の件につき有力者と懇談し、さらに正午、トーア・ホテルに移って午餐を共にし、午後三時、商業会議所における兵庫県慈善救済協会発会式に臨み、翌十六日午前、知事訪問ののち神戸をあとにし、正午近く、大阪に着き、知事を訪ねたるのち、大阪ホテルに赴き、慰問会寄附金の件につき懇談し、転じて、大阪公会堂建築場を訪ね、さらに東洋紡績会社営業所に赴き、所員に訓辞を与え、再び大阪ホテルに到り、第一銀行頭取引退披露宴を催した。

三月十七日午前より奈良に赴き、法隆寺を訪ね、神武天皇御陵および橿原(かしはら)神宮に参拝し、夜に入って京都に着き、ただちに都踊(みやこおど)りを見、一日を清遊に送った。翌十八日は、午前中、第一銀行東洞院支店を訪ね、知事を訪問して、明石照男氏邸に小憩ののち、万養軒における竜門社臨時集会に臨んだ。翌十九日正午、祇園中村楼に催された銀行集会所の午餐会に列し、午後四時、商業会議所において、有力者に慰問会寄附金の件を懇談した。

二十日は、桓武天皇御陵、桃山御陵、および桃山東御陵を順次参拝し、第一銀行伏見支店に小憩ののち京都に帰り、奥村電機商会工場を一覧し、夜は京都ホテルにおいて、引退披露の宴を張り、翌二十一日午前九時二十四分、京都を発し、午後一時近く名古屋に着き、「河文（かわぶん）」における銀行集会所の歓迎会に列し、転じて県庁に赴き、慰問会寄附金につき協議し、夜は銀行集会所において引退披露宴を催し、さらに百春楼に少壮実業家諸氏を招待懇談し、二十二日午後、同地発、夜八時半、帰京した。

地方について、かくのごとく努力した翁が、中央にあっても、また出来るだけの尽力をしたことはいうまでもない。かくて、六月十日をもって締め切った同会の寄附金は、百九十三万余円に達したので、同月十六日、翁は、寺田衆議院書記官長および津久井同書記官と協議し、六月中に事務の整理を終わり、寄附金の処分は追って案を立てて、評議員会に付議することに決定した。かくて予定の通り六月中に諸般の整理を了した同会は、翌月二十三日、華族会館に評議員会を開き、徳川総裁および副総裁たる翁より、詳細なる経過報告ありて、これを承認し、慰問方法その他について凝議し、左の通り決定した。

一、慰問使派遣は、これを見合わすこと。
一、寄附金百九十七万八千余円の中、百九十二万円を慰問金として、英、仏、伊、白の各国に三十六万円宛、ルーマニア及びセルビアの二ヶ国に六万円宛、現金をもって送付すること。

一、金一万円の予算をもって、英語および仏語の慰問号を作成して、これを連合国に送付すること。
一、慰問金は慰問号の出来期、即ち八月三十一日をもって送付すること。
一、残務整理および残金処分は常務委員会に一任すること。

かくして、日米関係委員会の食後の余談に発芽し、翁不断の努力によって発育し、この成果を得た連合国傷病兵罹災者慰問会は、ここに局を結んだ。

「ヘボン講座」と「聖路加」

連合国傷病兵罹災者慰問会のことを記した筆を転じて、ヘボン講座のことを記すべき順序になった。慰問会が、友邦に対する同情の発露であれば、ヘボン講座は日米親善増進の具体的施設である。ヘボン講座は大正六年（一九一七）十二月、当時、ニューヨーク、チェース・ナショナル・バンク取締役会長だったアロンゾ・バートン・ヘボンが、日本公債二十万円を醵出して東京帝国大学に設けられたものである。

ヘボンは教育家の出身で、のちに実業界の人となり、第三銀行頭取、ナショナル・シティ・バンク副頭取、チェース・ナショナル・バンク頭取を歴任し、一九一一年に同行取締役会長となり、同時に幾多の会社の重役を兼ね、ニューヨーク財界の巨頭の一人であったが、かねて日米親善増進に思いをひそめ、翁とはその渡米の際、数次会談し、翁の人格に服している人であった。

しかし、翁との間には特に記すべきほどの交渉はなかったが、大正六年（一九一七）夏、横浜正金銀行ニューヨーク支店長一宮鈴太郎氏の帰朝に際し、一書を裁して翁への伝達を請うたことによって、直接の関係が出来た。

　ヘボンの書簡は欧州戦乱に関する感想を認め、その原因が国と国との正しき理解を欠きたるにあるを指摘し、転じて、日米両国の関係におよび、歴史より見るも、地理的関係よりするも、当然善隣のよしみを訂すべき両国が、とかく正朗の関係を維持し難きを感じ、要するに相互諒解の十分ならざるに基因すべきを説き、これを除きていっそうの親善を計るは、両国の心ある人々の責務にして、現に翁が多年これがため努力を続けきたれるを多とし、自分はその方法として、相互の歴史および国情を知悉（細かい点まで知りつくすこと）せしむるを最も適当なりと信ずる旨を力説し、これがため東京帝国大学に米国憲法、米国歴史、および米国外交に関する講座の開設を希望し、その費用として十二万円を寄附せんとする意向を明らかにし、この希望達成については、多年両国親善のため尽瘁しきたれる、翁をおいて他に依頼すべき人なきにつき、衷情を諒とし、大学当局と熟議されたき旨を詳細に記してあった。

　これを受けた翁は大いに動かされ、ただちに東京帝国大学総長山川健次郎を訪ね、ヘボンの手簡を示して種々協議を重ね、大学において正式に考慮することとなり、評議員会に付議し、慎重審議の結果、ヘボンの好意を受けることに決し、翁はただちにヘボンにその旨を通じた。

　ヘボンの喜びはいうまでもない。ただちに日本公債額面十二万円を、横浜正金銀行を通じて翁に送りきたり、翁はこれを山川総長にいたし、ここに講座設立に要する資金の授受を了し、大正七年（一九一八）度より、東京帝国大学法科大学に米国講座を設けることになった。また、適当なる学者を選んで、三年間アメリカに留学させ、帰朝後、該講座担任教授たらしむべきことを決した。選ばれたのが、現東京帝国大学法学部教授高木八尺氏である。

翁はかくのごとく、ヘボン講座の開設について努力したのみでなく、開設ののちも右寄附金の管理委員として熱心に努力した。

開設当時、寄附者ヘボンの希望によって管理委員となったのは、翁および当時のアメリカ大使ローランド・S・モリス氏、石井（亮一）子爵、目賀田種太郎、ならびに井上準之助の五人であったが、モリス氏はまもなく帰米し、石井子爵は海外に在り、目賀田は逝き、井上は激務に忙殺されたため、管理委員として熱心に職責を果たしたのは翁のみであった。

翁が関係するかぎりの事業において、常に「殿」することは、あらためて記すまでもなく明らかなところであるが、ことにヘボン講座については、その力の入れ方が強い。けだし、最初からの関係において特殊のものがあるからであろう。

それは、当時自ら談話したところによっても推察することが出来ると思う。

> ヘボン氏とはあまり深い関係はないが、先年渡米した際、歓迎会の席上で面会したのをはじめとし、そののち数回面会したことがあります。
>
> 同氏は相当の財産家で、一昨年阪谷男爵が渡米された際、歓迎会の席上で演説されたことがあるが、この夏、一宮鈴太郎氏を介して長文の手紙を私に寄せ、日米の親善に関し種々意見を述べ、両国の了解を深くするには、貴国の大学内にアメリカに関する講座を設け、まず知識階級にその了解を求むるを適当と思う、ついては十二万円を寄附したいから、しかるべく取り計らってくれと依頼してこられた。

それで山川総長と協議の上、このたび自分の手を経て大学に寄附することとなったのでありますが、同氏の手紙によると、非常な憂国の士と思われるし、また非常に徳の高い人のようにも感じております。

このたびの寄附金のことについては、自分の名前を現さずに、ごく秘密にしておいてもらいたいと書き添えてきたくらいでありますが、非常な美学であるから、自分から同氏に、名前を発表することは、はなはだよいと思われるゆえ、何とぞ発表を許されたいと頼んで、ようやくその承諾を得たという一事に鑑みても、氏の徳の高さが知れるであろう。

さらにまた氏の手紙には、日米開戦というような詭弁を弄する人もたまたまあるようだが、両国民は正義人道を重んずる国民であるから、互いに相扶け相戒めて進まねばならぬと思う、かような言を流布する者のあることは、衷心より悲しむところであるということも書いてありました……。

ヘボン講座は、当時翁が関係したアメリカ人の日本における事業であるが、同様の事業に聖路加国際病院がある。翁がその事業に関係したのは、聖路加病院長ルドルフ・B・トイスラー博士がその拡張を計り、今の聖路加国際病院を完成せんとした当時であった。

トイスラー氏のこの計画につき、当時の逓信大臣後藤新平、東京市長尾崎行雄氏が賛意を表したので、氏がアメリカに帰り、拡張資金の募集に努めた結果、大統領ウィルソン夫人の熱心な賛助により、二十五万円の醵金を得た。しかるに、日本においては何らの反響を得なかった。

当時の首相大隈重信はこれを遺憾とし、大正三年（一九一四）七月一日、個人の資格をもって、該計画賛成者ならびに実業界の有力者を官邸に招き、助成に関する協議をなした。

大隈の挨拶に次いで、市長たりし阪谷男爵は起って賛成の意を表し、これに対してトイスラー氏の謝辞ならびに経過についての説明あり、最後に翁は来会者一同を代表して賛成の意を明らかにし、かつ、この年中国旅行中、天津において病に臥し不便を感じたる実験により、該計画の機宜(きぎ)に適せるを痛感するものなりと付言し、転じて計画の具体的進展におよび、大隈を同病院評議員会長に推さんことを発議し、満場一致これを決し、さらに当日招待を受けたる人々を、参否にかかわらず全部評議員とする件を諮(はか)って賛成を得た。同時に、翁、後藤新平、および阪谷男爵は評議員副会長に選ばれた。

越えて同年十一月九日、大隈は聖路加国際病院評議員会長の資格をもって、翁、後藤、阪谷各副会長、ならびに評議員を首相官邸に招待して午餐会を催し、同病院設立に関する経過報告ならびにその他の打ち合わせをなした。

かくて次第に、具体的に進捗(しんちょく)しつつある折から、畏(かしこ)き辺り（宮中・皇室）より、特に御内帑金(ごないどきん)五万円御下賜の御沙汰があり、同月十三日、翁は評議員会長の代理として、宮内庁に出頭して拝受した。

この恩命に感激した一同は、聖旨の存するところを奉体して、一日も早く計画を実現せんことを期し、同月十七日、さらに首相官邸において評議員会を開き、翁は座長席に着き、常任幹事阪井徳太郎氏より御下賜金拝受の報告をなし、かつ寄附金募集方法その他につき凝議した。かくて、翁ら幹部の努力により寄附金十万円を得た。

「聖路加」が、異色ある病院として東京にはじめて現れたのは、明治三十五年（一九〇二）であった。当時、我が国医学界はドイツ医学万能時代であった。その真っただ中へ、アメリカ医学を移殖せんとしたのは、実に至難であった。

しかるに、東京帝国大学医科大学の教授が格別の好意と援助を与え、ことに名誉教授ユリウス・スクリバは、同病院の幹部として尽力したので、漸次世に認められ、日本におけるアメリカ医学を代表する病院として知られるに至った。その間の院長トイスラー氏の苦心と手腕とは、敬服すべきものがある。ことに、爾来、次第に成育し発達し、今日の「大聖路加」を築き上げた氏の努力と才腕は驚嘆すべきものがある。

トイスラー氏は、日本において翁らの熱心なる支持を受けたのみならず、アメリカにおいても、また容易ならざる信頼を受けたため、あの大事業をなし得たのであった。その発展の経過は、ここに記すかぎりでないが、その間における翁の好意と激励とは、トイスラー氏の常に感謝するところであって、自らこう話している。

……初めて私が子爵と会見し、深い深い印象を刻まれたのは、今から約十八年前のこと、ときの総理大臣大隈公爵の官邸においてであった。

ときあたかも、創立まもない私たちの聖路加病院が畏(かしこ)くも両陛下の御目に留まり、わずかな私たちの努力を御認めあそばされて、御寛大にも御内帑金(ごないどきん)の中から五万円を御下賜あそばされたときのことである。その当時でも、やはり子爵は明治時代の最も異彩を放つ人として、上は聡明におわす明治天皇、下は見知らぬ路傍の人々にまで、等しく尊敬の眼をもって迎えられていたのである。

当時の総理大臣大隈侯爵は、諸閣僚および日本駐在の数ヶ国の大使、有力な実業家などとともにに、私を官邸に招かれて、国際的人類愛に基づく私たちの病院に対する、ご寛大なる御下賜金の御沙汰を公表されたのである。

そのとき、このありがたい皇室からの御沙汰も、民間の支持なくしては意味をなさなくなるから、有力なる諸氏の援助を希望する旨を述べられ、午餐の終わりに際しては、総理大臣は渋沢子爵に対し、この寄附金に関する仕事を、引き受けるや否やを問われたところが、子爵はただちに、全責任をもって引き受ける旨を答えられると同時に、例の気軽さで賓客一同と相談会を開き、その場で役員、委員を定めて、猶予（ゆうよ）なく目的の完成に向かって着手されたのである。

財務元締の子爵、および幹事長阪井徳太郎氏のご熱心なる活動によって、ほとんど想像もおよばぬ短時日の間に、御下賜金の二倍以上の寄附金を約束され、総計十五万円をもって、東京聖路加国際病院の新築および敷地購入基金としたのである……。

こうして、一歩一歩完成に向かって努力する間に、一瞬間といえども子爵のご援助は衰えず、病院の一切の仕事について、常に利己心の無い献身的助力を快く承諾されたのである。私たちが今日、過去において遭遇したいろいろな難関を顧みるとき、子爵に対する感謝の念は、涙なくしてはいい表し得ないものである。

日華実業協会

ひるがえって、中国との関係を見よう。中国については、先に記した東亜興業、中日実業などの会社関係がある。実業界退隠のあとも、翁はこれらの事業を、対中親善の施設として依然関係を続けてきた。しかるに、大正九年（一九二〇）に至って、また新たに日華実業協会の組織されたことによって、翁は中国に対してさらに切実な関係を有するに至った。同協会と翁との関係について、白岩龍平氏の記述したものがある。

日華実業協会の創立は大正九年（一九二〇）の六月であった。従来中国懇話会とか、日華学会とか、種々の団体があったが、欧州大戦後の国際経済競争の熾烈ならんとする潮合（物事のころあい。時機）に刺戟されて、純実業家の対中団体の有力なる活動を必要と感じたので、同人間に設立の議が熱したのである。さて会頭はということになると、協会が東京・大阪を初め実業家の有力分子を網羅することであり、全国の商業会議所会頭や、各団体の首脳者を抱容するため、青淵先生の外にはない。どうしてもお願いせねばならぬ。因って発起者はいろいろに相談を凝らし、その承諾を求むることとした。東京会議所副会頭の杉原栄三郎君、郵船社長の伊東米治郎君と私とが子爵説き落としの役目を引き受けた。伊東君がまず口を切って、杉原君と私とが続いた。王子の別荘であった。日中関係の日米以上に緊切なる所以、歯徳（年齢と徳行）共に高き子爵が会頭でなければ内外に重きをなさぬ、目的を達成することが出来ぬ所以を説いて、是非にと要請した。子爵は老齢引退の身とて容易に引き受けられそうにもない。杉原君は、

「御承諾を得ねば協会は成り立ちませぬ。是非に……」

と直立不動の姿勢で、果ては熱心の余り両眼に涙さえ宿していた。私等の願望は終に容れられた。子爵は、

「親族等に多少の異議があっても」

と、固き決心を示して快諾された。かくて協会は生まれ出たのであった。

子爵は爾来会務を統率され、故和田副会頭ならびに現児玉副会頭と共に尽瘁されて今日に至った。御老体ゆえ、時々は会の方より遠慮しても、御病気の外は殆どすべての会合に臨まれる。精神を入れての御心配、又繁劇の間を当局者の訪問等、幹部一同は感激を通り越している。特に中国より有志家、実業家団体等が来朝する毎に、赤心（ありのままの心）を他の腹中に置くの概をもって懇切に応接される状、思って言わざるなく、言って尽くさざるなからしめ、如何なる相手方でも之に心服せぬものはなかったと思う。誠に吾等の偉大なる会頭である。

協会の事業中、重なる一つは、大正十年（一九二一）北支那大旱災（ひでりによる災害）に際し、日本全国に檄を飛ばして救恤金無慮六十四万五千円を集め、之を直接罹災者に頒贈したことであった。これは日本が隣邦に対する情誼として尽くしたる美しき感情の現れであって、日中通交史上に特筆すべきものである。

子爵指導の下に、協会が切々として日中両国の親睦、経済の連絡を企画するに拘わらず、両国の国際問題は複雑を極め、両国民の感情はとかくに背反錯雑の一路を辿る傾向に在って、大正十二年（一九二三）六月には二十一ヶ条問題に因る排日暴動が中国全国に起こりたるため、七月三日東京において対中団体連合大会を開き、宣言及び決議を発表して、中国国民の反省を促したが、子爵は老軀を提げて演壇に立ち、大要左の如き趣旨を述べられた。

「徳に報ゆるに怨みをもってする中国人に対しても、吾々は暴に報ゆるに暴をもってせんとするのではない。只国際間のことは往々にして感情に馳せ、一歩を誤れば挽回の出来ぬ危機に陥る虞れがある。我が国民の隠忍にも自ずから程度がある。予は中国国民の冷静に復り、自省せんことを望まざるを得ぬ。吾人の希望は、飽くまでも東洋二大民族の完全なる諒解と提携とによって、世界の平和に貢献せんとするものである」

と、声涙共に下り、五百の会衆は為に厳粛の気に打たれた。この時の排日運動はその後平静に帰したが、爾来中国の内乱と排外行動とは永続性を帯び来りて、昨年の夏、国民軍の長江進出と共に労農共産主義の侵入となり、その排外行動は空前の熾烈を示し、本年三月二十四日の南京事件となり、四月三日の漢口事件となった。

協会は老子爵の下に、不断の努力をもって協会本来の趣旨を貫くべく活動を続けている。日中の国交、東洋の平和、この重大なる使命に貢献すべく、吾等は子爵の健康を祷って已まない。私はいま子爵の協会関係の部分のみに対する感想を、極めて概括的に記したのである。

これは、昭和二年（一九二七）八月に記されたものであるが、爾来、幾多の記すべき活動をなしているけれども、その一々を記すかぎりでない。ただ、大正十五年（一九二六）の民国実業団虞洽卿（ユー・ヤチン）一行を歓迎して、日中経済提携について懇談せることと、昭和六年（一九三一）夏、長江流域の水害に対する同情とについて記しておく。

民国実業団虞洽卿一行が東京へ着いたのは、大正十五年（一九二六）六月二日で、爾来、数日滞留し、ほとんど連日会議と交歓とに送ったが、同月六日、日華実業協会および日華懇談会主催で、飛鳥山の翁邸で午餐会を催し、盛大に歓迎の意を表したことは、同協会として記録すべきことであるが、実質的には同月五日および八日の懇談会の方が重要である。

両度の協議、懇談はだいぶ徹底的のものであったが、日米関係委員会と同様の組織とし、東京ならびに上海に相対応する団体を起こし、相互研究の結果を実現することとし、その範囲を、経済連絡、合弁事業の促進、商事調停などとせんとする日本側の提案を、中国側代表者においても同意し、帰国後熟議の上具体案を練ることとなった。

爾来の事情の変化により、実現するには至らなかったけれども、このときの交渉は日華実業協会の歴史に、特殊の意義を附するものであった。右について、翁はこういっている。

先頃、虞洽卿氏ら一行の実業団が来朝され、日本の経済事情を調査して帰りたいということで訪問せられたから、私は、日華実業協会代表の位置で、あるいは歓迎し、また特殊な協議会などを開いて種々の意見の交換をした。けだし、かかる機会に虞洽卿氏や余日章氏などの人々と、右のごとき事情に進ませたいと思ったからで、これを、ただ空論でなく事実に現したいからであった。これは、すこぶる漠然とした議論であるけれども、要するに私はかように考えているのである。

世界がいかになりゆくかということについては、学者の説が区々（まちまちであること。別々なこと）で一定したものはないけれども、変化するものであるという大体論と、日々進歩発達するということは、何人も異論を唱え得られぬところである。現に私が物心ついてから、ほとんど八十年余の歳月を経過しているが、その間、世に現れた事物に関して考えてみても、世の中が進んだのを知り得るのであって、昔は空想として思いもかけずにいたことを、現実に見るようになった。かように世が進歩するということは、私一身の境遇からしても明らかであるから、将来も同様進むものと推測して間違いはないと思う。しこうして、この変化にともなって、人もまた同じく進みつつあるのである。

一般の動物と人類との相違を考えると、人類が自然に相応じて進むという点になるので、そのための教育を盛んにし、学問を授ける必要がある。そして、それに望むところのものは政治、軍事の進歩もさることながら、主として現代においては経済の進展が必要である。しからば、この経済の進みは何を目的とするかを考える必要がある。もしこれを考えぬならば、ある点まで進んでも、基礎が鞏固でなく、ちょうど子供の積んだ石が、相当高くなったところで崩れてしまうと同様である。

大正三年（一九一四）から七年（一九一八）へかけての欧州大戦乱などは、けだし、その好例で、結局経済戦争であって経済の発展を自ら破壊したのである。今日東洋に対して力をのばそうとするイギリスにしても、ロシアにしても、その勢力伸長の目的の中には経済関係が主要なる位置を占めていると思う。そして、これがため、もし戦争はあるにしても、とにかく経済関係はかくして進んで行く。進んでは行くが、また戦争で、あるところまで行くと、せっかく積んだ石を崩壊することになる。すなわち、自分で積んで自分で壊す。余りに智慧のあることでない。高いところから見たら、人類もあんがいバカなことをするものだと、さぞ笑止であろうと思われる。ゆえに、これを防がねばならぬ。防ぐには、いたずらに知識のみを進めず、精神的の進みが必要となり、そうした教育の緊切なることを強く感ずる。

すなわち、世の進歩には経済の発展が大切であるが、それは単に財産を殖やすとか、商工業を盛んならしめるのみでなく、精神的教育によって、経済発達の基礎を堅固に維持する要があるので、人類の進歩を図るには結局経済と道徳との合一をもって進むの外(ほか)はない。もしこれが十分に徹底すれば、日中両国の国際的友誼や親和は、当然完全に行われる。いわんや、日本と中華民国とはその国民性においても、親密となるべき素質をお互いに持っているのであるから、その親善は期して待つべしである。

次は、長江流域の大水害に対する同情である。

昭和六年（一九三一）初夏以来、降り続いた豪雨のため、揚子江沿岸諸省をはじめ、南北中国各省にわたり、大洪水を惹起(じゃっき)したが、ことに長江沿岸の湖北、湖南、江西、安徽、江蘇の五省における氾濫は、八十年来のレコードで、浸水面積五万九千方哩、被害人口三千四百万人、被害耕地積二千四百九十万畝、耕地総面積の一割七分に当たり、被害のはなはだしき県数百四十九に達し、その浸水面積はほぼ我が本土に等しく、秋稲の植付不能、貯蔵穀類の腐敗、その他直接間接の被害二十億元に達し、地方購買力の回復には数年を要すといわれた。

この水災救済について、中国国民政府が種々の対応策を講じたのはもちろん、世界各国もそれぞれ同情を表すこととなった。

我が国においても、八月二十四日、若槻首相はその官邸に中国に関係ある各団体代表者を招き、慰問方法に関し種々協議の結果、中華民国水災同情会を設立し、会長に渋沢翁、委員長に郷男爵、副委員長に児玉謙次、阿部房次郎、両氏が任じ、事務所を日本商工会議所内に置くこととした。

翌二十五日、その組織、義捐金募集方法など決定のため協議会を開催し、正副委員長、委員、幹事などの顔ぶれをも決定した。一方、御下賜金十万円を宮内省より拝受し、ただちに重光代理公使宛電送して、水災救済委員長宋子文氏に贈与方を依頼した。

日華実業協会会長たる翁が会長となり、同会副会長たる児玉氏が副委員長となったことによって察せられるように、中華民国水災同情会の主たる構成分子として、日華実業協会が活動したのであった。首相官邸における会合に先立ち、同月二十一日および二十四日の両度、日華実業協会幹部の協議会を催し、友邦救援に関して具体的方針を議し、義捐金総額は、少なくとも二百万円以上を募集することを申し合わせたことによっても立証される。

かくて、いよいよ寄附金募集の大活動を開始し、あるいは依頼状を発し、新聞その他の広告をなし、また種々の方法によって一般の注意を喚起した。その一つとして逸することの出来ないのは、会長たる翁のラジオ放送である。翁の放送は当時各新聞に競って報道されたが、その一つを掲げておこう。

中華民国の水災救済のために出来た水災同情会長たる子爵渋沢栄一氏は、六日午後六時半から、九十二歳の高齢をもって、病軀を押してマイクロフォンの前に立ち、隣邦災害の救援のために感銘深い一場の講話を行った。その日放送局では老子爵の義心に感じて、特に早朝から技術者を派して、マイクロフォンを子爵私邸の応接室に移動するという、放送局始まって以来の特例を作った。久しぶりで病室を出た老子爵は風呂に入り、さっぱりとした気分で応接間に現れ、マイクロフォン前の安楽椅子につく。定刻六時三十分スイッチを入れ、松田アナウンサーの、

「子爵渋沢栄一氏を御紹介いたします」

と緊張した紹介が終わると直ぐ、

「只今御紹介を受けました渋沢栄一であります……」

と、九十二翁の日本最初の高齢者の声が力強くマイクロフォンの中に吸われていく。同時刻スピーカーの前に立てば、老齢病後とは思われぬ力強い声が響いて来る。落ちついた口調で、一語一語強く、自分が同情会長を引き受けるに至った理由を説明し、

「隣邦の救援を勧める本人が辞退しているようではよろしくないと思って、病軀をおして枉げて会長となったことを社会から知って貰いたいのと、民国の人にも、それだけやっているかということを知って貰いたいのです」

と述べ、中国と日本の古い友情的関係、震災（関東大震災）の時の同国の友情を説き、漢口を中心とする災害地の窮状を説明するあたり、諄々として孫に教えるように情味のこもったもので、……最後に、

「友情のみならず、かかる挙は人道上から見てもなさねばならないことであります」

と一段声を励ましての一語は、聞くものに強い感銘を与えた……。

かくて、九月十五日までに四十五万余円の義捐金が集まり、とりあえず第一回の慰問として、白米、麦粉、綿毛布、練乳、薬品などを、特に傭船した天城丸をもって漢口に向け発送し、代表慰問使として男爵深尾隆太郎氏渡中し、副慰問使として船津辰一郎氏が同道した。なお、深尾男爵は民国政府に贈呈の慰問金十万円、ならびに在留邦人罹災者に対する慰問金二万円を携え、九月十五日、神戸発航の長崎丸に搭じて出発した。

深尾男爵は同月十七日、上海に着き、十九日、船津副慰問使同道、水災救済会事務所に委員長宋子

文氏を訪ね、慰問品寄贈のことを談話し、宋氏においてもすこぶる感謝し、二十二日、天城丸上海到着の際、宋氏など中国側の委員天城丸に赴き、その場において目録の引き渡しをなし、現品はそのまま漢口に輸送し、罹災民に配給することを打ち合わせた。

しかるに、二十日、突如として満州事変の報に接するや、宋氏は急遽南京に赴き、かつ書面をもって受け渡しの延期を申し出で、さらに二十三日、「日本聖上陛下の御仁慈と日本一般国民の御同情は深謝に堪えない。しかし満州のことを思っては、せっかくの頂戴物も咽喉を通らぬ。事情御諒承を請う」という意味の理由をもって、慰問品の受け取り拒絶を通告してきた。

慰問使は満州事変とはぜんぜん別個のもので、純粋に隣邦の災害に対する、日本国民の同情の表現なる理由をもって受け取り方を交渉し、さらに渋沢会長の名をもって、「水災慰問は、まったく政治問題から超越せるもので、戦時に在ってさえ赤十字の敵に対する行動が認められている。いわんや、満州事変のために我が国一般の同情を拒絶すべきでない」という意味を懇切に説いて、受け取りを勧めたけれども、どうしても肯(がえん)じないので、やむなく天城丸は二十六日、上海をあとにし、門司に引き返すことになった。

かくて、翁が老齢かつ病中にかかわらず、非常の努力をなした隣邦に対する同情は、ついに受け容れられずに終わったが、翁の中国に対する特記すべき事業の一つとして記し、日華実業協会の項を結ぶこととする。

国際連盟協会

戦争の最中に我々友人間の、ときどきの会合に起こった問題は、この戦争の終結はどうなるであろうかといって、互いに戦後の世界の成り行きを論議してみたことである。けだし、道理というものは、世人誰も尊重し、いかなる権勢も富力も、神聖なる道理の前には服従する。いわゆる、正義は最後の勝利者であるということは、皆人のいっているところであるが、その反対に、孫子の語と記憶するが、人多ければ天に勝つということがある。

これは、世俗にいう、無理が通れば道理が引っ込むという言葉と同意語で、結局は正義が勝つにしても、一時は、あるいは不義が勢力を占めることがあるから、このたびの欧州戦乱も、あるいはその目的を達するかも知れないという説もあったが、私はだいたいにおいて、天定まって、しこうしてのち人に勝つは当然のことで、正義が最後の勝利者であるという真理は疑うべきものではあるまい。早いか晩いかは知れないが、この戦争は終にドイツの敗北に帰着するであろうというのであった。

しこうして、この戦争の終息ののちにおいて、意見を交えた際にも、多数の説は連合軍、同盟軍、いずれが勝利者になるにしても、双方疲弊困憊して、やむを得ず干戈（武器）を収むるのであるから、やはり強力をもって一方を圧服するまでにして、武装的平和となるに相違ないということであったが、私はこの衆説には同意せずして、諸君の御説の通りならば、世界の知識は少しも進まぬのである。正義も人道も、強力には圧迫されるのであるというならば、禽獣と異なるところはない。

いわゆる弱の肉は強の食で、獅子や虎と同類であるけれども、人類は互いに相愛し相敬して、社会生活を営むべきものであるのに、それが出来ないから、この大戦乱が熄んでもなお武装平和を続けるというならば、人類の進歩はないことになる。私は世界人智の向上をさように悲観しない。誰か真正の平和を唱える人傑（衆人にすぐれた人）が出現するであろうと、自己の希望を述べたが、私の説に賛成する者は極めて少数であった。

以上のことは、ただ当時の茶話会の雑談に過ぎないが、私も世界の人民の一人として、直接間接、一身に関係する世界の変動に関して意見を述べることは、自己の権利であるとともに、また義務であると思って、機会ある毎にかかる問題について討議したのである。しこうして、私の予想は戦争の勃発にはぜんぜん失敗して、平和問題についてはややその望みを達したように思って喜悦した。

一昨年の十一月、休戦の条約が締結される前にアメリカの大統領は十四ヶ条の講和基礎条件を発表した。その中に、真実の平和を確保せんとする提唱が現れ、その後講和の会議が進捗して、ついにその条約が調印されるときは、国際連盟規約が劈頭に締結されることになった。私が夢物語と思っていたことが、いよいよ事実となったのである。

その講和会議には我が帝国代表をはじめ、各方面の人が政府の命を帯びて多勢フランスに行かれたのであるが、私も親しい人々と協議して、適当の人を選択してかの地に派遣し、欧米各国一般人民の輿論、学者の論説、その他社会の風潮を観察して、その実状を報告するため、添田寿一、姉崎正治の両博士に協議し、両博士は出張されたのである。

けだし、その際における私の意志は、将来真正の世界平和を実現するには、向後国際の道徳を向上せねばならぬ。しこうして、国際道徳の向上は個人の徳義心に基因するから、両博士に依頼してその点について、内外の学説を講究してもらいたいのであった。

両博士の欧州旅行はその時日を異にしたが、その見聞の要点は大同小異であって、欧州各国民の国際連盟に対する熱心は非常なもので、各国にそれぞれ連盟協会が組織され、朝野の人士が協心戮力（きょうしんりくりょく）（一致協力して任務に当たること）、招来の平和の確立に努力している事情を詳知したのである。

ただ私が不思議に堪えぬのは、ウィルソン氏のごとき名誉ある一国の大統領が、その中心に立って尽力した平和条約を、本家本元のアメリカ合衆国が批准（ひじゅん）せぬことで、いかにその間に政界のかけひきがあるにしても、アメリカのために惜しまざるを得ないのである。

しかし私は、政界のことは精（くわ）しく知らぬから、この点は多く論じたくないが、要するに真理は終（つい）に徹底するものであるから、国際連盟の精神はいっそう世界に普及され、かつ十分活動することと思うのである……。

国際連盟に関する翁の談話であるが、添田博士の帰国以来尽力していた国際連盟協会設立計画は、次第に具体的になり、翌大正九年（一九二〇）四月二十三日、築地精養軒において発起人会を開き、翁が座長席に着き、会則案を議し、目的として「国際連盟の精神の達成」を掲げ、これを実現するため、「国際連盟に関する研究および調査、講演会の開催および印刷物の刊行、国際連盟協会連合会に参加、内外諸団体との連絡、その他理事会において適当と認むる事業」を行うことを定め、次いで役員の選挙に移り、会長に翁、副会長に阪谷男爵、添田寿一、理事に井上準之助、穂積重遠、岡実、高橋作衛、秋月左都夫、姉崎正治、宮岡恒次郎、林毅陸、田川大吉郎、松田道一などの諸氏が選ばれた。

翁ははじめ、会長を引き受けることをすこぶる躊躇した。国際連盟の成立を喜び、その順調な発達を希望したことは前に記した通りであったが、その精神達成の機関に主宰者たらんことは、思いもよらぬところであったからである。翁は、この問題についてこういっている。

……当時私は老人でもあり、世界の形勢にも通じていないので、自らこれに加わろうというような考えは持っていなかった。ところが、ある日、牧野伸顕子爵が来訪され、その協会参加と会長引き受けのことをしきりに勧められた。そして、

「有志の者が相談して、国際的なこの協会を起こすことになりました。これは政府が命ずるという性質のものでない。官民一致協力して働くものである。したがって、会長には世界の事情に明るく、相当の年輩の人で、協会の維持に尽くされる方が必要である。そこで相談の結果、貴方にお願いしたいということになったのですから、ぜひ承諾を願う」

といわれた。私は、

「ある点にはむろんご相談に加わるが、私は国際的なことはほとんど判らず、新聞を読んで知る程度であるから、会長はご免を蒙りたい」

と答え、私の考えでは断ったつもりでいた。

しかるに、その後いよいよ築地の精養軒で、この問題についての有志の協議会が開かれることになり、添田寿一博士から私にも出てくれといってきたので、せっかくの勧めでもあり、出てみ

たところ、私に座長になれといわれるので座長になったところが、今度は会長は座長にお願いしようという動議が出て、ついに決議されてしまったので、私がこれを引き受けるようになったのである。このとき私は、自問自答して、

「国際的なことをよく知らないから、このような協会の会長となるがごときは断わるべきである。しかしまた、知らないから大いに勉強して知るようになる必要がある。それには引き受けるのが適当である。

実際日本は東洋に偏在する一島国であるからとて、国際的なことを知らぬでは済まされぬ。未来の国運発展上にも、世界的な知識を十分吸収しておかねばならない。白人が幅をきかす、アングロサクソンが威張るというのも、知識が汎く道理を極めているからである。明治維新の当時、薩長が幅をきかせたのも実力があったからである。

将来日本がどうなるか、また東洋がいかに変化するか判らぬが、とにかく日本は小さいながら今日の地位に進んだ以上、なすべき手順は行っておかねばならぬ。鎖国的では駄目である。チェコスロバキアのごとき小国さえ、国家として立派に国際的に乗り出し、いろいろ活動している。

もちろん、国際連盟の力を絶対とすることは出来ないであろうが、連盟の力で戦争の起ることを、あらかじめ抑えることだけでも出来るならば、ぜひ必要なものであるから、空論に走らぬよう、道理を弁別して誤らぬよう心掛けて進むべきである」

として、ただちに会長を引き受けた。

国際連盟協会は成立したが、いよいよ活動を開始するについては、財源を得なければならぬ。とこ

ろが、協会の出来た大正九年（一九二〇）四月は、株式暴落によって表示された恐慌の起こった月である。寄附金の募集は容易でなかった。

これらの関係からであろうと思われるが、基金を募集してその利子によって経営する方法によらず、報効会と同様の方策を採ることにした。それでも基金募集は困難であった。

この苦心を軽減する意味において、当時の総理大臣原敬は同年五月十三日、その官邸に京浜の有力者百二十余人を招待し、協会の成立を祝賀し、民間有志の賛同を勧誘し、政府としても出来得る限り援助すべき旨を述べた。内田外務大臣および徳川総裁からも挨拶があり、次いで翁は会長として熱誠溢れる演説をなし、来会者を感動せしめた。かくて漸次、有志の醵金を得、協会の基礎も定まった。

子爵はひとり、本会の財政方面につき、右のごとく配慮されたのみならず、会務の一般にわたり、細心の注意と変わらざる熱心をもって指導に任ぜられた。

本会の理事会が開かれる場合はもちろん、一般公衆に向かっての講演会、比較的少数者の講和会、来朝名士の接待会などにも、ご病気などやむを得ざる場合の外は必ず出席され、その都度何かと挨拶を述べられ、来会者に無上の満足を与えられた。

もっとも、晩年にはとかく臥せりがちで、外出などは周囲からの注意もあり、あたうかぎり避けておいでのようであったが、それでも本協会のこととなると、無理をしてでも出るという風で、周囲の方々をハラハラさせる有様であった。

たとえば、自ら顧問たる放送局からの依頼は辞せられても、本会のためには老体を推して何回となくマイクロフォンの前に立たれた。蓄音機にも吹き込まれた。活動写真を作ったときなどは、わざわざカメラの前に立たれた。

と、同協会副会長山川端夫氏が記したのは誤りでない。

国際連盟そのものと深き関係ある石井菊次郎子爵、新渡戸稲造、杉村陽太郎などの人々が、その体験によりてなしたる貢献と、徳川総裁、阪谷男爵、その他の人々がその識見と見聞によってなしたる指導とは、もとより国際連盟協会の発達に寄与するところは多かったが、翁が事務の整理と会務進展のため身をもってした、熱誠こもる尽瘁(じんすい)が多大の効果を挙げたことは、これらの人々の寄与、貢献に比して劣るものではないであろう。

年々繰り返された、外務省よりの補助金についての交渉、地方支部開拓についての助力、会務の緊縮、振興についての注意などを考えるとき、国際連盟協会の活動の根幹に触れて、尽くすところの甚大なりしことを思い返されるのである。

総会、理事会、評議員会、講演会、談話会、および招待会などにおける挨拶によって、来会者の注意を惹き、マイクロフォンを通じての講話によって大衆の興味を刺戟したことは、その数において、その程度において、国際連盟協会の活動に資するところ少なくなかったであろう。平和記念日における放送は翁自身もむしろ楽しみにしていたところで、晩年ほとんど欠かすことがなかった。

国際連盟が満州国承認問題に関して、我が国朝野至大の関心の的となり、周知のごとき経緯を辿って、ついに国際連盟脱退の詔書を拝するに至ったことは、ここにあらためて記すまでもない。

もし翁が、なお世に在ってこの有様を見たとしたならば、たとえ翁の理想が世界の平和にあり、翁の主義が不戦にあったとはいえ、どこまでも日本の渋沢であり、日本人たるを誇りとした翁の、この間に処する態度は自ずから想像に難くないのである。

世界日曜学校後援会

翁の第三回の渡米について記したとき、世界日曜学校大会開催について、ヘンリー・ハインツ、ジョン・ワナメーカーなどと交渉したことに触れておいたが、予定の通り大正九年（一九二〇）十月、第八回世界日曜学校大会は東京において開かれた。

日曜学校の何であるかは、ほとんど常識となっている今日、あらためて説明する必要はないであろう。その世界大会が最初に開かれたのはロンドンであった。

爾来、四年目毎にこれを開き、児童の宗教教育に関する大協議会を催し、国際的にこの事業を促進せんことを決議し、第二回をアメリカ、セントルイスに、第三回を再びロンドンに、第四回をエルサレムに、第五回をローマに、第六回をワシントンに、第七回をチューリッヒに順次開催した。

大正二年（一九一三）、チューリッヒに開かれた大会に、明治学院長井深梶之助博士列席し、席上、次回の大会開催地を東京に決定せんことを提議し、満場一致決定された。

これより先、同年三月、同大会に列席のため渡欧の途次日本を訪問した、アメリカ有力者ヘンリー・ハインツ――ハインツとは、翁がアメリカ旅行中、特に世界日曜学校大会開催のことに関し、熱心に凝議した人である――と翁と大隈重信と会談の節、翁が次回の大会を日本において開催せんことを提議し、大隈もまたこれに賛し、かねて日本に好意を有するハインツが動かされたのであった。

日本におけるこれら三巨頭の会談によって、素地を造られた日本における大会開催が、チューリッヒにおける井深博士の提議によって表面化し、正式に決定されたのであった。

かくて、井深、小崎、両氏帰朝ののち、同年十月二十七日、大隈の邸においてその報告会を開き、ハインツとの協議に基づき、世界日曜学校大会後援会を組織し、翌十一月二十八日、その規約を作成した。しかるに、翌年、欧州大戦勃発のため、予定の大正五年（一九一六）に開催のこと不可能となり、果たしていつに至って実現すべきやほとんど予想もするあたわざるに至ったが、大正四年（一九一五）、翁渡米の際、さきに懇談したハインツをはじめ、ワナメーカー、ランデス、キンニャー、その他日曜学校協会幹部と熟議を重ね、欧州戦乱終息後ただちに開会することを約し、その実現に関する努力を怠らなかった。

かのごとく、努力を続けつつありし折から、大正七年（一九一八）秋、平和克復したるにつき、翌大正八年（一九一九）に至って、後援会の活動を新たにし、大隈は会長に、翁、阪谷男爵、田尻東京市長、藤山東京商業会議所会頭は副会長に任じ、着々準備を整えた。中につき、最も苦心したのは会場であった。

何しろ、参加国三十三、出席代員約二千、これに我が国の出席者を加えると、三千人以上にのぼる会衆を収容する必要があったが、当時かかる会館はなかったので、東京駅前広場に三階木造総建坪一千二百余坪、フランス・ゴシック式に近代的様式を加味せる白亜の会館を建築することになり、大正九年（一九二〇）七月下旬、工を起こし、九月中旬竣工、内外の装なり、同月二十四日正午、東京ステーション・ホテルに政府当局を招待し、引き続き新館を参観せしめた。翌二十五日、翁は特に全部を検分し、今はただ開会を待つのみとなった。

かくて、いよいよ開会の期、目睫（もくしょう）の間に迫った十月五日午後三時五十分、突如火を発し、瞬く間に新館は烏有（うゆう）（まったくないこと）に帰した……。

この時幹部の人々は東京ステーション・ホテルの二階の一室において、開会式のプログラムその他の要件につき評議最中であった。筆者は幹部の一人としてその時その席に居たが、評議最中に、世界日曜学校協会幹事長フランク・L・ブラウン氏の夫人が、極めて物静かな態度と言葉をもって室外から父君を呼びかけ、どこか近所に火事があるようであると注意された。自分はちょうど駅前の広場に面した窓際に着席していたので、そういわれて直ぐ窓から会場の方を覗いて見ると、コハ如何（いか）に、会場の二階の窓から黒煙が濛々と立ち上り、会館の付近には右往左往に人々が狂奔（きょうほん）しているのを見た。そこで自分は取る物も取りあえず、一目散に二階から駆け下り、会場へ向かって走ったが、最早（もはや）猛火は全面に拡がり、如何（いかん）ともすることが出来ぬ。就（つ）いては善後策が第一であると考えたから、直ぐ引き返して元の幹部室に帰って見ると、ブラウン氏やランデス氏やその他の人々も段々と戻って来たが、我等の第一になした事は、この不慮の災難に面して全能全知なる神の救助を祈り、かつこの災厄の中に一人の死傷者をも出さぬことを感謝した事であった。またこの祈祷が終わるや否や、ランデス氏が朗々たる声をもって、あの「主の貴き御言葉はゆるぎなき道の基」云々を謳（うた）い出し、一同もこれに和して無限の感激に打たれた事で、この瞬間の光景は到底（とうてい）筆紙に尽くすことが出来ず、またその時の感情は何とも言葉をもって現すことは不可能である。

しかしながら文字通り焦眉（しょうび）の問題は、今夕の開会式を如何に為すべきか、この非常の場合ゆえ延期しようか、あるいは無理にも遣(や)ろうか、遣るとすれば会場をどうしよう、ということであったが、誰一人として延期説を唱える者はなく、是非とも予定の如く開会しよう。そしてその会場は第一第二の二ヶ所に分かち、第一を神田美土代町の基督教青年会館とし、第二を神田神保町の救世軍会館を借用する事に一決した。

ちょうど右の評議の一決した頃であったかと記憶する。阪谷男爵および渋沢子爵たちが追々(おいおい)馳せ付けられて、不慮の火災に対して慰問の意を表し、かつ幹部一同の者を大いに激励して断然予定通りプログラムを実行すべきことを勧告せられた。

と、井深博士が記しているが、実に降って湧いた困難であった。

渋沢子はブラウン氏等幹部を見舞ってホテルの廊下に出た、折から長尾氏と井深氏が見送りに出ずるや、老子爵は突如両氏の肩を叩き、「いかにも残念なことだ」といった儘(まま)堅く口を噤(つぐ)んだが、やがて両眼からは涙がハラリ落ちた。井深、長尾の両氏も頓(すぐ)に言葉も出ず、うな垂れて同じく貰い涙を両眼に浮かべ、黙然(もくねん)として堅く握手を交わしつつ別れたが、老子爵はやがて駅前に出て、再び焼跡の折からの小雨に濡るる惨(いた)ましき光景を眺めながら、

「私は今晩一言の挨拶をする役目を承っていたので、楽しみにしていたのですが、斯かる事の起ころうとは夢にも思い掛けなかったので、何とも胸が塞がって仕様がありませぬ。御承知の如くこの大会は世界各国の人々の集まりで、国際的にも大なる関係を有し、日米といわず日中といわず、あらゆる対外の親善を意味するによって、願わくは何事もなくこの会を終わらしめたいと念じていました。特に私は先年の第七回の大会で次の大会を日本で開くようにした関係上、一番に

残念に思います……」。

翁がこの不慮の出来事を、いかに遺憾としたかは右の記事によっても十分に察せられるが、同時に翁はじめ当局者の適切な善後の処置によって、自ら慰めるところがあったと思う。

この突発的打撃に意気沮喪することなく、善く試練に耐えた当局者の実行力を多とするものであるが、その実行力を具現せしめた翁の配慮もまた逸することは出来ない。これについても、井深博士の記述したものがある。

ここに老子爵の非常なる好意と周到なる注意とに就いて特筆せねばならぬ事がある。すなわち右の評議最中、渋沢子爵は阪谷男爵と別室に退いて何事か相談されていたが、その結果は、当夜青年会館に於ける開会式の席上で老子爵の演説中に披露された。子爵は歓迎演説の劈頭（最初、まっさき）において、今回の不測の火災に対して、実に深甚に同情を表し、かつ左の如く申された事であった。

「このたびの盛典のために特に新設した会場が、火災のために焼失しましたのは、天災であって致し方ないとは申すものの、私どもとして自己の過失の如く深く責任を感じ、この大会に対し、また来会せられたる皆様に対して、何とも申し訳がございません。よって予めこの事をお詫び申し上げて置きます。

それ故私どもは余炎未だ収まらない中に、この会を如何にして遅滞なく進行せしむべきか、何しろ咄嗟のこととて、好い場所も考えつかず、阪谷男爵その他とも御評議の上、帝国劇場が最も適当ならんと一決し、早速交渉の結果、同所をもって会場とすることになりましたから、左様御承知を願います」

我等幹部の者にとっては実に望外の幸福で、感謝措く所を知らず、この急場に臨んでこの如く神速にその議を纏められた老子爵および阪谷男爵の好意は、内外当局者の永久忘れる能わざるところである。

意外の不幸によって会場を失った世界日曜学校大会幹部は、ステーション・ホテルにおける協議の後、さらに同夜七時、東京基督教青年会館において善後協議会を催すと同時に、内外人正会員は同会館に、また準会員は救世軍大本営に二分参集して、予定のプログラム通り挙行し、なお、世界各国に対し、会場焼失にともなう浮説流布をおもんぱかりて、その出火原因が漏電なることを打電した。

第一会場東京基督教青年会館においては、参列者千五百余人、井深博士司会のもとに、江原素六の聖書朗読、神学博士メリマン・ハリスの祈祷、日本日曜学校協会代表、世界大会日本委員代表井深梶之助、日本基督教会同盟代表鵜崎庚午郎、同ミッション代表S・A・スチュアート諸氏の歓迎辞があり、次いで、世界日曜学校後援会を代表して翁が壇上に立った。このとき、列席者一同椅子を離れて粛然敬意を表した。

翁はおもむろに、不慮の失火により来会者に多大の迷惑をかけたことを謝し、七日より帝国劇場を借り受けて会場に当てることとなりたることを述べて、歓迎の辞を朗読し、次いで東京市長田尻稲次郎の歓迎辞、総理大臣原敬の祝辞があった。

これに対し、世界日曜学校協会代表マクレラン氏が答辞を述べ、総幹事フランク・A・ブラウン氏は、「世界進歩の必須要件たる宗教教育」について演説し、小崎弘道氏の祝辞をもって終わった。

第二会場は、参列者約一千名、ほぼ同様の順序をもって進行し、午後十時頃第一日の行事を終わった。

翌六日は、第一日と同じく二会場を使用したが、七日からは帝国劇場に移り、予定の会議を催し、あるいは協議会、講演会、あるいはページェントおよび音楽会などによりて、基督教的教育を宣伝し、かつ宗教教育につきて討議した。日程も終わりに近き十月十三日、世界日曜学校後援会は帝国劇場において、参列代員二千余名を主賓として大歓迎会を催し、翁は主催者を代表して歓迎の辞を述べた。

日米船鉄交換仲裁人

大正八（一九一九）、九年（一九二〇）頃の、翁の対外関係を叙しきたって、当然記さねばならないのは、日米船鉄交換に関する争議仲裁引き受けのことである。

日米船鉄交換そのことが真の一時的であり、また事実において、仲裁人として働いた訳でもないから、事々しく記す必要もないと見る人があるかも知れないが、この依嘱（いしょく）を受けた翁が、いかにアメリカ朝野（ちょうや）（政府と民間）の信頼を受けたか、日米親善の強きくさびとして重んぜられたかを語る事実として見るとき、逸するを得ないことを首肯されるであろう。

アメリカ政府は、当時の駐日アメリカ大使モーリス氏を通じ、翁に日米船鉄交換に関する争議仲裁人たらんことを請うた。その事情は同大使の書翰によって明らかである。

拝啓。過日非公式に得貴意候引続きとして一書を呈し、以て米国船舶管理局事変船隊組合と日本の諸造船会社間に一年前締結せられたる契約中の明細箇条、及遅延に関する事項に付、当事者に争議を生じたる場合、之が居中裁決をなすべき仲裁人に御就任の儀、正式に御承諾を得度、茲に拝陳仕候。

仲裁人としての閣下の御権限は、右契約書第二十一条、並（ならび）に第二十三条に明記せられ、右等条文は各契約書共皆同一に御座候。

本件は米国政府国務省戦時貿易局及び船舶管理局の需により、日本の諸造船会社に対し照会致置候処、頃者小生は左の如き回答に接したる次第に御座候。

拝啓。ボーン海軍中佐の代りとして、渋沢男爵を米国船舶管理局事変船隊組合と日本造船業者との間に締結したる契約中の仲裁人に推薦相成度旨、本月八日貴大使館に於て御協議有之候に付、茲（ここ）に日本造船業者側が御提案に対し孰（いず）れも満足致居候義を申上候と同時に、同業者一同を代表して、御厚配に対し深く感謝の意を表し候。敬具。

千九百十九年四月二十四日

浅野良三

米国大使館にて

ローランド・S・モーリス殿

又前記契約は、船舶三十隻建造の件、鋼鉄十二万二千九百二十一噸（トン）を日本に売却の件、及び約四千三百二万三千七百五十弗の船舶代金を日本造船業者に支払の件を規定致居候。小生は此機会に於て、閣下の人格及閲歴が、啻に日本国民の間に於てのみならず、遠く米国民の間に於ても、深き信頼を受けられ候ことを、小生個人として謹で慶賀仕候。
右等御諒承被下、何卒仲裁人御受諾の儀懇願仕候。
猶本件に関する契約書等御送付申上候間、御査収御一覧被候はば幸甚に御座候。敬具。
千九百十九年五月七日

在東京　米国大使館にて
ローランド・S・モーリス

渋沢男爵閣下

モーリス大使の書翰に明らかなように、すでに会談によってだいたい交渉しておいたところを、右によってコンファーム（確認。承認）したのであって、翁が受諾したことはあらためて記すまでもない。この引き受けに関し、ジャパン・アドバタイザーは翁の感想をきき、こう記している。

来遊中のウォレス・M・アレクサンダー氏は、過般銀行倶楽部（クラブ）で開かれた歓迎晩餐会の席上、渋沢男爵を呼ぶにグランド・オールド・マンをもってしたが、真に適当な用語といわねばならない。このグランド・オールド・マンが、今回アメリカ政府の請いにより、アメリカ政府と日本造船業者間の契約中に規定せる争議仲裁人たるを承諾したことに関し、その感想をきくため、渋沢男爵をその邸に訪問した。

問題の造船契約は合計三十隻二十四万五千八百五十噸（トン）の建造を、アメリカ政府から日本の造船会社に注文し、アメリカ政府はこれに対して総計四千三百二万三千七百五十弗（ドル）を支払うことを目的としたもので、この如き大がかりな取引に関し生ずることあるべき紛議解決につき、外国の一市民たる仲裁人に一任するということは、米国の史上空前の処置である。この異例の信任に関し、グランド・オールド・マンは通訳を通じて述べた。

「私は造船業に関する知識がなく、また政治家でもありません。さらに先年実業界との関係を断ってから以来、実業家と呼ばれる資格もないのですが、日米両国間の経済関係の密接になるようにとは予て深く心配しておりますので、たとえ自分が実業家でないにしても、日米親善に資することであれば、微力を尽くすことを辞するものでありません。殊に今回アメリカ政府から造船契約に関する争議仲裁人になるように依頼されたのは、平素念願としている日米親善増進のため努力し得る新たな一機会を与えられたのであると思い、深く自ら本懐とするところでございます。

　この依嘱がなにゆえであるか、如何なる事情に因るかを知りませんけれども、予てアメリカ政府から造船の注文を受けた我が国造船業者に対し、私一個の立場から老婆心を加えたこともありますが、その節斯業関係者も私の注意を快く受け入れ、感謝されました。そしてこの事がホーン中佐の耳に入り、さらにモーリス大使の知る所となったと聞いております。蓋しこれらの関係から今度の仲裁人嘱託となったのではないかと想像しておりますが、要するにアメリカ政府の船舶管理局と国務省とで協議の結果であろうと思います。

　その事情はとにかく、嘱託によって仲裁人を引き受けましたが、恐らくその職務を実際に行うことはありますまい。また斯る機会のないことを寧ろ希望して止まない次第で、鞘を脱せざるの利刃（よく切れる刀）として終わらんことを望んでおります。しかしながら若し当事者間に争いの生ずるようなことがありますれば、出来るだけの尽力をするつもりであります。先にも申したように、造船業に就いては全然門外漢でありますから、人一倍慎重なる調査を遂げ、紛議の真相を明らかにしたのち、何れの方面から見ても非難のない、極めて公正な処置を取りたいと思っております」

斯くて男爵は、這般（これら。このたび）の嘱託によって日米親善のために尽くし得る新たなる機会を与えられたるを喜ぶ旨を繰り返して述べた後、更に続けて言った。

「前にも言った通り、仲裁人としての職務執行を必要とするような紛議の生ずることはないと信じますが、今度アメリカ政府からかかる重大な依頼を受けたことを名誉として、深くその好意を謝するものであります。

御覧の通り老衰かつ実業界を引退した身でございますが、必要の場合は最善の努力を尽くす覚悟でおりますことを、繰り返し申し上げて置きたいと思います。更に調停に当たっては、私自身が日本人である故に日本のためのみを図る如きことなく、日本のためを思うと同じ程度にアメリカのためを図り、事苟も日米相互の利害扞格（意見が食い違うこと）する如き場合には、極めて公平正当な措置を採り得る資格を持っていると信じております」

渋沢男爵は先年実業界より退き、かつ過般来病蓐にあり、頃日全快したとは言うものの、なお数日の静養を必要とするに拘らず、各般の大事業に関する要務蝟集のため多忙を極めている。グランド・オールド・マンは今や八旬（八十歳）の高齢であるが、逸楽安居を欲せず、孜々として天下公共のために尽瘁しつつあるのは、真に感佩の至りである。しこうしてその名声と人格がアメリカにおいて尊重されることは、総ての他の日本人に勝り、今回の依嘱の如きは正に当然といわねばならない。

あえて蛇足を加える必要はないであろう。ただ、翁が繰り返しいった通り、仲裁人たるの職務を実際に執行するの機会なく、鞘を脱せざる利刃として終わったことだけを記しておくとともに、翁がこの嘱託を受けたのは、ジャパン・アドバタイザーが明記したように、「その名声と人格がアメリカにおいて尊重されることは、総ての他の日本人に勝り、今回の依嘱の如きは正に当然」であるためなることもちろんであるが、沿革的にも、かくあるべきことを書き添えておきたい。

というのは、何ゆえであるか。大正六年（一九一七）、アメリカ政府が突如として鉄材の輸出禁止令を発布したため、我が国工業界は重大なるショックを受け、その解禁を目的として、米鉄輸出解禁期成同盟会を組織して運動をつづけたことがある。

同盟会の活動についてはあえて記すかぎりでないが、その運動の一方法として、翁に対しアメリカ鉄材輸出に関し尽力を請い、翁がアメリカ鉄材輸入杜絶は我が国工業界の発達を阻害し、ひいて多数労働者の失職をともなう重大問題なりと考え、即座に快諾して活動を開始したことは明記せねばならない。翁が、アメリカに対して採った手段は、さきに来遊し、爾来懇親を重ねきたれるアメリカ鋼鉄界の第一人者エルバート・H・ゲーリーに尽力を依頼したことであった。

大正六年（一九一七）八月二十五日、ゲーリーに宛てて発した電報には、かよう記されている。

我が経済界の前途につき、深く憂慮するの一念、予をしてここにアメリカにおける鉄材禁輸のため、我が造船業者が窮境に陥れることに関して、貴下の注意を乞わんとす。我が造船業者はもちろん、その他いやしくも思慮ある日本人は、今回の貴国政府の措置をもって、不公平もしくは差別的のものとして、これを非議せんとするの意向は毫もなく、アメリカ政府の目的が、単に戦争の大必要に応ぜんとするにあることは、予らの十分認識するところなり。ただアメリカ政府のこの措置が、偶然の結果として、従来輸入鉄材に依頼する我が造船業者に至大の苦痛を与うるものなるは、予らの遺憾とするところなり。我が造船業者の特に苦痛に感ずる点は、すでに売買契約済みの鉄材をも、その引き渡しを受くるあたわざるにあり。すでに売買済みの鉄材は、去る六月の調査によれば、その額およそ四十万噸に達せり。しこうして、この材料は約十八ヶ月間に受け渡しをなすものとす。我が造船業者はこの売買契約を基礎として造船の注文を受けおるがゆえに、この材料を受くるにあらざれば、その注文を履行すること絶対に不可能なるはもちろん、我が造船業はここに一大頓挫に遭遇せんとす。ゆえに差し当たりその救済方法として、我が造船業者はこれら契約済みの鉄材に対して、禁輸を解かんことをアメリカ政府に希望するものなり。

予は、これらの鉄材によりて造らるる船舶の大多数は、あるいは貴国の所有に帰し、あるいはしからざるも我が連合国の用途に向けらるるものなることを認識するがゆえに、予は熱心に前記我が造船業者の希望に賛意を表するものなり。

以上、記述したるごとき事情なるをもって、予はあえて、貴下がその偉大なる勢力をもって、この難問題の解決に尽力せられんことを望む。なお、この電報は、貴下が至当と認めらるる方面に御使用ありて差し支えなし。

右に対し、九月五日、ゲーリーから左の返電があった。

貴電拝受。我が合衆国政府において、軍事上鋼鉄を必要とするため、今日のごとき成り行きとなりたるは、余の最も遺憾とするところなり。本件について、余は最も事情に通ずるものなるにつき、実行を期し得るかぎり全力を尽くすつもりなり。

船鉄交換が右の電報往復のみによって出来たとはいわないが、その成立について、翁が有力なる発言をなし、適当の措置を採ったといっても過言ではあるまい。

その成立について、重要な関係を有する翁が、二年後の大正八年（一九一九）に至って、これに関する争議仲裁人の嘱託を受けたことは、沿革的に見ても理由ありといってはばからないのである。

三、陞爵

翁の活動のあとを逐って記すのをやめて、翁自身を見よう。しこうして、まず目につくのは、陞爵（爵位が上がること）のことである。多年、畏き辺の殊遇をはずかしうし、正三位勲一等男爵の栄誉を荷いたるに、大正九年（一九二〇）九月四日、勲功によって特に子爵を授けられた。

翁は、翌五日午前七時、上野駅から汽車で日光に赴き、同地御用邸に御避暑の皇上に御礼言上のため伺候し、同日午後五時五十二分帰京したが、この恩遇について、翁はこう謹話している。

男爵に列せられたことさえ、すでに身に余る光栄でございますのに、さらに陞爵の御沙汰を蒙ったことは、ただただ恐懼の外はありません。

実は去る二日、原首相から、お前の実業界に貢献したことはいまさらいうまでもないが、実業界を去ってからも、公共事業に尽くした功績は世間もすでに十分認めている。

国家としてもこれを認めない訳にいかぬから、目下畏き辺に奏請している次第もあり、いずれ近く御裁可のあることと思うとのお言葉に、自分は恐縮して引き下がった次第でありますが、今日午前十一時、電話で宮内省からお呼び出しがあったので伺候すると、陞爵の御沙汰が御座いました。ただただ感激の外はありません。

私はかかる恩命を拝すると否とにかかわらず、君国に対する奉公の誠心に厚薄の変わりはないのですが、何ら功なき私のことが天聴に達したということに対しては、人情の自然として感激に堪えない訳でございまして、今後はいっそう国家のために尽くし、鴻恩を空しうすることなきを期しております。

翁のこの光栄が、一般に特殊の感激を与えたことはいうまでもないが、当時発表された新聞記事をもって、その説明としたい。中外商業新報は論説欄でこう論じている。

> 青淵男爵渋沢栄一氏多年実業界に於ける功労に依り、九月四日を以て特に子爵に陞叙せらる。子爵は明治三十三年其還暦に当り、実業界の勲功に依りて特に男爵を授けられ、華族の斑に列せらる。而して子本年八十一歳、有意乎無意乎、恰も二十周年に当れり。若し夫れ十三年以前の六十有余年を以て其半生とせん乎、子の老いて益旺盛矍鑠として壮者を凌ぐの概あるを以て観れば、今や方に後半生の中途に在るものと云うべし。若し夫れ子の第一銀行以外一切の実業関係より高踏

脱却せりと声明せる明治四十二年、若くは第一銀行より勇退し、真に実業界より隠退せりと確言せる大正五年、蓋し之より以前の七十有余年間を以て子の経済活動時代とすれば、乃ち之より以後の数十年間を以て子の社会事業活動時代とすべし。或は明治三十三年以前の子の経歴を以て明治実業発達史と做さば、明治四十二年以後の子の経歴を以て大正社会事業発達史と做すべし。

　子の我実業界、社会風教、公共事業界に於ける閲歴功績に関する事項の如き、茲に何等の贅言を要せず、明治初年以来幣制税制の確立等、財政方面に寄与し、一面本邦商事会社の濫觴（始まり）を拓きたるが如き、銀行、鉄道、海運、貿易、製鉄、保険、其他凡有民間商工農業の発達助長に直接間接絶大の力を竭したるが如き、過去十余年間、前後両三回に亘りて米国に赴き、日米親善の連絡、移民問題の緩和等、重要国際関係に奮励せられたるが如き、商業会議所、高等商業学校等の前身を創設して今日あらしめたる如き、朝鮮開発の基礎を築きたるが如き、或は又早稲田大学、日本女子大学校、其他の創立経営に勉励せられたるが如き、東京市制に、幾多の感化救済事業に、近くは労資協調事業に、之を晩年の天職事業と自信して、決然勇躍、以て渾身の力を注がれつつあるが如き、而して社会其隠退を容さず、実業界勇退声明後に於て、尚間接之に寄与関係を保ちつつあるが如き、其功績や真に多大、其先見の明や、其精力の絶倫たるや、実に驚嘆すべき也。明治四十二年実業界勇退の当時に在って、頭取、社長、取締役、監査役、乃至相談役、顧問などの職務名義を列ね居たるもの六十有余に上れりと云う一事に徴するも、其直接間接の寄与功績を推察するに足らん。

　人爵必ずしも以て尊しとせず、天爵寧ろ以て敬すべし。而も子や元埼玉県一寒村一農家の出に過ぎずして、其偉大なる功績と人格とを築き上げたるが如き、此人にして人爵の価値を発揮し得たるものと云うべし。先年大隈伯の大隈侯となるや、稲門の学徒等大いに大隈伯なる常用名詞に名残を惜み、我等は永えに大隈伯と呼ばんのみと絶叫せり。此の如きは一に大隈伯なる名に依って永く敬慕し、常に親近の情を湛えたるに因らずんばあらず。即ち人爵軽侮の意にあらず、一の真情流露の叫びに外ならざる也。今や渋沢男の渋沢子となるや、世人又聊か渋沢子の呼悪くして、渋沢男なる尊称語に対して、少なからざる愛惜を覚ゆるの情あるものは何ぞや。畢竟子の功績の広大なる、都鄙の子弟と雖も其名を知らざるは無くして、渋沢男の名に依て、永く常に敬慕、親近の情を抱懐し居たる所以に外ならざる也。而して男の子となれる、此の人物にして始めて大いに意義ありと謂いつべき也。子先年実業界勇退に莅みて曰く、今後の余生全部を奉じて、実業と道徳の合致、資本と労働の調和、及び社会公共事業の為に努力尽瘁せんと。而して今や専ら之に奔命して敢て身の老を知らざらんとす、又慶すべき也。

四、四度太平洋を渡りて

理由書

陞爵の恩命を拝してより、約一年ののち、翁は四度太平洋を越えてアメリカに渡った。すなわち大正十年（一九二二）、翁八十二歳の秋であった。出発の前、その理由書を発表した。

今回私が老軀をさげて、渡米を決心するに至ったのは、一つには多年関係せるカリフォルニア州の移民問題が、昨年の土地法以来ますます不良となれるのと、一つには昨年東京へ来訪されたサンフランシスコ、ニューヨークの諸名士へ答礼して、さらに向後のことを協議すべきためであるが、あたかも、きたる十一月には太平洋会議が国都ワシントンで開かれるので、国民の一員として、その実況を視察したいというに外ならぬのである。

老体であるからとて、諫止（いさめて思いとどまらせること）せんとする者もある。その厚情に対しては、深く感謝するのであるが、しかし万一のことがあるとすれば、それは海外旅行中におけるのみでなく、日本にいてもまた同じである。ゆえに、決してお止めくださるなと、私は知人に語っている。先憂後楽の語を引いて、私をお褒めくださる方もある。私は敢えて当たらぬのであるが、志だけは世人に先だって憂うるのであって、今回の渡米もまた、微志ここに存するのである……。

大正四年（一九一五）、パナマ運河の開通を記念する世界博覧会がサンフランシスコに開かれ、私は同年の秋冬の交（変わり目）に渡米した。しかるにこの年は欧州大戦突発し、欧州各国はその生産品を出陳する余裕がなかったに反し、我が国は前年排日土地法の痛撃を受けたにかかわらず、日米の親善を目的とし、熱心なる友情を披瀝して出品した。この誠意は、カリフォルニア州人もよく理解し、カリフォルニア州の排日熱は一時すこぶる緩和し、形勢すこぶる良好であったが、今度は東部地方の排日熱がいよいよ高くなってきた。

けだし、欧州大戦のために欧州各国は物資の供給をアメリカに仰ぎ、アメリカの富力が躍進したので、彼らは東洋に向かってその力をのばさんとし、大いにその施設に努め、いきおい極東において我が国と競争せざるを得なくなった。ことに、日中間に交渉せられた、いわゆる二十一ヶ条協約は欧州各国の力を東洋に用いられぬ時機に乗じた日本の得手勝手であるとなし、非難の声が高かった。

私は当時、ルーズベルト、エリオットなどの諸名士と会議して我が国民の意図を述べ、またその際、ナショナル・バンクの頭取たりしヴァンダーリップ氏とも会見し、中国における日米の共同を提議したのであった。

戦時中は、カリフォルニア州の排日熱もやや鎮静していたが、戦後はまたも排日熱が高潮し、前年の土地法では未だもって日本人の発展を防ぐに足らぬとし、さらに厳酷なる土地法の制定を運動しはじめた。

私はカリフォルニア州の排日が高潮すれば、日米の国交に累するに至ることを虞れ、昨年三、四月の交、サンフランシスコ商業会議所会頭アレキサンダー氏以下七、八名の有力者を東京に招待し、互いに誠意を披瀝して、主としてカリフォルニア州問題の解決策を協議し、七、八ヶ条の成案を得、またアメリカ東部方面との諒解を得るために、ヴァンダーリップ氏などの一行を招待し、商議を重ねたのであった。

当時、政府の内意を叩きたるに、私ども日米関係委員が互いに協議決定した案は私案に過ぎぬが、もしアメリカ側にして承認すれば、日本も必ずしも反対するものでないというのであった。

しかるに、その後カリフォルニア州の形勢はますます悪化し、昨年十一月のレフレンダム（国民投票）は、多数をもって排日土地法を決定し、日本人は農地を借地することも、アメリカ生まれの日本子女の後見人となることも禁ぜられ、農業上において日本人は全く発展を阻害されることとなった。これがために、昨年冬、私に対し渡米して在米同胞の状態を視察し、排日緩和に努力すべきを説かれた方もあったが、私は思うところあって応じなかったのである。

排日土地法の通過したのち、ワシントンで幣原大使と駐日アメリカ大使モーリス氏との間に、日本移民問題に関して幾多の協議を重ねたるも、成立するに至らない間に大統領は更迭し、爾来、ウォレン・ハーディング氏の内閣はほとんど移民問題を閑却せるかのごとくである。

これは日本人として善後策を講ずるべきことであると共に、他方排日土地法に対しては、私は当初より我が同胞の発展に対して痛烈なる打撃となるべきを懸念しているのであるが、その頃アメリカより帰朝せる人々の所見によると、土地法制定の精神は大いに憂うべきであるがその結果は大したことはあるまいという者もあって、私とは所見の一致せぬ点があった。

けだし、アメリカより帰朝した人というも、視察した地方によって自ずから異なるところがあって、失礼の批評であるが群盲の象を探る感なしとしないので、私は親しく渡米して実状を見聞し、またアメリカの識者とも胸襟をひらいて相談し、誤解の一掃に努力する必要を感じたのである。

ことに最近に至っては、土地法厲行（無理やりのはげしい実行）と農産物の価格低落とは、大いに我が移民の困難をきたし、合同一致を欠くの傾あるを伝える者がある。想うに、排日烈しく生ざるを得ないのである。

活困難となれば、動(やや)もすれば自暴自棄(じぼうじき)に陥り易く、乱暴と乱暴とが衝突すれば、その結果寒心せせぬのである。

現に同じくアメリカ人でありながら、白人と黒人とが人種的衝突のために、いたるところに悲惨なる争闘を演出したことがある。同じアメリカ人の間には、あるいは調和することありとするも、日米両国人間にかかる不祥(ふしょう)（不吉な、不運なこと）の問題が起こるとせば、事態決して軽しと

先ごろカリフォルニア州ターロックに起これる邦人追放事件のごとき、犯人が暴徒であり、アメリカ人またその不法を認めて、ために大なる問題となるに至らなかったのであるが、もし日米の暴徒相争うようなことがあれば、いかなる結果をきたすかも測られぬのである。

かく考えきたれば、国を憂うる者は、在米農民の現在および将来に対し、深き考慮を加えざるを得ないのである。したがって私は今回の渡米に際し、これらの事情につき研究し、出来得るかぎり適当なる方法を講じたいと思う。

二重国籍の問題もまた解決せねばならぬことである。アメリカの法律ではアメリカに出生した子女は、その親の国籍いかんを問わずアメリカ人として登録する。しかるに我が国の法律では、日本人の子女はその出生地のいかんを問わず依然として日本人である。したがって、在米同胞の子女もまた日本人である。すなわち、在米同胞の子女は一面にはアメリカ人であり、一面には日本人であるという奇観を呈している。

それは、日米法律の相違よりくる結果であるが、アメリカに生まれアメリカの法律に支配され

る者は、アメリカを我が国土とし、アメリカ人を我が同胞と思い、アメリカ人のために忠誠を尽くすことが自然である。しかるに在米同胞の子女は、土地の所有権を得るためにはアメリカ人となるが他の点においては依然として日本人である。これでは、アメリカ人の在留日本人を好まぬのも無理からぬことであろう。かりに地位を替えて、日本人がアメリカ人の立場にありとしても、また同じであろう。果たしてしからば、己の欲せざるところは人に施すなかれである。ゆえに、二重国籍については深く考えねばならぬのである。在米邦人の子女教育についても、また同じ理由によって研究せねばならぬと思う。

婚姻については写真結婚を禁止されて以来、在米同胞は結婚の機会を得ることが難くなった。写真結婚が不当であるとすればやむを得ないが、しかし嫁を迎えようとしても、人種の差のために出来ぬとすれば、これは人道上の問題である。この問題もまた注意して解決を要することである。

要するに、私の渡米の目的の一半はこれら移民の問題を研究して、一面排日緩和の案を求め、一面日本移民の困難を緩和し、もって出来得るかぎり移民による日米間の不安を除くに努力したいのである。

アメリカの私の友人はいずれも日米国交の情誼を敦からしむるに努力し、しこうして、これがためには日米両国ともに道理によって行動せねばならぬと主張している。彼らは真に両国の平和的発展を切望しているのである。ゆえに私は今回の渡米により、これらの人々と会見し、将来日米間の関係をいかにすべきかも相談したいと思っている。彼らの間には、私に対して渡米するよう、今春勧誘しきたった者もあったので、私は今回の太平洋会議の開かるるを機会として、出発するに決したのである。軍備縮少または制限については、私はいまだ十分に研究した者ではないが、むろん熱望者の一人である。この問題が昨年来日米関係委員の間に協議した事項中の一つであるから、太平洋会議の模様を見聞し、なお将来のことなども打ち合せたいと思う。

私は日本政府の公務に何ら関係はないが、国民の一員として、軍備縮少のことが正当に各国間に協定され、また太平洋会議によって、従来日米間に紛糾する問題が総決算となることを衷心から切望する者であるから、微力老衰をも顧みず、この旅行を決心したのである。

この決心をもって、翁が第四回の渡米の途についたのは、大正十年（一九二一）十月十三日で、同行したのは日米関係委員会会員添田寿一、頭本(ずもと)元貞、堀越善重郎諸氏で、随行したのは増田明六、小畑久五郎、穂坂与明(よしはる)の三氏であった。

同行者のことについては前に記したことがあるから、ここには省略するが、小畑氏は大正八年（一九一九）以来翁の英文秘書役として、また日米関係委員会幹事として、常に対外関係に活動しきたった人で、その流暢正確な通訳はつとに定評があり、特に『論語』その他の漢文を引き、かつ特殊の表現によって翻訳を難(な)んぜられた翁の演説、談話の通訳については、ほとんど天下一品と称される人である。穂坂氏は医学博士で翁の保健を担当したのであった。

金門迎得太平春

彼方(かなた)で一団、此方(こなた)で一塊の渦を捲(ま)いての歓談笑語と、袂別(べいべつ)の辞(じ)（別れに際しての挨拶）が絡み合っての雑閙(ざっとう)、これは日米親善のため八十二の老体を提げて渡米する渋沢子爵一行と、ワシントン会議に派遣される外務、大蔵、両省若手の随員や、顧問、嘱託の面々が鹿島立ちする十三日朝東京駅に於ける光景であった。……添田博士が背広服でニコニコ顔でいると、八時半頃渋沢子爵がフロック姿で駅に現れる。見送りの人々は波を打って子爵を取り巻き、やっと一等待合室に這入った子爵の周囲に絡わる人の多さに、室は身動きもならぬ。元気な子爵は愛嬌豊かに万遍ない挨拶を返していると、帝劇女優森律子が綺羅を飾って現れる。実業界の巨頭は殆ど悉く集うて老体の行を送る。原首相が「お身体を大切に……」と言葉をかけると、「ありがとう……」と軽く交された握手には、無量の意味が包蔵され、見る者の眼に自ずから感激の涙を要求せんとするのであった。駅の入口から待合室と寸隙もない人込みの間を、松村、木村、酒匂、岸田の外務書記官や、富田、神鞭、川越の大蔵書記官、立、久野、穂坂の三博士、日銀理事深井英五、正金理事小田切万寿之助氏等が、人波に揉まれながらお別れに目を廻している。中橋文相、高橋蔵相、山本農相、山梨陸相、大木法相等の各大臣が、人波を泳いで改札口へ向かった。原首相の如きは混雑に堪えかね気味、雪崩を打って歩廊へ殺到した見送りは、長い歩廊を大臣、学者、実業家で埋めた。折から横浜岸壁直通の七輛連結臨時列車が着いた。……家族、近親、見送りの人々で列車内も寿司詰の大入、列車の窓からは三十名の顔が覗いて、尽きぬ別れに精一杯の言葉や動作が其処に集積される。遅ればせに来た内田外相が、窓から渋沢子爵と最後の握手を交わし、外務省の随員連を励ましている。と発車合図の笛が響く。早稲田大学学生の一団は渋沢子爵のために校歌を高唱し、列車は滑るが如く緩く動き始め、万歳の声は一斉に歩廊に起って耳も聾せん許り、帽子、ハンカチーフを打ち振るって互いに名残りを惜しむ間もなく、汽車は西に隠れた。この日の見送人はすべて五千人もあったろう。

翁は、この記事によって察せられるような、盛んな見送りを受けて、午前九時十五分、東京駅を発し、同十時十分、横浜岸壁につき、ただちに乗船春洋丸にいたり、食堂において見送りの諸氏に対し鄭重に謝辞を述べ、かつ老齢のため健康を懸念される向きもあれども、暫時のことにして、やがて近く再び相見えるべく、また果たして何らの効果を齎すべきかを疑うも、出来るだけの努力をなすべき旨を挨拶し、杯を挙げて一同の健康を祝し、穂積男爵は一同を代表して翁の健康を賀し成功を祈りて乾杯し、次いで阪谷男爵は添田博士のために、添田博士は一同のために乾杯し、正午近く見送り人一同船を辞し、船は静かに五色のテープを翻しながら遠ざかって行った。

かくて、シカゴに着いた十一月四日、原敬、東京駅において刺客の兇刃に殪れたりとの電報、新聞社を通じて通知され、翁はじめ一行愕然とし、とりあえず阪谷男爵に電報を発し、事実ならば翁に代わりて弔意を表せんことを依頼した。翁の渡米と友人の死とは離るべからざる因縁である。

渡米実業団のときは伊藤博文がハルピンにおいて不慮の死を遂げ、第三回の渡米にはその出発に近く井上馨の死を送り、今また東京駅において翁の健康を憂慮し、心をこめて自愛を勧めてくれた原の訃報に接した。想えば不思議な気がする。

十一月七日午前七時半、ワシントンに着き、先着の添田博士、大使館付武官陸軍少将原口初太郎氏の出迎えを受け、両氏の好意によって得たるホテル・アーリントンの室に入り、小憩ののち添田、頭本、堀越、三氏を伴って、日本全権徳川公爵および幣原男爵を訪問し、ワシントン会議の議題ならびにこれらに対する両全権の見解を聴き、かつ日米関係委員会を代表して意見を陳べた。

翌八日午後、首席全権加藤友三郎男爵と会見し、会議に対する意見を聴き、日米関係委員会の代表者としての意見を開陳し、かつ会議進展の模様により微力を尽くすべきことを申し出た。かくて、午後三時四十五分、幣原男爵の先導にて、添田、頭本、堀越の三氏帯同、ウォレン・ハーディング大統領に謁見した。九日午後、翁は全権事務所に加藤全権を訪問し、

「軍備縮小のため、一部営業者および労働者間には、その営業上に急激の変化を生ずるをもって、多少の苦情あるべきも、事の大小軽重を較量し、適当の処置ありたし」

との意見を述べ、午後四時半、ワシントンをあとにし、十時、ニューヨークに着いた。

かくて、ニューヨークに約一週日を送り、同月十八日、ピッツバーグに赴き、二十日さらにニューヨークに帰り、滞留すること約二週間、翌月三日、フィラデルフィアに移り、ワナメーカーと旧交を温め、五日、同地を辞するに当たり、ワナメーカーをその商会に訪ね、特別室において記念の金時計を受けた。

ワナメーカーは当日病気のため、友人ブラウン博士が代理としてこれを贈ったが、その贈呈の理由について、こう述べたといわれている。

> かつて、大統領トーマス・ウッドロウ・ウィルソン氏に寄贈せんとして、特に一つの時計を製造せしめた。けだし、多くの事業をなさんがためには、正確に時を知ることが最も必要であるからである。しかるに、この頃のウィルソン氏の行動にはあきたらぬ節があるため、これを贈ることを思いとどまった。
>
> その代わりといっては失礼であるが、この席におられる日本の渋沢子爵は世界をよりよくせん

ために常に努力せられる、真に世のため人のため貢献せんことを願ってやまざる人である。この人にこそと思うため、これを贈る次第である。贈る物はたいしたものではないが、このごとき理由をもってすることを御承知願いたい……。

これを受けた翁が、爾来、常に――最後の日まで身につけたことによって、翁がワナメーカーの好意をいかに深く感じたかの説明としたい。

かくて、午後五時十五分、ブラウン博士その他に送られてフィラデルフィアを発し、八時半、ワシントン着、添田寿一、原田少将などの出迎えを受け、アーリントン・ホテルに投じた。

翌六日午前九時、徳川公爵を訪問、懇談し、午後、マウントバーノンにワシントンの旧跡を訪ね、七日午前七時半、ワシントンをあとにし、午後一時、ニューヨークに着き、ただちにインディア・クラブにおける、ラモント氏主催の東京聖路加病院建築費醵出(きょしゅつ)に関する午餐会に臨席し、一場の演説を試み、同日午後三時、ニューヨークを発し、夜に入ってワシントンに着いた。この日の翁の行動について、聖路加病院長トイスラー博士はこう記している。

子爵の最も優れた特長の一つは、いったんなした約束への忠実さである。いったん約束されたからには、いかなる困難も物ともせず、いかなる努力も惜しまれないことである。この事実は、一九二一年、子爵がアメリカ合衆国訪問の際に遺憾なく発揮されたのである。当時、子爵が八十二歳の高齢であったことを忘れてはならない。

それは厳寒身を切るような冬であった。大西洋岸の海は氷雪をもって閉ざされていた。ニューヨーク市の有力な人たち数名が日米親善、国際友情のために尽くされる子爵に報いるために、子爵を午餐会に招待することになり、日を十二月七日水曜日と定めて、私が子爵に招待状を持って行くことになったのである。私は子爵の秘書小畑、増田両氏と共に、プラザ・ホテルへ子爵を訪問したのである。いろいろ会談していくうちに、子爵には火曜日および水曜日の夜は、ワシントンでのっぴきならぬお約束があることが判ったのである。

そこで私は、子爵の面前で小畑、増田両氏と共にいろいろ相談してみたが、結局あのご老体をもってしては、ニューヨークにおける水曜日の午餐に出席することは、とうてい不可能ということに一致したのである。

ところが私たちの議論の最中に、子爵は例の気軽さをもって汽車の時刻表を求められ、しこうしてワシントンを午前七時に出発すれば、午後一時にニューヨークに到着、折り返し三時にニューヨークを出発すれば、夕方八時にワシントンへ到着し、汽車からただちに行けば、晩餐に間に合うことを発見され、即座に招待に応ずる旨を述べられ、最後にこの問題については、もう議論を続ける必要が無いと付け加えられたのである。

私は今だから白状するが、私はニューヨークでの招待を、子爵に受けていただきたいことはもちろんであったが、それは厳冬の最中であること、子爵は市から市へと約束で埋められていること、ワシントン、ニューヨーク間往復十二時間の旅行を強い、同日に二大宴会に出席することなどは、御体のためにも無理であることを、私は熱心に説いたが子爵は私の反対も、小畑、増田両氏の忠言も聴き入れず、静かに、率直に、自分はすでに決心がつき、この計画を実行し得る健康を持っていると答え、私にニューヨークの幹事たちに喜んで招待を受ける旨を、伝えてくれるよう命ぜられたのである。

私たちは、記憶すべき水曜日に、ニューヨーク市の停車場で子爵を迎えたのである。子爵は静かに自動車上の人となり、インディア・ハウスの午餐会に臨まれたのである。

そこで国際関係について素晴らしい大演説をされ、午後三時、再びワシントンへの人となり、その夜、日本大使およびワシントンにおける数多の名士との晩餐会の約束を、完全に果たされたのである。その晩餐会は子爵を主賓として、大使が主催されたものであった……。

十二月十日午前十時より、ワシントン会議を傍聴し、二十年の歴史を有する日英同盟廃止の状景を目撃し、イギリス代表アーサー・バルフォアの日英同盟を送る大雄弁に耳を傾け、日本代表の態度に隔靴掻痒（はがゆくもどかしいこと）の感を抱いたのであった。

かくして正午、ショーラム・ホテルにおける、徳川公爵主催の午餐会に列し、国際連盟協会関係の人々と会談し、午後三時、ルート氏、午後四時、ヒューズ氏を訪ねて懇談し、夜はアレキサンダー、リンチ両氏を招いて晩餐を共にした。

十一日午後、カヴェナント教会における徳川公爵の演説を聴き、夜に入って、高峰博士、堀越善重郎、山本悌二郎、田川大吉郎、小松緑、安達金之助などの諸氏を招いて留別宴を催し、午後十時五十五分ワシントンを発し、ロサンゼルスを経てサンディエゴに赴いた。ライマン・ゲイジに会わんためであった。

翁の来訪を聞いたゲイジは八十七の頽齢の身をもって、自ら自動車を操縦して翁をホテルに訪問し、一時間余りにわたって懇談した。ワシントン会議のこともあった。前年、ヴァンダーリップ・パーティーの一員として、日本を訪問したときのこともあった。八十七と八十二の老いたる友は、心ゆくばかり談じあった。しこうして、袂別に際しゲイジは、心からいった。

「子爵はこれから北方の旅行につかれるのでありますから、自然寒さが次第に強くなる訳でありますどうぞ、ご健康にいっそうご注意くださるよう、切に祈る次第でございます」

この会見を、この心からなる挨拶を最後として、ゲイジはまもなく翁のアドレス・ブックから去ったのは余儀ないことであった。

サンフランシスコに着いたのは、十二月二十四日で、フェアモント・ホテルに大正十一年（一九二二）の春を迎えて、

不嫌無酒答佳辰　　嫌わず、酒の佳辰に答うる無きを。
客裏韶光亦覚新　　客裏、韶光また新たなるを覚ゆ。
米寿算来猶欠五　　米寿、算え来りて猶お五を欠く。
金門迎得太平春　　金門に太平の春を迎え得る。

＊佳辰……よき日。めでたい日。
＊客裏……旅行中。旅にある間。旅のさなか。
＊韶光……のどかな春の日の光。

と感慨を叙した。

一月九日――サンフランシスコ発航の前日、ウォレス・M・アレクサンダー氏は盛宴を催して翁を

送った。翁は起ってその好意を謝し、日米問題について熱情をこめて所信を披瀝し、「必要の場合は重ねてこの国を訪ねることを辞しませぬ。しかし、御覧の通りの老人でございますから、そのときは棺桶を用意して参ります」と述べた。翌朝のサンフランシスコ・クロニクルは、広き紙面を割いてこの会のことを記し、翁の答弁全部を掲げた。

この記事が心ある読者の興味を惹いたことは想像に難くないが、その一々を記すを得ない。ただ一つの例を挙げておこう。翁と同じくフェアモント・ホテルにおった一婦人から、小畑久五郎氏を通じて、こう申し出た。

今朝のクロニクルの子爵の演説を読んで、感激の涙にむせびました。たとえ女の身でも、子爵のご指導に従って日米親善のため、努力せねばならぬと深く考えました。つきましては、この決心をいたしました記念に、かねて秘蔵しておりますこの鍵を、子爵に差し上げたいと存じます。鍵そのものはいたって粗末でありますが、私にとっては特殊の意義を有するものでありますから、その意味から、深い心をこめて、お贈りする訳でございます。そのへんの事情をよろしくおとりなしくださって、お受けくださるよう願います。

小畑氏からこの好意を聞いた翁は、喜んでこれを受け、ワナメーカーより贈られた時計の鎖に、自由の鐘を写した渡米実業団の記念品や、メダルなどと共に下げられ、爾来、常に翁の胸間を飾ったのであった。

この日、大陸をあとにした翁はハワイにおいて労働争議の調停に努め、日米親善について具体的の貢献をなし、一月十九日午後五時、コレア丸に乗り、同六時ホノルルを発し、一月三十日、横浜についた。出発以来、実に百十日目であった。

その間、約四十五日を船上または車中に費し、正味六十五日をアメリカにおいて活動したので、いかに忙しかったかは想像に難くない。直接目的として行った移民問題、またはワシントン会議について、有力者と意見を交換し、あるいは晩餐会、午餐会席上で演説したのが、ほとんど九十回に達したことを見ても、その一斑が察せられる。

五、生活改善の標本

渋沢子爵は明治の実業界を建設した偉勲（いくん）者である。始終実業の発展を目的とし、必ずしも自己の利益のみを念としたる人でない。従って自己の富のみを目的とした実業家に比すれば、子爵の富は遥（はるか）に少ないであろう。恐らく今の実業界において、富子爵を凌げる者は屈指するに遑（いとま）がないであろう。ここに子爵高潔の心事が現れている。老子爵が実業その他社会公共の事に奉仕したこの精神は、やがて身を持するに極めて倹素（けんそ）となっている。

と記し、転じて例を挙げ、

些事（さじ）の如くであるが、子爵の帽子は十余年来の古もので、昨年漸（ようや）くアメリカで買い代えたとい

> う。またフロックコートにはつぎがあるという。

と、翁帰朝の直後発表された『実業の日本』評論の冒頭にある。「つぎがあるという」はもちろん誤りで、聞き違いでなければ誇張に過ぎた表現である。

しかし、翁がフロックコートと山高帽で押し通し、ともすれば、この種の噂を生ずるほど、身なりに構わなかったことは事実であり、身を持すること極めて倹素であったことも間違いではない。

> 邸宅こそ内外国の客に接見する必要上、堂々たるものであるが、平時の食事の如きは頗る簡素を極めているという。

と記したのは、正鵠を得ている。同誌はこの叙述を前提として、第四回渡米旅行後のことにおよび、こう記している。

> 社会に奉ずる子爵の精神は、従来既に奉ずるに薄かったのであるが、最近渡米してアメリカ上下の状態を視るや、老子爵はさらに深き印象を受けたのである。従来は単に身に奉ずるに薄かったのであるが、今や一歩を進めて、対他の関係においても亦その態度を一変し、倹素節約を主とするに至った。
>
> 最近におけるアメリカ人の倹素に真剣となれることは、アメリカより帰れる者の均しく口にする所である。彼等は戦時以降の大膨張を抑制し、戦後の整理を全うせんとすれば、人に物に、あらゆる方面を通じて無用を省かねばならぬとなし、極度の節約を行っている。我実業団が国賓として大統領の招待を受けた時、卓上には飾り花もなく、献立表の印刷したものもなく、その食事もスープ一皿、肉一皿、而して後は珈琲、果物のみであったという。彼等は今や暖衣飽食すべき

秋でなきを自覚している。大統領が進んで範を国民に示す覚悟をもって、国賓の招待にすらも斯の如く節約を旨としている。その精神は広き全米に徹底し、奕々（美しく光り輝くさま）として躍動している。老子爵が感激をもってこれを感得したことは疑うまでもない。

現に老子爵は、二回までもアメリカの大統領となったルーズベルト氏の未亡人を訪ねたる時、未亡人がベルに応じて出迎え、故人の書斎に案内し、さながら女中なきかの如く働いていたことを語られたことがある。未亡人が全く女中を置かぬのでないが、著しくその数を減じ、かつ大抵の仕事は未亡人が自ら進んで行うのであった。

これらの事実を見聞した老子爵は、帰来社会奉仕の念を一層強くし、我社会生活の贅沢にして浪費多く、形式に流れて精神を失えるを思い、新生活を打開せねばならぬとなし、帰朝の後、知人中には幾多の歓迎会を開く計画があったが、子爵一個に関するものは総てこれを辞退し、また子爵主催の宴会は総ての場合を通じ、品質を吟味するも皿数を減じ、無益の手数を省くに努めている。地方講演の如きも事情だに許せば出演されるも、常に無益の費用と手数とを省くを心懸け、先頃埼玉および前橋に赴かれた時の如き、一切の出迎えを断って書生一人を伴い、汽車の弁当をつかい、市民または商業会議所の歓迎、または饗応を計画する場合にも絶対にこれを辞し、強いてこれを行わんとすれば出演を辞するといい、万一午食する必要ある場合にも小人数と共にし、多数者の集まり、無益に時間と費用とを費やすを警め、講演にも知人にも常に告ぐるにこの事をもってするという。今や社会は一般に不景気の声日に高きに拘らず、戦時以来養われた奢侈浪費の風未だ脱せず、世上その要を認めながらこれを断行するの勇気に欠ける折から、吾人は老子爵が真に身をもって国民を率い、率先して生活改善の急先鋒をもって任じ、社会が改善を難(かた)しとする結婚披露の大事に、新しき先例を開いた誠意に感激せざるを得ない。老子爵今回の挙は、一に子爵奉公の至誠が滞米中の所感に刺激され、改善の実を挙げんとすれば、先ず自己およびその周囲より着手せねばならぬのを感ぜられた結果であろうが、子爵今回の英断は節約実行の範を示されたものである。生活改善は既に久しい間の問題であったが、子爵の英断により爰(ここ)に新しい生命をもって実現されるであろう……。

論者が推称する結婚披露の新しい先例は、この年五月下旬行われた渋沢敬三氏のそれであった。この披露について、こう記している。

私共儀、渋沢木内両家とは年来別懇の間柄に御座候処、子爵令孫敬三氏は大正十年東京帝国大学経済部を卒業し、現に横浜正金銀行に勤務中に有之、又木内氏次女登喜子嬢は大正九年お茶の水高等女学校の卒業生にして、両人の性行を熟知せる私共は至極の良縁と相考へ候に付、媒酌に相立、昨年夏婚約成立致、本年五月二十三日結婚式を挙げ、同二十八日に披露会を催候事と相成候間、御聴置被下、両人の将来に付御愛顧御指導の程奉願候。又両家に於て此度の結婚式等総て質素を旨と致、右披露会に御臨席願上候ても何等取設も無之、真に両人を御紹介申上る迄に止め度趣に候間、此儀御諒承の程願上候。尚両家申合はせ、御祝品等の御贈与は平に御遠慮申上度由に有之、私共に於ても至極尤の義と賛成仕候。

これは媒酌人和田豊治氏、同織衣子の連名で、子爵渋沢栄一氏令孫と木内重四郎氏令嬢との結婚披露の案内に添えられた手紙の一節である。敬三氏は子爵の嫡孫で、大学を卒業するに銀時計に相当するほどの優良の成績をもってした秀才で、卒業後は書記として正金銀行に勤務し、最下級より銀行事務を修養しつつあり。新婦もまたお茶の水出の才媛である。記者は多年社会のために奉仕された渋沢子爵が好箇の後継者を有され、しこうして今その人のために良縁を得て華燭の大典を挙げらるる幸福を衷心より祝い、積善の家に余慶ありという古人の言語を欺かぬと思う。

式は書中にある如く、二十三日華族会館において、両家の伯叔のみの参列で荘重に行われ、その夜は親戚の間に盛んな祝賀宴があったという。しこうして二十八日には日本工業倶楽部で披露会を開いたのである。この披露会は現代に意義ある出色のもので、記者が個人生活の内情に立ち入って紹介せんとするに至ったのもまたこれがためである。

二十八日日本工業倶楽部に招待された客は、直ちにエレベーターによって三階の中食堂に案内された。新郎新婦は媒酌者夫妻と共に食堂内の適当な位置に立ってこれを迎え、賀辞を受け紹介を交わした。普通なれば新郎新婦の背後には燦として輝ける金屏風を折り廻らし、大花瓶に花を飾るべきであるが、そこには装飾らしい何ものもなき簡素なものであった。

客は中食堂に入り、さらにこれと隣りした大食堂に導かれる。客の中には両家の一方を知り他方を知らぬものもあるので、子爵夫妻、同令息夫妻、および木内氏夫妻は、それぞれに適当な位置にあって、子爵の女婿で第一銀行支配人たる明石照男、木内家と姻戚関係の日本勧業銀行総裁志村源太郎の両氏が、それぞれに来賓を紹介していた。

食堂には其処彼処に食卓を設けてあった。客が入り来れば両家の関係者はそれぞれに接待し、ボーイは飲料としてポンチと紅茶、食品としてサンドイッチ、西洋菓子、果物、大阪ずしを供し、所謂結婚披露に見るが如き盛饗もなければ美酒もない。極めて簡単で質素なものであった。しこうして各食卓には一切椅子を用いない立食であるから、客は知人を見れば快く自由に往来し談笑し、笑声歓語堂に満ちていた。

招待された客は広く各方面に渉りその数頗る多かったが、定められた午後二時より四時までの時間内で、祝辞を述べ、立食し、随意に退散し、極めて清い愉快な披露であった。尤も客は一時に一ヶ所に集まる機会がないので、媒酌人は来客一同に対し新郎新婦の履歴その他を紹介するを得ないため、予め前掲の手紙を封入して当日の挨拶に代えたのであろう。披露会は書中にある如く、真に「質素を旨」とされた高尚な清い会であった。子爵の如き社会的位置と多くの富を有し、披露の盛宴を張り得る人にして、人生の大事たる結婚の披露にかく質素を旨とした会を開かれたことは、吾人そこに深き意味あるを看取せねばならぬ。

六、大震災

大正十二年九月一日

大正十二年（一九二三）は、関東地方の未曾有の大震火災によって、永久に忘れるあたわざる年となった。九月一日午前十一時五十八分、最初の激震のあったとき、翁は兜町の渋沢事務所の書斎に在って、執務していた。翁が余りの激動に椅子を離れドアの近くまで進んだとき、第二の激震のため、マントルピース（暖炉のたき口を囲む飾り）の上に張った大硝子鏡は転落して粉砕し、中央高く吊るされた大シャンデリアは落下した。そのいずれに打たれても、重傷を免れ得ざるべきを、真に危機一髪の間に逃れ、微傷をも負わなかった。

引き続く大小の余震に、気味悪く動く廊下を踏みて進んだ頃は、階上および外部に当たって何とも知れず崩れ落ちる音が物凄かった。ようやくにして前庭に出たときは、わずかに数分前まで美観を誇った事務所は、全体にやや傾き、四壁はほとんど崩れ落ち、実に惨憺たる荒れ方であった。

かくて、一応第一銀行に赴き、佐々木、石井、両氏はじめ幹部の人々と午餐を共にし、午後三時頃、銀行の好意によりその自動車で飛鳥山邸に帰った。けだし、渋沢事務所の門柱倒れ、常用のウーズレー車を引き出すことを得なかったからであった。

飛鳥山邸は屋根瓦の落下その他軽微の被害があったに過ぎなかったが、断続する余震の危険を慮り、庭園に急ごしらえのテントを張り、ここに一夜を送った。

下町の空一帯に漲る火雲に猛火の惨状を想像し、憂慮措くあたわざりし翁は日本橋、京橋、神田、本所、深川、浅草の各区焦土となり、第一銀行も渋沢事務所も烏有に帰せしことを、涙をもって聞かざるを得なかった。

かくて、翁の思いを潜めたのは罹災者の急援と、罹災者の復興とであった。それについては、翁の談話がある。

……ところが、今度の地震は、実に意外なことで、私自身にはそんな大変とは思わなかった。兜町で、ちょうど書類を調べておって、にわかに揺り出したについて、同じ事務所に出ている人々に助けられて室外に出ましたけれども、見ている前に壁が大変振るわれたり、なかには煉瓦が落ちたり、屋根がだいぶ壊れたように見えたから、困ったものだとは思いましたけれども、焼けるという考えはいささかとも持たなかった。

しかし、ただ残念なのは明治二十一年（一八八八）頃建築したので、死んだ辰野金吾という人の御手見せ（技量のほどを示すこと）の建物で、小さい建物ではあるけれども、私の身体からいっても辰野の技術からいっても、一種の歴史的の建物で、すでにこの春であったか、小さい食事のときに、今の大蔵大臣の井上君がたびたび私はここへご馳走などになったり、寄合いに加わったりするが、未だこの建物をよく見なかった。しかし、今日はしみじみ見た。良い家だ。贅沢の普請だと申しますから、贅沢でもないではないか、今の建築から見ると、はなはだ見すぼらしいと申しましたら、そうでない、五階の煉瓦造りとは大変違う。こういう家は壊さないようにして貰いたいものだ。好い見本になるなどといって、しきりに褒めたりしておった。

客間の天井に変わった絵の切り込んだのがあったり、あるいは側に川があるものですから、「ヴェニス（ヴェネツィア）」式に柱を建てたり、総てそんなものがいっそう珍重された。

それから二階は小そうございますけれども、ことによったら、小舞踏くらいやれるというような趣向の室が二つ、数寄を尽くしたとはいいえぬけれども、多少立派に出来ておった。

しかし、もう二十年ばかり前に、徳川慶喜公の御伝記編纂所に使ったらよろしかろうというので、編纂所に提供した。

ために、書物の置場になって、小さい図書館の体裁になって、脇の方の事務室に五、六人、もう一つの室に筆生が五、六人、あるときは十人、十二、三人寄って調べるというような有様でございました。かくして、長い間置いたから、彼処へ書類を置き、此処へ材料を置くというような塩梅で、皆それが一種の伝記編纂所に自然と形造られたのです。

慶喜公の伝記が済んだのち、渋沢の記録を調べる、それは私の希望ではなかったけれども、私の子供たちがしきりに要望して、この場所で引き続いてやりたいということで、やはり相変わらず編纂所的にやっていたのですが、はなはだ残念なことは、類焼するようのことはあるまいと思って、持ち出すことをしなかったために、それらの書類全部を焼いてしまった。

まことに残念で、私はもう人に会うと、しきりに自分の不注意、無神経を恥じて、いうさえ腹が立つくらいです。

それで、その日は、今いうひどい震動のために、外へ出て、歎息して、時々壁が振るわれるのを見ておりましたけれども、別にしようがない。そこへ第一銀行の方から、此方は揺れるけれども、銀行の方は決して潰れるような心配はない、此方へお出でなすったらよろしかろうといってくれたから、そこへ行って午食にパンなどを食べて、少し休息しておった。

そのうちに、一応王子の方へ帰りたいと思ったが、途中街路は地震および火災の避難者で充満した場所もあるので、通り筋を一応確かめた上、まず丸の内から須田町に出て、明神坂から本郷三丁目を切通しへ出て、池之端へ入り、根津から動坂を登ってここへ帰って来ました。

かれこれ四時頃でもありましたか、そのときまで、このごとき大火災になろうとは少しも思わなかった。

尤も銀行にいたとき、火災が二、三ヶ所はじまったようだが、震災後の火災は怖いものだということは、私は気づきはしたけれども、傍にいる人がここが焼けるようなことは、どうしたってあろうはずがないというから、私の方の事務所はとても用になるまい、だいぶ破れたから修繕がどうであろうか、いずれ地震がやんだら、あとで始末してみなければならぬと思うが、ことによると、彼処では事務が執れぬと思ったので、銀行から一室を借り受けて、必要の書類だけ此方へ移させることにして、私は帰ることにした。

途中が心配だから、送ってあげましょうといわれたので、その気になって増田に送られて家へ帰って来た。ために、火災の注意をいささかともせんで、何ともないと思ったが、翌朝聞けば皆焼けてしまった。

何たる遺憾であったか、何たる不注意であったか。

それから、比較すべくもないけれども、かの水戸へ行くと、彰考館というのがあります。大日本史編纂に関する資料が、山のように積んである。

最も面白いのは、義公（徳川光圀の諡号）の左伝に対する意見書とか、あるいは烈公（徳川斉昭の諡号）が貝原（益軒）の著述に書き入れをしたものとか、これらは大日本史編纂のためではないだろうけれども、多くは大日本史編纂に関する資料として集まったものを、拾い上げて積んである。

私はかつて、彼処へ行って一時間ばかりそんな書類を拝見したことがあります。それらに倣うつもりでもなかったけれども、慶喜公の御伝記の資料は長年かかって集めましたから、なるべく部類を分けてちゃんと保存させたい。

水戸の彰考館の小さなものみたようにし、かつ併せて私の伝記などを調べるというのですから、子供の時分からの日記みたようなものや、フランス旅行中の書類や、あるいは維新後に至るまで知友などより来た書翰などを、総（すべ）て編纂所に置いた。

それはかつて、一遍調べておいたのであったが、その中の書翰はそれを取り扱う者に悪い者があって、三条さん、西郷さん、木戸さんの手紙、その他三、四十通も盗まれたが、その中右の方々のものはなくなり、余りの手紙は三本の巻物になってどこかに売物に出たのを、阿部吾市さんが、皆あなた宛のものだから面白いと思って買ったといって、持って来てくれた。

その三巻は、幸いに王子の方にあったので残ったが、その外のせっかく大事な書類を、そういうような方法にしておいて、自分では安全に保存し得るものと思っておったのが、火災という注意を怠ったために、みな烏有（うゆう）に帰したというのは、何という不注意であったか。余りに油断であったと思う。

翌日になって、災害の強い有様をだんだん聞けば聞くほど、少し気づかいまして、ことによったら、東京に大なる禍乱（からん）（世の中の乱れ）でも起こりはしないかというような、別に放火とか、社会主義者がどうするとか、そんなことはいささかとも思わなかったけれども、にわかに食う物がなくなる。そうすると、どうも飢饉の有様から遂に乱民が生ずる。

一つあると二つ、だんだんに動乱的行動が生じないとはいわれぬから、第一に、米を東京に十分輸入することを努めねばなるまい。

第二には、取締法が十分付かぬと、そういう乱暴を防ぐことが出来ない。やむを得ねば、戒厳令でも布いていただく外ないではないかと、だんだん心配になって来た。

すると、ちょうど二日の朝、第一に、この近所に住まっている日本日曜学校協会主事の今村正一氏——私は宗教家ではないけれども、始終同協会のために力を添えてやりましたから、爾来、別して懇意にしている——が訪ねて見えて、自分もこの土地に住むが、市中大火のため、どうも米が少なくなった。

第一に送電が止まったので、搗く（玄米をついて白米に精米する作業）ことが出来ないから、別して白米が無い。

自分は埼玉県人であるが、埼玉県には米が十分あるだろうと思うから、貴方（あなた、貴殿）からお力添いを願い、他からもお願いして、この土地へ少し米を輸入して、握り飯的焚き出しをしてみたいと思うが、どんなものでしょう。

それは、とりあえず必要のことと思うから、全然ご同意します。しかし、そういう取り扱いは、相当な順序立った組織によってなさった方がよろしかろう。それには、滝野川町役場に取り扱わせる方がよろしい。貴方は自分でやらずに気付きだけ与えて、仕事はそこでやって貰い、米に対する金の心配は私がしてあげる。

注意は貴方の手で、取り扱いは滝野川町長にやって貰うということであったならば、三つの力によって相当の規模が出来るであろうと答え、それでは一つ町役場の人を呼びますから、よく相談してくれということであった。

それは朝早くのことで、まもなく九時頃であったか、阪谷男爵が来られた。

ちょうど私が懸念しているのをさらに進んで、こいつは油断が出来ませぬぞ。ことによると暴民が生ぜぬともかぎらぬから、一つ政府に注意しようではありませぬか。私が行って、そんなことを騒ぎ散らすと少し穏当でないようだが、老人の気付きからいうならよろしい。内閣がどうなったか、山本が立つというが、何しろそんなことは第二として、総理大臣にでもいってやるがよい。

それから警視庁に、東京府に、東京市に、また内務省にも注意して、早速米を入れるということと、それから戒厳令(かいげんれい)を布(し)くということ、すなわち飢饉に迫らぬようにさせるのと。乱暴を防ぐということだけは、ぜひなさらねばいかぬということの、注意を与えるようにしようではないか。貴方からいってやってくれる方が、具合がよいと思う。

場合によっては、阪谷も希望を共にするといってもよろしいからということになって、折から報告かたがた来合せていた私の事務所の渡辺得男に、交通機関がないけれども、場合によったら歩いて行ってもといって、今のことを総理大臣――というのは、未だ内田さんの時でした――水野内務大臣、赤池警視総監、東京府知事、東京市長と申す向きに、主として取り締りと救護の方法を至急に講ぜねばなりますまいということを、別に建議書ではないけれども、口上をもって申させました。

……続いて四日の朝早く、内務大臣になられたといって、後藤新平さんから、至急ご相談したいことがあるから出て来いと、騎兵を使いに寄こされた。

当時はここでも、家屋破壊のため庭に小屋を建てて寝ているときでしたが、何か重要のことだろうと思って、その日の午後一時に三宅坂の内務大臣官邸まで行きました。

そこではじめて、昨日新内閣が組織されたことを聞きましたが、また臨時震災救護会事務局が成立して、その総裁は山本権兵衛さん、副総裁は後藤さん、それぞれ役割が出来て、今やその人たちが打ち揃っていろいろ仕事に取り掛かられていることも聞きました。

早速、後藤さんが、やあ大変だ、余儀なく後を引き受けた。昨日決まったんだが、実は今朝、総理のところに閣議があっていろいろ相談して来た。それについて貴方と相談してみたいと思ったから、急にいってあげた。早速来てくだすってよかった。どうか協調会に働いてもらいたいと思うが、どうだろうか。たぶん、協調会の添田氏にも来てもらっている。

果たして協調会が、こういう臨時の震災に応ずる場所であるかどうかは第二の問題として、ごく人手も揃っているし、聞くところによると幸いに焼けなかったという、まことに好(よ)い塩梅だ。

まず、臨時救済のことについて、この事務局の援護者として、相当の仕事をしてもらいたい。あるいはバラックを造るというか、病院を設けるというか、何れ(いず)も必要のことである。あらかじめ、これをしてくれとはいわぬが、まず第一に徳川さんとも相談したが、細かいことはお前が知っていると思うから、わざわざ呼んだのだ。

驚きいったことです、それに対してこういうことを、前の内閣に申し上げましたと、後藤さんに、前述べた米と戒厳令(かいげんれい)の話をしたところが、果たして君の建言であったかどうか、そこまで詳しくは知らぬけれども、それらのことについては相当の注意をいたしてある。

米は、たいてい六十万石ばかり、此方へ入ってくることになっている。遅くも一週間のうちには来る。すでに昨日も大阪の方から飛行機で来た。これは確かであるから、食糧についての心配は、まずない。

その他にも実は今評議してきたが、こんな風にしてきたといって、紙に書いた要件の廉々（それぞれの箇所。ふしぶし）を示された。

その中には、この経済界のことをどうしてよいか、銀行に破綻でも起こると困る、火災保険のことが困難の問題と思う。どういうようにしてよろしいか、どうぞ、この場合経済界の大混乱を引き起こさぬようにせねばならぬ。だから、差し向いては罹災者の援助、第二は経済界の安定、まずそれを主としてやらねばなるまいと思う。それらのことは、協調会ばかりでもいくまい。これは、委員でもこしらえて、攻究させるがよろしいだろうと思う。

銀行者にもいろいろ説があるそうだ。――後藤さんの右のお話は、最もいわゆる肯綮（物事の急所）に当たったことであって、いち早くそういうところへ気がついて、種々の施設をされたことは、たしかに機敏のことと敬服しております。

協調会の資格がどうであるかの詮議を、まずせねばならぬように思いましたけれども、そんなことをいって協議していると、また説が出る。また寄らねばならぬ。

終には薬の相談が調ったら、病人が死んでしまったと申すようなことが出来ぬとも限りませぬから、そういう長たらしいことではいくまい。いわゆる拙速を貴ぶ、責任は私が持ちます。間違ったら叱られる覚悟でやりましょう。ちょうど添田君も見えましたので、それではこれから君と行って、どんなことをしてよろしいか、評議を決めましょう。どのくらいまで出来るか知らぬが、何でもよろしい。協調会に相応しいか相応しくないか知らぬが、出来るだけは尽くすという覚悟でやりましょう、といって別れました。

それから、協調会は何をやったらよろしかろうということを、しきりに相談して、第一に救護局に相談してみたところが、焚出しの途がなくて困る、焚出しの手配をしてくれというから、陸軍から釜を借りて来て、何でも一週間余り焚出しをやりました。

それから、新聞がちっとも出ないものですから、情報が通じない。いわゆる下情上達せず、上意下に通ぜず、というような風で、これは困るから、幾らかその間に立って心配をしようというので、五ヶ所かに情報案内所というものを作って、これもしばらくの間やりました。のちに新聞が出来るようになって、やめました。

それから、バラックを造って、人を収容することを協調会自身にやったらよろしかろう。なるべく、労働者部類に属する者の救済を講じたいというような、希望もありましたが、バラックの建築には時がかかる、かつ、だいぶ東京市でもやり、救護事務局でもやるということになっているから、今差し向いてやらぬでもよろしかろう、むしろ病院が必要だというので、今の協調会の向こうに病院を設けました。それから、横浜に一つ、深川に一つ、都合三ヶ所ばかり造ることになりました。

大震災善後会

大震災善後会は大震災のために生まれた臨時施設であって、翁が東京商業会議所の幹部と協議して起こした運動と、貴・衆両院議長の相談による計画との合流によって成立したものである。

大正十二年(一九二三)九月九日午後二時、東京商業会議所において、貴・衆両院議長および実業家代表者の協議会を開き、翁が座長となり、同日午前中開催された実業界の人々の協議会の経過、ならびにその決議――大震災救護会を組織せんがため、翁および貴・衆両院議長に、委員の選定、その他組織の一切を一任すること――の報告あり、ついで救護会の組織に関し、慎重協議を遂げたる結果、委員および幹事をもって会の組織を進めることとし、委員の総数をだいたい五十名とし、そのうち二十名は実業家より、三十名は両院議員より選定すること、幹事は三名とすることに決した。けだし、同会組織の第一歩であった。

午前の協議会であったかと思うが、余震しきりなる東京商業会議所楼上で、翁をはじめ有力者諸氏が熱心に協議に耽(ふけ)った状景と、阿部吾市氏がただ単に震災善後会というのみでは、この空前の震災を表示するに不十分なるの理由をもって、特殊の文字を加えんことを主張し、結局「大」の字を冠したときのことを想起する。

ゆくりなく窓外を見れば、東京会館の震災による打撃いたましく、いかにも「大震災」と呼ぶことの相応(ふさわ)しいことを実感したときのことである。

かくて、着々諸般の準備を進めると同時に、政府当局の諒解を求め、越えて十一日午前十時、発起人会を催し、翁の動議により、会員の推薦をもって徳川公爵を座長に推し、翁より罹災者の救済および経済復興の攻究(こうきゅう)を目的として、大震災善後会を組織せんとするゆえん、ならびにこれが組織に関する経過につき、詳細なる報告をなし、次に趣意書および規約案を議に付し、種々意見の交換ありたるのち、原案の通り決定した。

よって、徳川座長は規約第六条第一項により、会長、副会長選挙の件を諮り、和田豊治の提議により、会長に徳川公爵、副会長に粕谷衆議院議長、翁、および山科東京商業会議所副会頭を選び、ついで徳川会長より、委員、幹事をそれぞれ嘱託し、大震災善後会は成立した。

同日委員中より、常務委員を選び、これを救済、経済の二部に分かち、それぞれ部員を指名し、また会務運用の必要より総務部を設けた。総務部は会務統括の機関で、その任務は重要なる一般会務を計画すると同時に、会を代表して交渉、決議の進達執行、寄附金の出納など、対外的の活動をなし、また委員総会および常務委員会の開会を司った。

部員としては会長、副会長、および救済部長子爵黒田清輝、経済部長男爵阪谷芳郎、会計監査佐々木勇之助、大橋新太郎、山科礼蔵（のちに東京商業会議所会頭藤山雷太氏帰京後副会長就任につき、会計監督に転じた）の諸氏で、主務幹事は河井弥八氏であった。

救済部は罹災者その他救済に関する常務を審議する機関で、一切の救済に関する発案、審議をなし、これが方針、方法の基礎を定めた。

部長は、一時、子爵青木信光氏が任じたが、まもなく黒田子爵が代わり、部員としては伊東米治郎、伊沢多喜男、鳩山一郎、公爵二条厚基、男爵東郷安、子爵大河内正敏、若尾璋八、田中隆三、団琢磨、頼母木桂吉、添田寿一、添田敬一郎、馬越恭平、秋田清、阪本釤之助、島田剛太郎、杉原栄三郎の諸氏があり、主務幹事としては中村藤兵衛氏が任についた。

経済部は経済復興に関する必要施設を攻究する機関で、これに関する方針、方法の基礎を決定した。部長には阪谷男爵が当たり、部員には市来乙彦、池田成彬、伯爵林博太郎、浜口雄幸、星野錫、小川平吉、大橋新太郎、和田豊治、和田彦次郎、各務鎌吉、串田万蔵、山科礼蔵、佐々木勇之助、三土忠造の諸氏があり、主務幹事は服部文四郎氏であった。

大震災善後会成立後、徳川会長、翁、その他各役員は、震災直後混沌多忙の間、すみやかに救済の実を挙げんことに腐心し、天下の同情者に愬えて、寄附金を募集すると共に、連日救済および経済復興に関する各種の会議を続開して、その決議を政府当局その他に発表し、あるいは被害状況および救護施設の視察、罹災者の慰問、内外横死者の弔問など、日夜席暖まるの暇なき有様であった。

寄附金募集は救済事業遂行の最重要なる要素であるため、合同成立の日――九月十一日午前十一時より第一回救済部会を開き、その方法につき審議し、翌十二日、さらに第二回救済部会において、凝議の上原案を決し、常務委員会および委員総会の承認を受け、ただちに実行に着手したが、その一つとして挙げねばならぬのは、九月十二日の新聞、通信社代表者招待会のことである。

徳川会長は新聞、通信社の熱烈なる賛助を希望し、翁は同会組織に関する経過を詳述し、趣意書および規約の大綱について説明をなし、下村宏氏は新聞社および通信社を代表して、この挙に対し十分の応援を与うるを辞せざる旨を挨拶した。

かくて、東京の各新聞、地方においては大阪朝日、大阪毎日、大阪新報、関西日報、その他若干の新聞に寄附金募集の広告をなし、また各府県知事、主なる市長、植民地長官、商業会議所会頭、朝鮮、台湾における各知事、主なる在外大使館、公使館、領事官などに電報をもって応援を依頼し、さらに趣意書および規約、依頼状などを発送した。

当時、通運の便なく、すこぶる困難を感じたが、当局の援助により、東北地方への分は赤羽駅または田端駅より発送し、また静岡以西の分は芝浦より軍艦によって静岡県清水港に陸揚げし、それぞれ鉄道便をもって発送したのであった。

なお貴・衆両院議員、華族、および東京府ならびに神奈川県下の実業家、その他有力者に対しそれぞれ勧誘状を発し、また九月十九日より一週間の予定で、静岡、愛知、京都、大阪、兵庫、岡山、各地方には特に人を派して、府県市、ならびに商業会議所当局と会見せしめ、寄附勧誘について懇請するところがあった。

かくのごとく、最善の努力をなしたるにかかわらず、地方における応募額は比較的僅少(きんしょう)であった。けだし、すでに政府において救済義金の募集に着手し、地方の有志は政府に対し寄附したものが多かったためで、またやむを得ざることであった。

しかし、同会の努力空しからず、申し込み総額、現金四百二十余万円、公債債権額面二十六万三千余円に達し、外(ほか)に衣類二万点の寄贈があり、予期を超えた。

寄附金の処分については、救済部会、常務委員会、委員総会、総務部会および残務委員会などの決議を経て、会計監督の承認を得たる上、最も震災救護の趣旨に適合する使途に充てた。その結果、現金および公債、債券による寄附金は罹災府県市に三百十万七千円、社会事業団体に百六万五千五百円、罹災地出身陸海軍兵士に十万円、在京浜罹災外人に六万五千円、東京震災記念事業協会に三万円、ならびに指定寄付金三万三千余円、および事務費五万余円に処分し、寄附衣類は罹災府県にそれぞれ寄贈した。

翁は、当時の事情について、こういっている。

経済部救済部の部員は、会長指名ということになりましたから、会長にめいめいの希望を申し出て定められた。

いま総体の人数がどのくらいになっておりますか。双方とも十四、五名宛でありましょう。しきりにいろいろのことを評議してやっております。

いっぽうには寄附金を募集する。この寄附金が、すでに大きいお月さんが出たものだから、小さい星は光が十分輝かぬで。海外の寄附金などは救済事務局の方へ来ます。

もし吾々がもう少し早く造ったら、吾々の方へ来る分もよほどあったのですが、はなはだ残念ながら、アメリカから来る小二百万の、吾々の方へ来るべきものも、みな救護局の方へ来てしまった。

どこへ来てもかまわぬ。別にそれについてかれこれいう必要はありませぬが、それでも善後会でもザッと四百万円にはなろうと思います。あるいは進んで五百万円くらいになるかも知れませぬ。

いままで評議している事柄については、数々ありますから、これあれと、いちいち丁寧にお話することは、はなはだ困難でありますが、その中でも今の保険問題などは、経済部でしばしば論じております。また各地の巡回などは、救済部の方で横浜、横須賀、房州、または埼玉県までも出かけて実地視察をしました。私は老人ゆえにご免を蒙(こうむ)っております。

皆さんが見もし聞きもし、また調べもし見込みも立てるというような有様からして、さまで有数の団体とは申しませぬけれども、とにかく五百万近い寄附金を募集し得るし、お顔ぶれもなかなか委員の連中は立派なものです。

高橋是清さんも、加藤高明さんも、床次竹二郎(とこなみ)さんも、小川平吉さんも、中橋徳五郎さんも、若槻さんは見えませぬが、下岡さんも、政友会なり憲政会なり革新倶楽部なり、有力なお方はたいてい網羅されております。

ために、ことによると議論が多くて仕事がはかどらぬ、というきらいがないではありませぬが、しかし大頭はそう出はしませぬが、ただただ己も同意だからよろしいわ、やれといって、奥の方の四本柱に威張っているような有様で、ぐあいよく善後会は進みつつあります。

集まった金の中で、最初各地方へとりあえず百万円分けようというので、東京に、横浜に、あるいは神奈川県に、埼玉県に、千葉県に、静岡県に、ポツポツ分けて、とうとう二百万円だけそういう地方分割の法を立てまして、それからさらに他の方法としては、あるいは社会事業団体に対する援助がなかなか数多くあります。

どうも会自身に仕事をする訳にはいかぬから、適当と思う団体に向かって助力し、必要の仕事をさせたいと思っております。多くは救済に属することですが、その救済にも、直接救済と未来のためになるということも、多少差し組んで取り扱うはずになっておって、この四百万円もしくは五百万円に近い金は、まったく無駄なく使うつもりであります。

ときどきに善後会に出てみると、議論に花が咲くこともありますけれども、まったく一致の感情をもってやっておりますから、ある得失についての議論はあるが、決して野次(やじ)ったり反発したりするということはありませぬ。まことにぐあい好(よ)く、ああいう塩梅(あんばい)に総(すべ)ての会が開けたらよろしかろう。そんなことは面前では申しませぬけれども、両院におらるる方が、こういう風に総(すべ)ての議事をやってくだすったら、誰も嫌気は持たぬであろう。

此方(ここ)に出て論ずるのと、帝国議会で論ずるのとは、まるで発言の観念から違うように見える。ある場合には、かように親切に胸襟(きょうきん)を開いて、是を是とし非を非とするのに、なぜ帝国議会へ出ては、これほど智恵のある人が、ああひねくれた議論ばかりするんだろうか。

しかしまた、かように忠実の観念をもって論じてくれるところを見ると、そんなに心配せぬでもよろしい国民であるというような感じも自(おの)ずから起こるくらい。すなわち、この会の総会のときなどは、一騎当千の議論家が打ち寄りますから、やかましかろうと思うとやかましくない。実に猫のようです。ほんとに嬉しいことだと思いました……。

この委員諸氏の誠意と協調とによって、寄附金の処分をなし、救済の実績を挙げた。一面さしも混乱を極めた罹災地域も、罹災者の努力と官民の協力とにより漸次恢復におもむき、同会の目的を達したので、大正十三年(一九二四)三月十三日、解散した。

よって、ただちにその旨を宮内大臣および臨時救護事務局総裁に報告し、かつ東京における十二新聞および地方若干の新聞に広告し、当日午後六時、徳川会長は特に尽力せる官民百余の人々を帝国ホテルに招待し、晩餐会を催して謝意を表した。

帝都復興審議会

翁は、大震災善後会のため尽力すると同時に、帝都復興審議会委員として努力した。

帝都復興審議会は大正十二年（一九二三）十一月二十四日、首相官邸において開かれ、山本権兵衛、後藤新平、岡野敬次郎、田健次郎、田中義一、伊集院彦吉、平沼騏一郎、井上準之助、犬養毅、山之内一次の閣内委員諸氏、翁、伊東巳代治、高橋是清、加藤高明、青木信光、江木千之、市来乙彦、大石正己などの閣外委員諸氏出席し、山本総裁より開会の挨拶をなし、後藤委員より諮問案各項につき、それぞれ提案の理由を説明して質問に入り、江木、伊東、高橋、大石、青木、各委員より、計画の遅延、審議会の権限、計画と財政関係、計画案の内容などに関し、痛烈なる議論あり、山本、後藤、井上、田など各関係委員よりそれぞれ答辞したるも、議論百出、容易に決せず、よって翁は起って、審議の敏速を図るため、協議会を設置せんことを提議した。

その動議の大趣旨は、次の通りであった。

　復興計画が大に過ぎるか小に失するかは別問題として、市民はこの際一刻もすみやかに計画の実行に移されて行くことを希望しているのであります。

委員諸君のご意見はその反対であると賛成であるとを問わず、いずれも相当の理由があると思

います。たとえば、理想的に計画を樹てようとする方面の意見は、

「この大災害によって、都市の大半は焼失したのであるから、いわば白紙の上に事業が出来得る状態になっている、ゆえに今にして理想的の施設をなすにあらざれば、ついに何事も出来得ないではないか」

という理由があり、さらに実際的に計画を行えとする方面の意見は、

「国家の力に応じて施設するを要する、ただいたずらに理想にのみ走って、膨大な経費と労力を用いる必要はない、出来得るかぎりすみやかに旧態に復しめることが第一ではないか」

という理由があります。してみれば、理想的にやれというのと、実際的にやれというのと、全然その要求するところが相反しております。

この一致すべからざる二箇の事情を按配（あんばい）して、実行せよというのであるから、いわば火と水とを一緒にせよということになり、その衝（しょう）に当たるものは、はなはだ困難なる立場に立つ訳であります。

ただいま高橋子爵は案を立て直せといわれたが、それは事実不可能であるし、また加藤子爵は審議会で意見を戦わすのは無用であると述べられましたが、それでは審議会を設けたせっかくの趣旨にも戻るし、ことにその結果、政府が困るというよりは、中間にある市民が一番迷惑することになります。

よって、それらの点を考慮されて、この際なるべく簡便な方法によって審議を進めて行ってはどうであろうか。お互いにこうして議論するのも、実は国家に忠なるゆえんでありますから、現

在と将来とをよく考慮して何らかの方法を案出していただきたい。

この点から考えまして、この際、審議の敏速を期するために協議会を設けたいと思います。

翁のこの動議に対し、伊東、青木、両委員の賛成があったので、山本総裁は協議の結果、少数の特別委員会を設置してはいかがと諮り、満場異議なくこれを承認し、後藤、井上、田、岡野、犬養、伊東、高橋、加藤、青木、江木の諸氏ならびに翁を特別委員に選定し、伊東巳代治が委員長となった。

かくて、翌二十五日再び首相官邸に委員会を開き、劈頭翁は起って意見を述べた。

今回政府から諮問された復興計画案については、昨日の総会においても、だいぶ反対意見が強かったようでありますが、私としてももちろん、ぜんぜん賛成という訳ではありません。

しかしながら、いまこの復興計画を何人に立てさせるとしても、その理想においては、この絶好の機会において、完全な計画を樹て、これを実行するにあることはいうまでもないが、実際問題としては、とうてい十分なものを作ることは望み難いところであります。

ゆえに、もし理想論を唱えて計画の根底からこれを覆さんとするならば、それは余りに復興計画に忠実過ぎて、しかも、その確立を鶴首（待ちわびること）する百数十万の罹災者を見殺しにするという、いわゆる、角をためて牛を殺す（小さな欠点を直そうとして、全体をだめにすること）ような結果になりはすまいかと懸念されるのであります。

ゆえに私は、政府案の根本については、道路も、公園も、運河も、東京築港も、全部これを認め、ただ局部的にこれを修正するの程度にとどめたいと思います。

すなわち、政府においては十分敬意を表明するというのであるから、もし我々において、二十二の主要道路を設けることが不要であると認めたならば、いかなる程度にまでこれを縮小すれば適当であるかという、この具体問題については政府に一任しておいて、我々はこの計画を縮小すべきことを決議すればよいと思うのであります。

昨日も議論されたごとく、東京築港計画を全部削除するというがごとき、やや根本に触れた修正に対しては全然反対であります。

これに対して、江木、高橋、加藤、青木の各委員は、根本的の修正を固執して、しきりに反対したので、翁は、「原案の修正に関する各委員の意向は相似ているけれども、その間二つの傾向があって、妥協点を求めることが困難であるから」との理由をもって、日を変えて継続会を開催せんことを協議し、全員の同意があり、翌二十六日、三度首相官邸に集会した。

翁より、「政府の原案全部に賛成せずといえども、京浜運河の開鑿と東京港の設備は、将来の産業上に至大の関係を有するものと思われるから、この点は実現することを希望」することを発表したが、江木委員の反対があった。このとき、伊東委員長から、

「諮問の是非をまとめる方法はないであろうか」

と諮り、翁より、

「各自の意見をまとめる上には、小異を捨てて大同につく一途あるのみです」

との意見を述べ、一同賛意を表し、ついで議事進行上、閣内委員の退席を求め、江木委員の修正意見につき、伊東委員長は、修正案十箇条を朗読して一同に諮ったのに対し、翁は左のごとき意見を述べた。

ただいま委員長から、修正案の提出があったが、自分は小異を捨てて大同につくという目的を尊重して、賛意を表するものであります。もとより自分は先刻も申し上げた通り、京浜運河の新鑿（しんさく）と東京築港の必要を認め、極力これを主張したが、修正案はこの問題について、

「計画より切り離す」

としてあって、すなわち自分の意見は取り入れられないことになるが、しかし修正案の内容を吟味すれば、

「全然その必要を認めないから、本計画中より削除して事業そのものを葬る」

というのではなく、

「計画より切り離して当局の措置に一任する」

というのであって、換言すれば、政府は考慮の上、どうしても必要であると信ずるにおいては、いつでも実行し得るという意味に取れるから、この場合自己の主張を固執することを避け、提案に賛成する次第であります。

高橋、加藤、両委員もまたそれぞれ自己の立場より、該案に拘束されざるべきを表明し、結局修正案の骨子に触れざる程度の修正を行い、高橋、江木、両委員の提議により満場一致これを可決した。終わって翁は、

「復興計画には、何ら経済方面の事柄がありませんから、この際、希望条件としてそれらについての希望を伝達しておく必要があります。すなわち自分の考えるところでは、まず復旧なり、また復興なり、とにかく市民にとって最も重要なる建築をすみやかに実現せしめるため、その助成機関として、会

社の設立、またはその他の特殊の方法を講ぜられたいことであります」と述べ、商工業復興に関する、資金融通に関する希望を詳述し、また伊東委員長は完全なる火災保険制度の創設を希望し、右二件を諮り、満場これを可決したので、さきに退出した閣内委員の出席を求め、経過を報告し、後藤委員の挨拶ありて閉会し、翌二十七日、本会議を開き、伊東特別委員長より、特別委員会の経過および修正案ならびに希望条件を報告し、満場異議なく承認した。

よって山本総裁は政府においてもその趣旨を尊重し、これが実行については慎重の研究を遂げ、もって答申の趣旨に副うべきことを挨拶して、散会した。かくて、同審議会は、翌大正十三年（一九二四）二月二十三日廃止され、三月五日、委員一同赤坂御所において、摂政宮殿下より賜餐の光栄に浴したのであった。

七、子爵を凝視して

世間の父

父と申しましても、ご承知のようなお爺さんでありますし、娘がこうお婆さんでありますから、父のことを申し上げるのも、ちょっと変な気もいたします。それに、昔と今ではずいぶんお父さん振りも違うと存じます。父は今年八十八歳でございますから、父としてみましても、ずいぶん長い間でございました。ことに私は父の若いときの子供でございますから、今では父の姉にさえ間違えられるほどの次第でございます。

父の壮年時代は、理想に燃える男子は、競って都に出で、家も妻子も顧みることが少なかった時代でございますから、今のような家庭尊重という観念は少なかったのでございましょう。父もまたその時代に生きた一人でございますゆえ、家庭の人ということが出来ません。

家庭の人でないと申し上げると、なんだか非常に冷淡な人のように聞こえますけれど、愛情も、温情も、非常に深い人でございます。ことに今では年をとりまして、普通のやさしい、いいお祖父さまになってまいりました。

ただ父には、自分の子だから孫だから可愛いとか、他人の子供や孫であるから可愛がらないということは、絶対にございません。人様のように、自分の孫だからとて、特別に可愛がることはございません。その点は、非常に父の大きいところではないかと存じております。

私どもは「世間の父」ということで満足しておりますが、孫どもはやはり、もっとお祖父さんらしくして欲しいと思っているかも知れませぬ。

病気でない限り、訪問客に忙殺されておりますので、ゆっくり寛ぐ余裕もないのでございましょう。しかし家庭にある父、たまにしか寛ぐことのできない父は、やっぱり愛情の深い父であります。

そして子供の間違ったこと、悪いことを矯正するという方ではなく、自分の徳に感化するという質の人であります。老人らしいワガママはちょっともございません。

そしてあんなに老人でございましても、古くさいところや、頑固なところはございません。あれでなかなか新しい方でございまして、わかっても、わからなくても、時代におくれぬために新しいものを取り入れる点などは、なかなか新しいと存じます。

父に会った他人様が、よく父に会っておりますと、春の陽を浴びているようだなどとおっしゃいますが、実際傍(かたわ)らにおりますと、なんともいわれない温情が身に迫ってくるのを感じ、顔を見ているだけで気持ちがよくなりまして、父の前では不平もなく、ただもう温かい感じを受けるのでございます。

この頃はそれでも本当に家庭の人になりすまして、ちょっとの暇でもあれば、孫どもを可愛がっておるようでございますが、それでも、自分の孫だから特別どうするという点はない人でございます……。

父は普通の親気分はもっておりません。といって冷たい人では決してございません。ただ家庭の父、またはお祖父さんとするには、あまりに大き過ぎる人だと存じて、世間の父で満足しているのでございます。

穂積歌子氏の談話筆記の一節であるが、偉大な父――渋沢翁をよく描き得ているといわねばならない。

より若き時代の翁が、いかに「世間の父」であって、家庭のよき主人でなかったかは、先に記しておいたのであるが、米寿の老境に入っても、なお子をしてこの記述をなさしめた翁は、どこまでも家庭の人でなく、社会の人であった。

しかし、「この頃はそれでも本当に家庭の人になりすまして、ちょっとの暇でもあれば、孫どもを可愛がっておるようでございます」といったように、若かりし折とは違った傾向が現れてきたのであった。この傾向を他の視角から見た感想がある。それは渋沢敬三氏の記述である。

聖なる後姿

……ちょうど古稀（こき）の時分から、特に祖父に対して親しく接近した孫としての私は、この晩年二十年間に起こった祖父の心境の、いちじるしい変わり方をびっくりして眺めていたためか、ご祝詞の分類の最後が、祖父の世の中への働きかけの方面からは、もちろん何の異議がないにしても、内面的にもう少し言ってくださったならばと、正直そのときに思ったことでありました。

それは八十歳くらいを中心として、その前後十年間には、祖父の心境は自（おの）ずから格別の差異があったように、私は深く思っていたからであります。

出来上がった祖父を、私らが批評する非礼と僭越（せんえつ）を十分承知しながらもいいたいのは、その八十歳を境として前後に起こった差が、あまりに判然としているからで、一言にしていえば、肉的から解脱（げだつ）して霊的とか聖（ひじり）に近きものとか、とにかく肉を離れたといった気持ちであります。

八十歳までの祖父は、多分に人間的でありました。すべての方面に物欲が残っていました。昼食に、私と二人でよく穴子（あなご）の天ぷらを平らげた祖父でありました。

注意するといった程度の小言をいっても、一面ユーモラスな点があると同時に、他面ロジカルに相手に迫るというようなところがありました。

自（みず）からの意志を他人に伝える肉迫力とか、積極的なものの指導とかを、あの靉靆（あいたい）たる春霞（はるかすみ）のような（雲や霞がたなびいているさま）老人の笑顔のうちから、ひしひしと感じていました。それは、いかに驚くべきほど出来上がっていたにせよ、人間としての匂いはずいぶん強く感じていました。しかるに、八十歳頃から後に至って、先に述べた指導力とか肉迫力とかいった圧力が、いつのまにか消え失せてしまったにもかかわらず、傍（かたわ）らに接していると、祖父からいいつけられたり、求められたりするのではなくて、何だか、こっちから言ったり行ったりしなければならないような気持ちに、無理ではなく、無言のうちにさせられてしまうことを感じ出しました。

そしてそれが、すこぶる自然に滲（にじ）み出て、事が進行して行くのでありました。人間でありながら人間的ではなく、つまり肉的でなくなった気がしました。聖とか霊とかいう字は、あまり私としては用いたくありません。いい換えれば、透き通ったような感じとでもいえましょうか。

しかし、それと同時に私には、次第に、祖父から発散されていたグレア（まぶしさ）といおうか世間的といおうか、そうしたものが消え失せて、かえって本当の人間という感じが深く起こってきました。

ことに、私は多くの場合、祖父の後に従って歩いて行くことが多かったためか、この感じをその後ろ姿にはっきり見出したのであります。

ほんのわずかばかり首を左に傾けて、子供の後頭部にも似た、いかにも柔らかそうな、年の割りに黒い髪の毛を、白いカラーの上にふさふさとかかげ、どういう訳か、右と左とに高低のある足音を立てながら歩いて行く、その祖父の後ろ姿には、自分などには想像し得ない、永い年月の閲歴（えつれき）を経（へ）、経験を深く蔵したるしっかりした偉人というよりは、むしろ侘（わび）しい一個の、郷里血洗（ちあらい）島（じま）の農夫の姿を見るような気がしました。

またそこには同時に、あの顔の正面から仰いではちょっと見出し難（がた）かった詩の世界と、無心な幼な児にも見るような無垢（むく）な魂とを、強く印象させられたのでした。

青年のころ故郷を棄てたため、郷里の人として働き得なかったことに対して、極めて律義に、申し訳なさ、相済まなさを感じていた祖父の、この後ろ姿に、その昔「ささら」の獅子を冠（かぶ）って、お諏訪様の前で踊った一村民としての姿をありありと見て、私は何ともいえない懐しい、また心の底からすがりつきたいような、頼りなさをしみじみ感じたことが幾度かあったのであります。

祖父の後ろ姿は、私にとっては正面から見た顔よりも、もっともっと大切にしたいような、心の底に秘蔵したいような、ありがたい姿でもあり、また力でもあるのであります……。

穂積歌子氏が、家庭の人となり孫どもを可愛がるようになったと感じ、渋沢敬三氏が、聖なる後ろ姿を見た頃は、翁の健康史の「秋」ようやく深きときであった。

主治医林正道氏が翁に対し、

論語生活を信条としておられる先生は、我が身をいたわる摂生（せっせい）生活を、奢侈（しゃし）（ぜいたく）我儘（わがまま）に類する生活のごとく思われる場合が多い。

先生自身としては、かく考えられるのも、またやむを得ないかも知れないが、すでに単なる私人の渋沢子爵でなく、今日においては日本の渋沢子爵であり、世界のグランド・オールド・マンであるから、多少自己満足を傷つけられても、今後先生にあらずんばあたわざる、残された仕事のために、余りに健康を粗略にされないようにせられたい。

多少迷惑でも、医戒（医者の注意。忠告）を守り、周囲の進言を容れて、摂生上のご注意を願いたいものである。ご活動は運動の範囲内において、または苦痛を伴わない範囲内において、または楽しみの程度において、とどめておいていただきたい。

先生のご活動の価値については、我々の忖度を許さないが、その一挙手一投足まででなくとも、先生の存在そのものが、いかに大いなる貢献を邦家（我が国）にいたしておられるかを考えていただきたいと思う。

と希望し、また周囲の人々に対し、

いまさららしく、呶々（くどくど言うさま）を要しないであろうが、先生の天寿を全うするためには、いつも個人や家庭を離れて国家社会を考え、私情を捨てて最善の努力をしていただきたい。したがって、私事のために、みだりに先生を煩わすことはご遠慮を願いたい。腹蔵なきところをいえば、先生の天寿を全うせしむることは、国家社会に対して、先生に親近する人々の責任であり義務である。もし万々一、不注意によって先生をそこなうことがあったとしたならば、邦家に対して誠に申し訳ないことである。この点は、私人としての渋沢子爵を離れて深く考慮を要することと思う。

と警告し、さらに一般社会に対し、

社会はこの国宝に対して、その維持を単に先生親近の人々にのみ委せずして、各々これに対して責を負う義務がある。これはむろん先生自身のためでなく、社会国家が自らのために、功利的にも道徳的にもなさねばならぬことである。

重宝だからといって、些々たる（わずかな、少しの意）事項のために先生を煩わしたり利用したりすることは、深く慎んでいただきたい。

例えば、その性質が社会事業であり、国家的事業であっても、先生にあらずんば能わざることでない限り、みだりに先生を労することは控えていただきたい。もしそれ、先生にあらざれば能わざる仕事に至っては、先生が平生主張されるところの、済世救民を措いて外にはない。このために、先生の一臂の力（助力のこと）を仰ぐことはやむを得ない。

と切言し、医者としての立場から、警鐘を打ち始めたときであった。

故山への憧憬

渋沢敬三氏のいわゆる、「祖父の後ろ姿」のいちじるしく目につきはじめた時代の、他の一つの特徴は故郷血洗島との接触を増したことである。「郷里の人として働き得なかったことに対して、極めて律義に、申し訳なさ、相済まなさを感じていた」であろう翁が、せめてもの心やりに、文字通りの忙中閑をつくっては、故山を訪問したことであった。

この郷里訪問の動機について質したときに翁は、

「いつからよく行くようになったか、はっきりしない。行くようになった動機も覚えぬが、年をとって何となく郷里が懐しくなったからであろう。それが主な動機といえばいえよう」

と簡単に答えたことがあるが、けだし、一面の事実を語るものであろう。

その動機論はともかくとして、血洗島訪問の模様を、穂積歌子氏の記述によって偲びたい。

郷党および郷里に対する情誼（情愛。したしみ）は、すこぶる厚いものであります。郷里八基村の育英事業および農村振興のため、また思想善導のために、長年間多大の援助をしておられることは申すまでもありませぬが、高年になるにつれて、ますます故郷を懐しむの情が加わりまして、毎年の秋、血洗島の鎮守諏訪神社の祭礼を楽しみにして、必ず帰郷されます。そして、その昔の若い衆仲間であった人々と、懐旧談をなされるのが、何よりも嬉しいことのように見受けられましたが、その人々もおいおいに故人となりまして、今血洗島で大人（徳も高く立派な人。渋沢栄一のこと）を待ち迎える人々は、旧友の子あるいは孫と代がかわりました。しかし大人はいかに老年になっても、時代に応じて新しい思想を了解なさることが出来、かつ何人をも寛容なされる性質でありますから、父祖に対して持たれたと同じ温情で子孫を遇されます。それゆえ大人一人を、先方は祖父から三代にわたって皆友達のように感じて懐しんでおります。

血洗島村の鎮守諏訪明神の本社は、いたって規模の小さい建物でありますが、これは文久二年（一八六二）頃にその以前の社殿が大破したため、その当時の村の若い衆であった大人や喜作氏などの尽力で、造営が出来たとのことです。その後、長い間格別の拡張も出来ず、本社と鳥居のみの一小村社に過ぎぬ体裁であったのを、深く遺憾に思われ、帰郷のたびに村の人々に向かって、「日本人は誰しも敬神の念が厚くなければならぬが、とりわけ農村にあっては、鎮守の神を中心として、心を揃えて業を励み、その祭礼の時を機として、共に楽しむという、古来の好風俗をば永遠に尊重せねばならぬ」

と説き聞かせられまして、神社造営のことを自（みずか）らもつとめ、村人をも勧誘されましたが、大正五年（一九一六）に至りようやく大人（たいじん）の希望が実現して、本社には石の玉垣が廻らされ、拝殿が造営され、桑原、麦畑に囲まれる村社としては、なかなかに立派に輪奐（りんかん）（建物の大きく美しいさま）の美が見られることになりました。

社殿が落成して遷宮（せんぐう）が行われたときには、大人（たいじん）は関係の大会社の大建築が落成したときよりも、自身の邸宅の新築が出来たときよりも、数倍まさって心から歓喜されました。

八基村の地方の神社の祭礼には、昔から「ささら」という一種のしし舞が催されます。

秩父神社にも同じ型の舞があり、先年秩父宮殿下が同神社参拝のときに台覧（たいらん）（皇族など身分の高い人が御覧になること）に供え奉ったよしを、その当時の新聞紙で知りました。そのささら舞のしし頭は木彫りで、顔が長くいかめしく、枝のある角が生えていて、さながら龍の頭であります。顔の長いのと角のあるところから考えますと、ししは獅子ではなく、鹿の古語のししであって、神鹿の舞から転じきたったものではないかと思います。

伊予（現在の愛媛県）の宇和島の神社の祭礼には、八ツ鹿という舞が出ますが、舞い手の子供のかぶるものはいたってやさしい鹿の顔で、「ささら」のししとは一見似ても似つかぬようですが、元は同系のもので、関東では勇壮な形に、南国では優雅な姿になったのではないかと思われるのであります。

そのしし舞を「ささら」といい、それを舞うことを「擦る」というのは、往昔（おうせき）（いにしえ。過ぎ去ったむかし）は祭礼の舞曲の最初に「びんざさら」という古楽器が奏せられたゆえであったが、いつしかその拍板（はくばん）（楽器の名。拍手を取るために鳴らす板）は止められて、その名ばかりのしし舞の名称となっているものと思われます。

諏訪神社祭礼の日には、一同社務所で支度をととのえ、まず棒遣いといって長短各々一筋の棒を持った人が二人、次に雄獅子、雌獅子、および「法眼」という獅子の三かしら、その次には古代風な花のかぶりものを戴いたもの二人が、大勢の笛手の吹奏する「道下（みちくだり）」という行進曲につれて、参道をねって社前に到り、まず棒遣いの型が演じられ、続いてその当年の「役者」の獅子舞が「一場（ひとにわ）」演じられます。

それから夜に入ってその年の宿に当たる家の前庭に集まり、青年の者からおいおいに老成の人が出て、数回の棒遣いと獅子舞の巧拙を競い、深更（しんこう）（夜ふけ）まで遊び楽しむのであります。

獅子舞の頭の振りかた、足の踏みかた、いずれも勇壮活発に演ずるのでありますが、そのうち雄獅子は新進気鋭の勢いを現し、法眼は円熟老成の趣を見せねばならぬのだそうです。「役者」というのは、その年にはじめて神前で獅子舞をつとめる者であって、村の人の子弟は十二、三歳になると、必ず一度はその役者をつとめるのが慣例であります。

大人（たいじん）の生家たるいわゆる「中の家」は、代々雄獅子を擦るのが家例（かれい）（その家のしきたり）であって、大人（たいじん）も十二歳のときに役者をつとめ、のち八、九年間その技芸を練習して、相応に上達されたものであるとのことです。

維新後はいずれの地方も新知識の吸収に忙しく、古来の慣習などは省みられぬ有様でしたから、血洗島でも「ささら」などは閑却（なおざりにすること）されて、ほんの形式が残っているに過ぎぬというほどになりはてましたのを、大人は深く慨嘆しておられました。

明治四十年（一九〇七）頃でもありましたか、諏訪神社の祭礼に帰郷されましたときに、所の古老および青年の人々を集めて、ささら舞復興についての希望を、ことのほか熱心にお説きなされました。その趣旨は、

「この血洗島一廓は、各々の祖先の代から鎮守の諏訪明神を中心として団結しており、その祭礼はおのずから村民親睦の機関となっていたのである。しかるに近年は青年諸氏は獅子舞を田舎くさいとかいって一向に身を入れて練習せず、老成の人々も、若い者に古いといわれるのを憚って真面目に指導もせぬようであるが、かくては遠からずこのささら舞は跡を絶つに至るであろう。

時勢の推移に応じて、趣味の変わりゆくことを絶対に否認はせぬけれども、由緒ある慣例を訳もなく放棄するは浮薄な風潮であって、とりわけ自然を尊重し、土に親しみを持たねばならぬ農村にとっては、厭うべき思想である。

獅子舞を古いといってやめにしたとて、代わってとりいれるものに好趣味のものが容易に得られるものではない。そのスキに乗じて卑猥な道化踊様のものなどはいってくるならば、一般の風儀にまで影響してははなはだよろしくないと思われる。

ささらは笛の曲も獅子の舞も、業務を打ち捨てて練習せねばならぬほどの、むずかしい技芸ではないが、さりとてちょっとの思いつきや慰み気分でなし得られるものではない。難易

の程度も適当なものなればこそ、遠い昔から伝わりきたった神事である。

祭礼の十数日も前から、村の老若が毎夜一と所に集まって吹奏舞技を練習し、各自その巧みを競うという風習は、すこぶる掬すべき野趣が有って床しいことであるのみならず、その集会によって、各自意志の疏通も知識の交換もなし得られて、農村自治の上にも好影響をおよぼすことと思うのであるから、どうぞ諸君奮ってこのささらの神事復興に尽力されんことを希望する」

というような趣（内容。趣旨）を、あたかも国家の経済を論議されるときと同じ熱誠をもって演説されたのでありました。

大人のこの訓戒に、村の人々は大いに感激して、そののち一同心を揃え、斯道に老練の人々は指導につとめ、青年の人々は練習に励み、両三年の中に笛曲も舞技も復旧の上に進歩を見得ることになりまして、年々の役者に当たる少年たちはもちろん、青年の人々も老成の諸氏も、老子爵の観賞に預りたいという張り合いで、ますますその技芸を勉強しておられます。

大人はこれを深く満足に思われて、毎年の秋の祭礼に必ず帰郷して、神前においての一場、中の家においての四、五場を見るのが無上のお楽しみなのであります。笛の音に耳を傾け、指先で拍子をとり、獅子舞の足どりに連れて少し首を振り、余念もなく見入っておられる様子は、私どもが能楽あるいは演劇で入神の芸を観るときよりも数倍の熱心であられます。

このときの大人の胸裡には、平生さしも重きをおかれる政治も、実業も、社会事業も、国際親善も消え失せて、ただ一つの愛郷の楽天地があるばかりのように見受けられるのであります。誠に大人の慈愛は、これを大にしては、世界国土人類の上におよび、これを小にしては、一村社神事の獅子舞にとどまるとも申し得られましょうか。

大人愛誦の『論語』の一句「老者ハ之ヲ安ンジ、朋友ハ之ヲ信ジ、少者ハ之ヲ懐ケン」が、すなわち青淵先生その人の心事と存じます。

八、排日移民法

決議まで

翁生涯の「秋」はようやく深い。健康上にも精神的にも、老の影は悲しくも次第に加わった。かつては、朝からビフテキを摂り、昼の食事にテンプラを愛で、洋食ならフルコースを征服した翁も、午食を廃して二食とし、しかも菜食を喜ぶようになった。さらに詳記すれば、朝食は長い習慣でオートミールであったから、栄養分の点からみて、ほとんど一食といい得る程度であった。もっとも、朝はオートミールを主としても、トーストパン、鶏卵二個をいわゆる目玉に焼いたフライドエッグ、デザートにフルーツと菓子、最後にコーヒーを摂ったから、量としては少なくはなかった。

しかし、昼を抜き晩が簡単になったから、全体としてははなはだしい激減といわねばならない。もちろん、医師の立場からの注意があったためではあるが、翁自身の食欲減退のためでもあった。この点からも、秋深きを感じはじめしは、是非もないことである。

食事の減少に現れた健康の変化は、ときどき起こる感冒、喘息などの病気の数の激増にも現れた。医師ならびに近親から、翁の健康保持の警鐘は続けざまに鳴らされ、ついに常時病中の心持ちをもって、共同一致この目的のもとに専念するに至った。集会を加減し、来訪者を制限した。世のため人のため働くことを生命とする翁は、これを聴こうともせず、進んで会合に出で、また喜んで客を迎えた。ここに周囲の苦心があり努力があった。

翁が広汎なる舞台に働き、その何れをも主宰し、指導する関係にある以上、集会と接客は、離れるべからざるものである。集会に出れば、あとからあとへ会合の約束が出来、来訪の予約が生ずる。人に会えば仕事は次第に殖える。

会合と来訪者と事務とが、外部の心ある人々の遠慮と自制とにかかわらず、ともすれば増さんとし、やむなき事情のもとに翁の活動は勢いを加えんとする。それぞれの事情を知り、必要を理解しながら、出来るだけ制限せんとする、翁周囲の人々の苦しみは増していく。

かかる状況のもとに、新たに手を染めたものに、大正十三年（一九二四）の勤倹奨励中央委員会委員、大正十四年（一九二五）の製鉄鋼調査会委員、日本無線電信会社設立委員長、朝鮮仏教団顧問、タウンゼント・ハリス遺跡保存有志総代、財団法人修養団後援会長、財団法人国士館維持会員、北樺太鉱業会社創立実行委員、復興建築助成会社発起人、浅草寺臨時営繕局顧問、仏眼協会評議員、中央融和事業協会顧問、大正十五年（一九二六）の太平洋問題調査会評議員会長、東京府北豊島郡教育会長、聖堂

復興期成会会長、東京基督教青年会復興建築資金募集後援会相談役、航空会社設立準備調査委員長、湊川神社境域改修奉賛会顧問、講道館後援会監事、静寛院宮奉賛会会長、朝鮮鉄道促進期成会長、社団法人日本放送局顧問、東北産業博覧会総裁、昭和二年（一九二七）の糧友会顧問、親善人形歓迎会主催者、日本国際児童親善会会長、財団法人楠公会副総裁、大礼記念東京博覧会協賛会総裁、坪内博士記念演劇博物館創立発起人総代、昭和三年（一九二八）の大礼記念国産振興東京博覧会顧問、東京市場協会顧問、故井上侯伝記編纂会会長、日本航空輸送会社創立委員長、万国工業会議名誉副会長、有徳公合祀奉賛会会長、昭和四年（一九二九）の楽翁公遺徳顕彰会会長、財団法人帝室博物館復興翼賛会理事兼副会長、アメリカン・ソサエティ・オブ・メカニカル・エンジニアース名誉会員、中央盲人福祉協会会長、醍醐天皇千年御忌奉賛会副会長、昭和五年（一九三〇）の財団法人駒込中学校名誉顧問、バチェラー学園後援会顧問、財団法人泉橋慈善病院評議員会長、財団法人東京女学館理事兼館長、海外植民学校顧問、船上山史蹟保存会顧問、昭和六年（一九三一）の頼山陽先生遺蹟顕彰会顧問、日本女子大学校校長、財団法人癩予防協会評議員兼会頭、社団法人如水会名誉会員、中華民国水災同情会会長、後藤新平伯伝記編纂会発起人、全日本方面委員連盟会会長などである。

そのいちいちについて記す限りでないが、主なるものについて、概略を記すことは徒爾（とじ）（むだなこと）ではなかろう。しかし、その前に記さねばならないのは、アメリカにおける排日移民法のことである。

大正十三年（一九二四）は、いわゆる排日移民法制定によって、忘るるあたわざる年となった。翁が、日米両国親善について努力尽瘁至らざるなく、翁生涯の秋に入ってよりは、ほとんどこれがため日夜苦辛しつつあったことは、あらためて記すまでもない。

しかるに、この年、移民問題は悪化し、さきに成立せる紳士協約を廃棄し、代わりに過酷なる移民法案をもってせんとし、アメリカ下院は大多数をもって、日本人排斥条項を含む修正移民法案を可決し、上院もまたさらに多数をもって、排日条項を含む別箇の移民法案を決議した。彼らは日本政府の真摯なる陳述書も、アメリカ政府の熱誠なる警告も顧みるところなく、こともなげに一蹴し、否これらを逆用し、あくまでも法案の実施に向かって驀進した。

いうところの日米問題の核心をなすものは、移民問題であって、これに関して翁は常に苦辛しておった。現に、翁の創設主宰せし日米関係委員会は、その前年大正十二年（一九二三）六月、ギューリック博士の帰米に際してステートメントを発表している。

翁が移民問題の徹底的解決方法として、連合高等委員会設置を主張したのは、すでに大正九年（一九二〇）のヴァンダーリップ氏一行を招いたときからであった。当時日本政府に対して熱心に提議したが、実現するに至らなかった。しかし、その主張を棄てた訳でなく、機会ある毎に心ある人々に向かって協調してきた。

たまたま古くから共に日米両国の親交のために努力しきたったギューリック博士の来朝により、このステートメントの発表となった訳である。

その後まもなく大震火災の勃発により、当時の大使サイラス・E・ウッズ氏の機宜（時機に応じていること）の処置と、アメリカ政府ならびにジョン・R・モット博士、エヴァンジェリン・ブース女史、その他の有力者の大活動によって、日本に対する多大の同情となり、両国間の親善も増したかに見えたところ、突如として排日移民法の決議となり、我が国上下に大なるセンセーションを与え、アメリカ上下院の議員を刺激したと称せられた当時の駐米大使埴原正直（はにはらまさなお）氏の用語「グレーブコンシークエンス（重大な結果。国交断絶に至るような外交上の重大事態）」が、事実となるかと思われたほどであった。

このときの翁の憂慮は筆舌のよく尽くすところでなかったことは、あらためて記すまでもないところであろう。大正十三年（一九二四）四月十七日に開催された汎太平洋倶楽部例会において、翁が発表した意見によっても、その一端が察せられる。

……とりわけアメリカが、正義人道を重んずる国柄であることを知るにおよんで、いっそう国交を厚うすることの必要を認め、爾来（じらい）、身を挺して親善増進に努めてきましたが、幸いに日米両国の国民的交誼（こうぎ）は、日を追って次第に深厚の度を加えてきたのを見て、衷心より歓喜の情に堪えなかったのであります。

しかるに、今回アメリカ議会に提出された排日移民法問題に至りては、その成行きは実に寒心に堪えないところでありまして、アメリカ伝統の正義人道どこにありやとさえ疑わざるを得ない次第で、老人は思わず愚痴もいいたくなります。

しかし真理はついに最後の勝利を占めることを確信しております。ただこの上は大統領があくまでも該法案を拒否し、日米両国の委員より成る連合高等委員会を組織し、円満にして、かつ徹底的なる解決に努力するようにありたいと希望してやまぬ次第でございます……。

辞せぬ覚悟

大正十三年（一九二四）四月十九日、翁は外務大臣松井慶四郎、アメリカ大使ウッズの両氏と会見し、同問題について懇談の上、東京銀行倶楽部に開催された日米関係委員会において、大倉喜八郎、大谷嘉兵衛、小野英二郎、金子子爵、添田寿一、頭本元貞（ずもともとさだ）、山田三良（さぶろう）、山科礼蔵、藤山雷太、江口定條（さだえ）、浅野総一郎諸氏と熟議の結果、翁の名をもってアメリカ有力者に対し電報を発した。

　貴国上院の正義と公正とに深く信頼せる吾らは、日本移民に関する上院の決議を聞き、驚愕おくあたわず、事態ははなはだ切迫したれども、貴国における有力なる諸新聞紙の公平なる態度に鑑み、上院において再考せらるべしとの希望を抱き、かつ貴下において十分ご尽力くださることと信じ、大いに意を強うす。吾らが排日条項を含める法案が、法律として成立せざることを切望するゆえんは、かかる法律は従来なされたる両国親善についての努力を水泡（すいほう）に帰せしむるの恐れあるためなり。吾らは貴下が友情と正義のため尽力せられたることを深謝す。

打電した先は、ニューヨーク日米関係委員会会長ウィッカーシャム、同会幹事長ギューリック、サンフランシスコ日米関係委員会会長アレキサンダー、および東部における有力者ジャッジ・ゲーリー、ヴァンダーリップ、キングスレー、ラモント、ルート、モット、エリオットなどであった。

これら憂を同じくする有力者が、各その勢力をもって努力したにかかわらず、排日移民法はついに実施され、翁をして、

「この改正を見るまでは死んでも死に切れません」

という悲痛な叫びを、あえてせしむるに至ったことは遺憾の極みであった。

同月二十三日、日本工業倶楽部に開かれた国際連盟協会総会には、翁は折から風邪のため引き籠り静養中であったので、出席は無理であったが、病を押して列席し、かつ所懐を述べた。その中で、

「私はこの排日移民法の問題のために、たとえ病が重くなろうが、また不幸にして死ぬようなことがありましょうが、決して辞せぬ覚悟であります」

と叫んだのを見ても、いかに憂い、いかに嘆いたかが窺われるのである。

言えば実行する翁は、真に斃(たお)れて後已(のちや)むの概(がい)をもって、移民法修正のためにあらゆる努力をなし、会う限りの人に対し、つかみ得る限りの機会において、移民法修正を論じ移民法修正を主張した。極言すれば、翁の晩年は移民法修正のために費やされたといって過言でないのであった。

この方面の翁を語るものは、その数の多きに堪えぬほどであるが、ここにはその一例として、年来の親友にして、ハワイにおける第一流の実業家フランク・C・アサートン氏との会見記の抜粋を掲げておく。昭和四年（一九二九）十一月二十五日、曖依村荘における会見の記録である。

アサートン　千九百十六年（大正五）に、子爵が私どものハワイにお立ち寄りくだすって、日米親善の大精神を崇高な信念をもって、お示しくだされましたときのことは忘れませぬ。かくまで真摯に、かくまで熱心に、子爵が苦慮しておられるということは、私に非常な感激を与えました。

これを動機として、子爵が私にお与えくだすった平和を愛する精神、日米親善を継続せねばならぬとの、子爵の衷心よりのご主張、これを受け継いで私どもがこの問題に真剣に努力するようになったのであります。この子爵の立派なご精神は、どうして透徹せぬとい

うことがございましょうか。子爵のご精神を普及せしめると共に、また子爵ご自身も大いに長寿を保たれるように祈るのであります。

千九百二十四年（大正十三）の移民法についても、従来アメリカの労働者の反対がなかなか熾烈（しれつ）でありましたが、今度はシャーレンバーグ氏も眼が覚めて帰国しました。なお、万国工業会議の代員そのほかの人々も、日本に対する非常な好感を抱いて帰国されましたからは、沈黙してはおらぬでありましょうし、旁々（かたがた）（どのみち。いずれにしても）移民法も修正されるであろうと、私は楽観しております。このへん、子爵も十分ご安心なされてよろしかろうと思います。

翁　まことに前後をよくご思案されて、その深いお考えから、私の思っておることに対して、種々なるご配慮をいただきまして、ありがとう存じます。

単に一時のご思案と申すではなく、深いお心持ちのほどがお話の間によく伺われまして、まことに失礼ながら、「わが知己」と申し上げたい気持ちがいたされまして、なお日米両国間についてのお話を申し上げたいと思うのであります。

私も、今どうといって案じておる訳でありませんし、また無理をして早く死ぬようなことはいたしませんけれども、人の寿命には限りがありますので、しきりに心配するのでございます。

こう申し上げたからとて、私が貴方に迫るようにお取りくだすっては困りますが、ジョンソン氏やシャーレンバーグさんなどがこれを煽り、それにまた埴原（はにはら）さんなどが何とか今少し都合よく運び得たはずであるにかかわらず、「グレープコンシークエンス」などと申して、いよいよことを悪化せしめましたところから、とうとうあの不面目な移民法が通ってしまいました。

これはルーズベルトやタウンゼント・ハリスなどという立派な政治家の遣り口とは、確かに趣を異にしております。何ゆえあんなことをしてくれたかと、また埴原大使などがあんな下手をやらねば何とかなったものと思うのですが、実に残念なことであります。

何もこれを貴方に申し上げて、今どうしていただきたいと申すのではありませんけれども、赤裸々に感慨を申し述べれば、まったく遺憾に堪えないのであります。貴方に申し上げたいのは、日本移民の第二世が、そのために両国の平和を傷つけるようなことがあってはならない——これらに対して特にご心配を願いたいということであります。

移民法のことは、決して誰方にといって申し上げるのではありません。各地に知ってくださる人々がおられますから、安心ではございますけれども、お別れに臨んではいっそうお懐かしく、老いの繰り言を申し上げたく思うのであります。これからもときどき何かといって、新聞などもいろいろな問題を起こすことがありましょうが、お心づきのときは、ただちにお知らせを願いたいと思うのであります。

アサートン　第二世のお話ですが、これは自分の考えでは、立派に発達してきていると思います。もっとも、若い人々は教育を受け、私どもとは少々違った考えを持ってはおりますけれども、彼らは彼ら自身の考えで新しい道を拓いていると思います。

例えば、彼ら第二世の投票振りなどを見ますと、立派に紳士として自分の名を署名して投票しております。決して、ハワイの平和を破るというようなことは、ないものと信じます。どうぞ、この点はご安心を願いたいのであります。

また最近は、アメリカの資本が日本へ流入しております。例えば、ビクター蓄音機会社のごとき、三菱と協力して大きな工場を日本に設けております。先だって大阪へ参りましたが、住友では電線の工場をアメリカ人と協同して経営しております。こういう例を見ましても、日米親善は出来ることであるという証明になるのでありまして、これらの点からもお互いに了解して、共存共栄の関係を作ることが出来ると信じます。

私は将来を大いに楽観しておるのであります。

今回の京都大会では、十分よく日本の精神が了解されたと思います。

翁 よく了解いたしました。ただ今伺ったところでは、私はむしろ杞憂(きゆう)に過ぎたようで、貴方からそうおっしゃられれば誠に安心です。日本でも百姓の子がちょっとばかり学問をすると、よく生意気になりたがる——そういう風はありはしないかくらいにまで懸念(けねん)したのであります。

それが今承れば、相当のことをやっておるとのことでありますが、そうあってくれれば有難いのでございます。それが順(すなお)な進み方と思っていましたが、今お話を伺って安心したと申してもよいほどに感ずるのであります。

九、日仏会館

「極言すれば、翁の晩年は移民法修正のために費やされたといって過言でない」と書いたが、文字通りにその晩年をぜんぶ対米問題に終始したのでは、もちろんない。広汎なる関係は依然として続き、社会事業に、教育事業に、労資協調に、はたまた一般国際平和の維持に、各その指導者として努力を傾注したのであった。

従来の関係から活動を続けたのみでなく、また新たなる方面の関係をも生じた。対外関係として、いちじるしいものに、日仏会館の設立がある。

翁と海外諸国との接触を考えるとき、その関係の前後から視て、第一に挙げねばならないのはフランスである。慶応三年（一八六七）春、民部大輔に随ってパリ大博覧会に列し、引き続き同地に留学したことは、あらためて記すまでもない。これらの経験が、後年の翁の思想と行動とに多くの影響をおよぼしたかも、繰り返す必要はないであろう。かく観きたるとき、フランスはただに接触の時機が早かったのみでなく、グランド・オールド・マン・オブ・ジャパンの組成に重大の関係があることが知られるのである。

かく特殊の関係あるフランスではあるが、位地の遠隔と国際事情のため、特に記すべきほどの接触もなく過ぎたが、明治三十年（一八九七）に至って、パリ博覧会出品組合が設立され、その委員長に挙げられた。越えて明治三十五年（一九〇二）、欧米各国歴訪の際、パリに数日を送り、旧知ならびに有力者に会い、商工業を通しての親善増進について努力したのであった。

翁の帰朝後に勃発した日露戦争により、日本が北欧に大国の威を振いきたりしロシアの仮面を剥ぎ、現実を暴露するや、従来同国に投資したるフランスの資本は漸次引き上げられ、代わって投資国として着目されたのが日本であった。かくて、資本の動きによって次第に日仏両国は接近し、両国財界の有力者は、互いに来往するに至った。

かかる折から、明治四十年（一九〇七）十月、フランスは、コマンドール・ド・ロルドル・ナシオナル・ド・ラ・レジオン・ド・ヌール勲章［勲三等相当］を翁に贈った。けだし、日仏親善の労を謝せんためであったであろう。

越えて大正元年（一九一二）、日仏銀行の創立に当たり、翁は推されて相談役になった。

そののち、当時我が国の同盟国たりしイギリスが、フランスならびにロシアと親交を結び、我が国のこれら両国との関係も、イギリスとの関係によって次第に融和親善を増し、かの世界大戦に際しては、相共に連合国としてドイツに対し、日本が戦場に遠き極東に在りながら、友邦のため多大の犠牲を忍んで活動したのを見て、フランスの我が国に対する感情はいちじるしく変化し、未曾有の親交を訂する（交わりを結ぶこと）に至った。

両国の関係かく親善を増したとき、大正八年（一九一九）夏、フランス、リヨン大学総長ポール・ジュバン博士は、同大学教授モーリス・クーラン氏を伴い、大学使節として来遊し、我が国諸大学を訪ね、文化交換による両国の親善に努めたのであった。

両氏の滞京中、翁がしばしば会談したことはいうまでもないが、特に渋沢事務所において、両氏を主賓として、犬養毅、古市公威、富井政章、穂積陳重（のぶしげ）、阪谷芳郎の諸氏と共に、午餐会を開いたことは特に記さねばならない。というのは、席上ジュバン総長が提議した日仏文化交換機関設置のことが、すこぶる時宜（じぎ）に適するものとして、熱心に考慮され、実行について研究することとなり、ついに日仏会館の成立を見るに至ったからである。

ジュバン総長は帰任後、同問題につきフランス政府の諒解を求め、関係方面の人々を説き、その実現につき不断の努力を続けておったとき、リヨン駐在日本領事木島孝蔵氏が帰朝することとなったため、ジュバン総長は同氏に嘱して、フランスにおける進捗の模様を翁に伝えるとともに、日本における計画促進を希望したのであった。

大正十年（一九二一）、木島氏帰朝の上、翁を動かしたので、翁は同年三月十四日、フランスに関係深き各方面の有力者を丸ノ内中央亭に招き、ジュバン総長の希望を披露して熟議し、全会一致をもって東京に日仏文化交換の設備をなすに決し、実行委員として翁ならびに古市公威、富井政章、姉崎正治、杉山直治郎、木島孝蔵、エミール・エックの七氏を選んだ。

爾来実行委員は、在パリ日本大使館を通してフランス政府と交渉を重ね、また一方日本政府当局諸氏の臨席を請うて委員会を催し、実行の方法を講じたが、同年十二月、「詩人大使」ポール・クローデル氏の着任により、フランス政府の意志を明確に知り、一路実現に驀進（ばくしん）することになった。

翌大正十一年（一九二二）一月、ジョフル元帥が答礼使節として来航した際、特に翁を訪ねて、同計画実現についての努力を依頼した。かくて翁は、古市、富井両氏とともに、首相加藤友三郎、外相内田康哉、文相鎌田栄吉諸氏と一再ならず会見し、同問題の実現につき凝議した。

翁の熱と努力はついに当局を動かし、大正十二年（一九二三）四月、加藤首相は、関係官民九十余名をその官邸に招き、午餐を共にし、日仏会館創立に関して懇談し、従来の関係者たる翁、古市、富井、姉崎、杉山、木島六氏の外、井上準之助、伊東米治郎、服部金太郎、和田豊治、梶原仲治、高田釜吉、団琢磨、小野英二郎、大倉喜八郎、大橋新太郎、児玉謙次、木村久寿弥太諸氏を創立委員とし、一方政府より若干の補助金を支出すべき旨を示した。

かくて、日仏会館設立の議は長き生みの苦しみを経て、ようやく具体化せんとしたる折から、大震火災（関東大震災）の突発によって至大（この上もなく大きいこと）の影響を受け、またしても停頓せんとするに至った。というのは、だいたい四、五十万円見当の資金を募集する予定であったところ、この未曾有の突発事によって、とうてい予期の実現を見得べくもなきに至ったからである。

帰朝以来、日仏会館設立につき努力しきたった木島氏は、この情勢を見て、計画の推移を憂い、同年十一月、翁を訪ねて今後の方針をきいた。そのとき翁は、

「震災による損害は、いかにもはなはだしい。しかし日仏会館のことはフランスの関係もあることで、震災のために挫折すべきでありません。しかしながらこの有様では、かねての計画で進むことも出来ませんから、しばらく規模を縮小し、計画を多少変えて是非進行せねばなりません」

と激励したので、ただちに方針確定し、震災後の混乱紛雑の間を寄附金の募集に努め、遂に翌大正十三年（一九二四）二月、財団法人日仏会館設立のことを出願し、同年三月七日、文部大臣の許可を受け、

文部省より第一回補助金三万円を公布され、越えて六月、村井吉兵衛の好意により、麹町区永田町所在の同邸洋館を会館として借り受け、十二月、盛大な開館式を挙行した。翁は理事長として立ち、古市、富井両氏は副理事長となり、木島氏は常務理事に就任した。

日仏会館の事業は、日仏両国の学者、学生を相互に派遣留学せしむるに在る。しかるに、フランスは戦後の財政事情から、日本人留学者を十分に待遇し得ざるため、日本からは未だ何人も留学しないが、フランスからは学者、学生が引き続き我が国に留学している。その主なる人々を挙げてみよう。

パリ大学教授で仏教美術史の泰斗（たいと）アルフレッド・フーシェ、フランス医科学士院幹事長でパラチフスの発見者ドクトル・アシャール、フランス理科学士院常任幹事で火山学の泰斗アルフレッド・ラクロワ、「コレージュ・ド・フランス」の教授でインド学の泰斗シルヴァン・レヴィ、「ブレス」海軍兵学校教授で地理学者フランス・リュイラン、河内大学教授で中国学者ポール・ドミエヴィルその他の諸氏である。

日仏会館の創立前から該事業に関係し、現にその常務理事たる木島孝蔵氏は、同会館と翁との関係について、こう記している。

由来、日仏会館の事業は、文化交換により両国の進運に資するを目的とするものにして、その効果あるべきは必然なりとするも、一朝にしてこれを収むるを保し難し。

しこうして、これに対し、帝国政府より年々補助費の交付を受け、広く有力者の賛助を得、関係の識者を会員に網羅し、あるいは富豪の大廈（たいか）（大きな建物。大楼）を借用し、またフランス政府より代わる代わる学界一流の碩学（せきがく）を特派せらるるごとき、皆これ子爵の盛徳に因るにあらざればあたわざるところなり。

むべなるかな、大正十五年（一五二六）五月、フランス大統領は子爵にグラン・クロア・ド・ロルドル・ナショナル・ド・ラ・レジオン・ドヌール勲章［勲一等相当］を贈与せられたり。この勲章は、フランス最高のものにして、これをもって大臣、大使の偉勲を旌表（人の善行をほめて、広く世間に示すこと）す。しこうして、その最高無上なるをもって、大国の皇帝にもまたこれを贈呈す。ゆえに民間の人士にこの勲章を贈るは、非常なる破格の待遇にして、フランスは子爵に対し無上の光栄を寄せたるものなり。

十、世話業

調停

・市長問題と郵船の紛擾

かつて、翁を呼ぶに、「財界世話業者」をもってしたことがある。あえて当たらずと断ずるものではないが、「財界」に局限することは当を得ていない。むしろ単純に、「世話業者」という方が事実に近い。

私は青年時代から、富とか名誉とか貴い地位とかによらず、一国民として国家社会のために尽くしたいと思っていたが、郷里を出てから今日まで六十余年の間、その趣旨だけは完全に守ってきた。だから、高い地位も富も得られなかったのである。しかし、自分としては少しも遺憾はない。

さらばといって、決して世のためにもならなかったことを考えると、残念であるが、細く長く国家に対して役に立つのも無駄であるまいと思って、この頃ではいかに面倒なことでも、名誉も利益も考えないで相談を受け、その解決に尽力しているから、ときには、自分が世のためになると考えると、他人に寄附を依頼したりすることがある。

したがって、なかには、ずいぶん迷惑だと思う人があるかも知れぬが、今の私の境遇としては、道理を誤らぬ善いことであれば、一身を顧みず努力したいと期するのである。

ちょうど大正五年（一九一六）、実業界を隠退して営利事業とは関係を断ち、もっぱら社会的の事業に力をそそぐようになってからは、私の処が面倒な問題の集合所のようになっているが、これは何も自分が望んでいる訳でなく、いきおいそうなったので、人が私に勉強させてやろうと持ってくるのであるから、よく持ってきた、世のために尽くさせようと相談にきてくれたと思って、喜んで引き受けているのである。

人がよく自分には仕事がないとか、自分の仕事が自分の力に不相応であるとか、不平をいうが、それは間違っている。その人に力が有れば仕事は自然に集まってくるもので、ちょうど磁石が鉄を吸い寄せるようなものである。ある仕事を任されたときに、勤勉に遺漏なく整理してゆけば、次々に多くの仕事が自然に集まってくるのである。

しかるに、前に申した通り、私の処に種々雑多の仕事が集まってきたのは、この観方からして見ると、老いたりともまだ幾分吸収力があると、自ら心強く感じているのである。とはいうものの、近頃は余りに面倒な問題が多すぎるようである。

と、翁が述懐した通り、世話業者としての翁は忙しかった。その実例として、市長問題と郵船会社問題がある。

永田さんのような良い市長を得たことを喜んでいたのに、ついにその辞職をみたのは残念である。田尻さんのあとへ後藤さんが市長になられるとき、私は大磯に避寒していたが、坪谷善四郎君が市会議員としてきて、この相談を持ちかけた。

それから柳沢議長とも会って、話は順調に進んだが、当の後藤さんは他に仕事があるので、なかなか受けなかった。しかし、まず都合よく就任してくださって、そのあとが、永田市長に代わった。

私は、後藤さんにはどうせ長く市長はお願い出来ないと思っていたので、永田さんに代わったのは、なるべきようになったのだと考えて、良い市長を得たと喜んでいたら、このたびのことが起こった。

そこで私も、前の関係者として、柳沢議長、近藤副議長、その他市会の人々のご依頼で、後任市長に当選した井上準之助さんと、銀行倶楽部とかお宅とかでたびたび会見し、ぜひにとお願いしたが、その希望は達せられないで、市会の熱心さも無駄となり、遺憾であった。

そこでまた再び後藤さんにお願いしようということになり、九名の議員の方が私に相談されたから、私は賛成して後藤さんを訪ね、丁寧に約二時間ばかり懇々と勧めてみたが、はなはだ望み薄く感じられた。どうもお断わりになりそうな模様である。

以上は、ただいま、すなわち十月二日朝までのだいたいの経過であるが、かように市長問題が難関に陥ることのあるに対して、私はその推薦の方法に改善を行う必要があると切に思っている。私は法律のことには素人であるが、東京市の市長難の一つは、市長が余りに仕事の寸尺をつめられているにあるのであって、制度に欠陥があるからだと見ている。ゆえに、市将来のことを考えて、今後は今までのような物議の生じないように、制度の上で改正せねばなるまい。

また市会議員の多くは、単に目前の自己の主張に勝ちを得ようとばかり努めて、市全体のため協和して事に当たるという精神が少ないような懼(おそ)れはないであろうか。これは、かような議員を選んだ市民の罪もあるが、議員諸君も市百年の大計を図る公職にあることを自覚し、目前の勝ちよりも道義的公共心に基づいて進退せねばなるまい。

いかに制度が整っても、これを運用する人々が適当でなければ、何らの効果を齎(もたら)さないのである。これは、いたずらに市会議員を罵(ののし)るのでなく、真に東京市を思うからいう訳である。

市長問題についての翁の述懐であるが、郵船会社の紛議に関してはこういっている。

日本郵船会社の紛議は、とにかく解決した。この問題の起こっている間、私は双方の人はもちろん、第三者の訪問をもしばしば受け、訪問責めに遭ったのであるが、郵船会社の今日あるのは、資本家と経営者との尽力にもよるが、国家が少なからぬ援助を与えているお陰である。

我が国は四面環海(しめんかんかい)（四方を海に囲まれていること）の国柄(くにがら)であるから、海運のことが諸外国より一歩進んでいないと、事業の発展を望み得ず、国運の衰退をきたさねばならぬのである。それゆえ、国力進展上からも、常にこの点に一歩を先んずる心掛けが必要である。

これは、私らの昔から希望せる点で、こういう国家的の仕事に従事する者が、一日も忘れてはならぬところである。我が海運事業は、欧州大戦の当時から過大の進歩を示したかの観があり、造船数の激増もいちじるしかったが、いたずらに古船を多く買い込んだため、量は多いが質が悪いという実状にある。ゆえにこれは、郵船のみに限らず、我が船舶会社としては、いずれも改良と整理とを、すみやかに行わねばならぬはずである。

他方、海運に対する諸外国政府の努力は実にめざましいものがある。なかにも、アメリカのごときは最も力をいたせるもので、優秀船の新造とか、重油船の採用とか、船舶の数も急に善くなってきた有様である。

それゆえ、我が国のごときは、今日の進んだ知識を基礎として、いくら努力してもなお足るまいといいたいほどである。しかるに、かかる時期に際し、郵船会社において、このたびのごとき大紛擾（ふんじょう）をきたし、重役は、

「社員が重役の権限に立ち入り、しかもこれを排斥するというがごとき不合理はない」

と唱え、社員側では、

「重役の重みが足りぬ」

と、いい合っていたようであるが、それでは誠に日本海運界の将来のため、心細い限りであるといわずにはいられない。この物議は、社外の四重役たる江口、福井、永田、成瀬諸氏の顔と尽力とでようやく納まったのはけっこうであるが、真に根本まで徹底的に融和したかどうかを疑うの

である。

前にも述べたように、海運は日本の実業にとって、最も重要なる地位にあるものであり、しこうして、郵船会社は日本での大会社であるから、その会社の紛擾(ふんじょう)は、各方面に影響するところが多く、我が国実業の発展にとって打撃である。

したがって、重役も社員も共に反省して、善くなかった点を直すように考えを進めて行かなければ、根本的解決は至難であろう。人はよく自分のみは善いが、人が悪いという風に考えたがるものであり、また一方を善しと見て、他方を悪いとしたがるが、紛擾が起こるのは、両者五分五分に罪があるのであって、郵船の問題もその観があるを免れまい。

すなわち、会社内部には定まった制度があるのに、社員が社規を紊乱(びんらん)するに至ったのは、社員側が悪いといい、また他面からは、重役の威信が足らぬからだという。ところが、両者がこの態度で相譲らず争ったならば、結局信ずるところや見る点が違うのであるから、水掛論に終わろう。かかる場合においては、必ずや一方が譲るとか、相互に譲り合うとか、誤れる点を教え合うとかして、共々に反省しつつ進むのでなくては、何ごとも円満にはいかない。

これは単に郵船会社においてのみならず、政治上でも経済上でも、支配者と使用人というような相対峙(あいたいじ)する地位にある者の、よくよく考えるべきことで、各自が自分の本分と職務とに忠実で道理を外(はず)れないならば、このような紛擾は起こらぬであろう。郵船の紛議もまず納まったが、私は切にこの考えがよいと思っているので、特に述べた訳である……。

・仲裁に立つときの心持ち　日本郵船会社と翁の関係は繰り返して記す必要もないから、ここには省略するが、このときの調停を主題とし、「仲裁に立ったときの心持ち」について、翁周囲の人々が、その心境を訊ねたときの記録があるから、掲げておきたい。

　事件の内容につきましては、只今ちょっと記憶がございませぬが、私はあのとき子爵の代理として、後任重役のことについて、郷さんを訪問いたしましたことなどを覚えております。ここにそのころの新聞記事がございますが、この中に子爵のお話としてこんなことが載っております。

「私もかつては郵船に関係があったので、今回の問題に対しては密(ひそ)かにことの経過を憂慮しておったが、従来の同社の紛擾は、配当問題、人事問題、金銭問題などの範囲を超えなかったが、今度の事件は、社員が多数の力をもって社長を排斥しようとするのである。もちろん、多数の力を持つことは、場合によっては良いこともあるが、今回の郵船問題の場合においては、最も慎まなければならぬことである……」

「なるほど。伊東社長の排斥運動だったのでございましょう。伊東米治郎さんがやめて、その後に白仁武(しらにたけし)さんが社長になったときのことでございますネ」

「伊東米治郎が社長をやめるときの話だネ。あれはどういういきがかりで、あんなことになったのだったか、今鮮やかに覚えていないがネ、株主側からはじまったことだったか、それとも他の会社との経緯から起こった問題だったか、そこのところはちょっと記憶しないが、伊東氏は何でも近藤廉平氏あたりから引き立てられて、船会社の事務については、心得があったようだったが、何ゆえやめるようになったのだろう。そこのところははっきりわからないがネ」

「その動機は、社員に対する待遇とか、社員の勤務とかいったことにあったのではございますまいか」

「社員中の海員側と陸員側とに対する伊東社長の態度が、不公平というのがことの起こりだったのでございましょう」

「そんなこともあったように思うが、要するに陸員と海員の間の軋轢から、とうとう社長をやめねばならぬことになったのだと思う。何だか、ぼんやりしたお答になったしまったが、その当時の事情をはっきりと記憶しないから、いたしかたがない。もっと的確な材料でも出て来たら、その上でお話しすることも出来よう。

それから、この郵船会社の問題のほかに、私が仲裁に立った場合がたくさんあるけれども、その動機においては決して一様ならず、ある場合には自ら進んで仲裁したこともあるし、また人から頼まれて間に立ったときもあった。

だから、一概に仲裁に立ったときの気持ちときかれても、ちょっと困る。どうも同じ態度で、両者の間に折衝したことというのは少ないヨ。

ことに外国との関係で――何といったらよいか、そうだネ、マア商売関係で、日本の権力を拡張するとでもいったらよかろう――わいわい騒いだことがある。

それは、明治十四年（一八八一）の頃と記憶する。横浜に、私らが生糸荷預所というのを設立したときのことである。外国商館と日本の売込問屋との間に面倒が生じた。

たとえていってみると、その頃の横浜における生糸の売買は、昔風の反物商人といった具合で、

お出入り先の奥さんのところへ反物（たんもの）を置いて、その翌日くらいに、

「昨日の物はいかがでございますか、お気に召しましたか」

とお伺いに出る。すると奥さんが、

「そんなことどころではないヨ、忙しくて反物を見る暇はなかったヨ」

といったら、

「さようでございますか、それではまた明日……」

といって引き下がる。こんなことをして昔は商売したものだが、横浜の生糸売捌（うりさば）きがちょうどそんな具合だった。

横浜で生糸を買い取る商館は、その頃ことごとく外国の商館であった。まず信州、奥州、上州などの各所から生糸を横浜に売りに出る。すると、外国商館はこれを一時自分のところに引き込ませるのであるが、別に受取証書を与えるでもなく、また火災保険も付けてくれない。

そして一方で、本国へ電信で問い合わせて、自国が景気が好ければ早く引き取り、景気でも悪いと、ペケといって引き込ませて置いた生糸を突き戻してしまう。

また、買い取るにしたところが、全部の品を取るときまっていない。勝手ないいがかりをつけて、半分も取らないことがある。

それは当方にも、今日のような検査制度というものがなく、その点落度があるにはあったけれども、こんなことでは安心して取り引きは出来ないと、横浜の売込問屋が一斉に申し合わせて、外国商館に掛合いをはじめた。そして、

「従来の方法を改めなければ、生糸の売買はせぬ」

と申し込んだ。すると外国商館では、

「そんなわがままをいうなら買わぬ」

といって、互いに睨み合った。ところが、売込問屋には地方から生糸の荷物を送って来るが、これに対して金を出せない。そこで、生糸荷預所を設けて、金融の途を付けることにした。私も銀行家として大いに肩を入れたのであるが、いってみると、日本の商売人の腰をしっかりさせるため、尻押しをした訳である。

しかしながら、銀行家の力といってもその頃は微々たるもので、尻押しの力が不十分なため、大蔵省に願って助力をして貰った次第である。何でもそのときは、松方さんが大蔵卿だった。

この悶着は、八月から十一月までだったと思うが、すったもんだやっているうちに、結局十一月の末になって、アメリカ公使のジンガムという人が、あまりバカらしいと仲に立ってくれた。

その頃までは今日と違って、アメリカとの取り引きは割合に少なく、かえってヨーロッパの方へ多く生糸が輸出されておった。そして、スイスの商館で何とかいうのが、かなり勢力を持って、また一番横暴でもあった。糸屋仲間で一番骨を折ったのは、原善三郎、茂木惣兵衛、それから渋沢喜作の三人で、銀行業者としては私が主として奔走した。

なおその前に大隈さんが大蔵卿のとき、種紙のことで問題を生じて、私はそのときにも、種々骨を折ったことがあるヨ。要するに、私ははじめにも申した通り、種々の問題について調停に立った。そして、いちいち気持ちも違っておった。けれども、その場合場合に臨んで、必要と思ったときは必ず出ていったということだけはいえる。

「必要と思ったときは必ず出ていった」と翁がいうた紛擾（ふんじょう）の調停は、その数多きに堪えぬほどであり、そのいちいちについて記すかぎりでないから、その項目だけを記しておこう。

翁の談話にある、明治十四年（一八八一）の生糸荷預所設置に至るまでの紛議（ふんぎ）仲裁を最初とし、明治十七年（一八八四）の、日本郵船会社成立までの紛争調停、明治三十一年（一八九八）の王子製紙会社の紛議仲裁、翌三十二年（一八九九）の九州鉄道会社株主の社長仙谷貢排斥を目的とする紛争調停、明治三十四年（一九〇一）の神戸市対モールスの神戸水道公債事件の和解、東京電車会社と東京市街鉄道会社の合併問題の解決、明治三十九年（一九〇六）の日本、札幌、大阪、三麦酒（ビール）会社合併斡旋（あっせん）、ならびに日本鉄道会社の大ストライキ調停、明治四十一年（一九〇八）の東京人造肥料、北海道肥料、帝国肥料、三会社の合併完成、ならびに宮城屋貯蓄銀行破綻の整理、明治四十四年（一九一一）の東京、千代田、両瓦斯（ガス）会社の合併完成、大正三年（一九一四）の世界大戦の影響を蒙れる蚕糸（さんし）業者の救済、および同年末の、大隈首相と政友会を率いたる原敬との間の政争調停、大正四年（一九一五）一月の東京市電灯市営統一に関する仲介、大正十二年（一九二三）の大震災による焼糸問題解決と損害分担裁定書の作成、ならびに上記の日本郵船会社の紛擾調停、大正十四年（一九二五）の東京商業会議所会頭問題に関する紛争調停、大正十五年（一九二六）の日本郵船、東洋汽船、両社の合併完成、昭和四年（一九二九）の東京瓦斯会社紛擾調停などである。

もしそれ、労働資本の協調、日米親善の増進などまで考えきたれば、翁の一生は仲裁、調停をもって終始したともいえるほどであって、翁が個々について、その心理的傾向を答えることを躊躇したのも、首肯（うなずくこと）されるであろう。

かくのごとく、問題ある毎に翁の起たざるを得なかったのは、その性格と社会的地位によることももちろんであるが、また一般の人々がその性格――至公至平であって、しかも、いささかも労をいとわず、常に人のため世のため尽くさんと用意せる、その性格に信頼すると、またその豊富なる経験と、智慧と明断と徳風とに多大の尊敬を払うがためではなかろうか。

そのゆえんはとにかく、かつて引用した山路愛山の記述にもあるように、

「一にも渋沢さん、二にも渋沢さん」

であったため、新規事業はほとんど全部翁の手を染めるところであり、社会事業といわず、教育事業といわず、大小幾多の事業の生みの親となり、育ての親となった。

かつては、我が国実業界百般の事業を創始し、経営し、繁栄せしめ、今はより広き天地に在って凡百の事業を創始し、経営しつつあるのである。翁が自ら、

「老いたりとも、まだ幾分吸収力があると自ら心強く感じている」

といったのは、むしろ謙遜に過ぎる表現である。むしろ余りに強きに過ぎる吸収力のため、老来ますます忙殺され、世のため人のため身を役し心を労し、眠る間もなく自動車を駆り、人と会い、手紙を書かざるを得なかったといわねばならぬ。

かくて、豊かな天分に恵まれながら、悠々詩を賦し、文を草し、花鳥風月を友とすることを得ず、数多き子や孫のため、よき父であり、よき祖父であるを得なかった。しかし、広き世間のよき師であり、指導者であり、父であり、祖父であった。

この翁の、社会のため世の人のため忙殺されつつあった一斑を偲ぶため、その頃のプログラムを記してみよう。仮に、大正十三年（一九二四）十月中の、記録を見ても、こうである。

一日　国際連盟協会研究会に出席。
二日　社会事業協会理事会（社会局）に出席。
三日　清明文庫設立披露会（日本工業倶楽部）に出席。
七日　日華実業協会幹事会（同会）に出席。
八日より十日まで微恙（びよう）（気分がすぐれないこと。軽い病気）のため在邸静養。
十一日　快癒。温故学会協議会（渋沢事務所）に出席。
十二日　日本女子大学校相談会（同校）に出席。
十三日　例月の通り東京市養育院（板橋本院）に出席。第一回勤倹奨励中央委員会（内相官邸）に出席。
十五日　第二回勤倹奨励中央委員会（内相官邸）および阪谷希一氏招待談話会（曖依村荘）に出席。
十六日　聖徳太子御忌奉賛会理事会（久邇宮邸）に出席。晩餐を賜わる。
十八日　修養団支部連合会（日本工業倶楽部）および日米関係委員会主催ギルバート・ボールス氏招待会（東京銀行倶楽部）に出席。
十九日　阪谷男爵母堂告別式（谷中斎場）および田端台下組合発会式（田端第四小学校）ならびに修養団平沼団長推戴（すいたい）式（曖依村荘）に出席。
二十日　埼玉県商工連合会（浦和町）に出席。

二十一日　日本女子大学校主催国産品奨励展覧会（同校）および日米関係委員会主催エール大学教授ジョルダン氏招待会（東京銀行倶楽部）に出席。

二十二日　東京女学館評議員会（同館）および埼玉学生誘掖（ゆうえき）会理事会（渋沢事務所）ならびに大倉男爵米寿祝賀会（帝国劇場）に出席。

二十三日　生活改善同盟会協議会（日本工業倶楽部）および観山会（築地新喜楽）に出席。

二十四日　フランス大使より案内（同大使館）

二十五日　皇后陛下奉迎のため日本女子大学校（同校）および国際連盟協会明治大学支部発会式（同大学）ならびに奢侈（しゃし）防止講演会（商工奨励館）に出席。

二十六日　埼玉学生誘掖会維持員会評議員会（同会）に出席。

二十七日　東北振興会支部連合大会に出席のため福島市へ旅行。

二十八日　福島市より帰京。

二十九日　国際連盟協会理事会兼宮岡理事帰朝歓迎会（日本倶楽部）に出席。

三十日　日米関係委員会主催新聞記者招待会（東京銀行倶楽部）中央社会事業協会理事会（日本工業倶楽部）および実業家有志主催加藤首相、若槻、浜口、仙石、各相招待会（新喜楽）に出席。

三十一日　王子隣保館開館式（王子尋常高等小学校内同館）に出席。

目ぼしい会合だけで、これほどある。来訪者の応接と裁書と事務処理などを列（なら）べれば、真に際限ないであろう。老齢八十五歳にしてこの繁忙を繰り返す、翁の意気と健康とは、驚嘆に値するものがある。

製鉄鋼調査委員会

大正十四年（一九二五）に製鉄鋼調査委員となったことは、見ようによっては深い意義がある。というのは、鉄鋼と翁の関係はすでに維新前からはじまっているのであって、沿革的に特殊の意味を感ずるからである。

かつて翁が、

およそ、国の真正の富強は鉄にあるということは、私は五十年前から承ったことであります。維新以前、私は海外旅行をしまして、徳川民部大輔に随行してベルギーに参って、国王レオポルド二世に大輔が謁見されて、その晩餐会の席において、レオポルド二世が鉄の講釈を子供ながらの民部大輔に懇ろに話されたのを承って、何ら鉄などに考えのない、ただ国というものは、一の旺盛なる士気があれば足ると思っていた青年客気（ものにはやる勇気）の私も、ああそうであるかと、強い興味をもって聞いたことがあります。

その後あるいはフランスに、イギリスに、イタリアに、各国の鉄事業、ことにイギリスの旅行にはマルタ島の砲台の模様、ポーツマスの軍艦の設備などについて、この鉄の使用のいかにも盛大なる有様を見て、なるほどベルギー王のいわれたことが事実において見えるのだと感奮したのは、もはや五十年前の昔語りでございます。

と述懐したように、半世紀以前から鉄に対して興味を持っていたのであった。爾来、幾変遷、各種の事業に関係したが、鉄鋼製造のことには携わらず、ただこれを使用する東京石川島造船所と浦賀船渠会社を経営したに過ぎなかった。

けだし、我が国における鉄の産額少なく、事業としてその製造をなすまでに至らなかったからであろう。しかるに先に記した中日実業会社が創立せられ、同社が安徽省の裕繁公司に金融し、その支配下にある桃冲鉄山の採掘および鉄鉱使用の権利を得るにおよび、翁の製鉄に関する興味は湧然として起こった。

特に断わるまでもなく、当時翁は、すでに実業界の人でなかった。ゆえに、自らこれを経営するには至らなかったが、首唱発起して会社を組織せしめ、桃冲の鉄をもって製鉄業を営ましむるに至った。今の東洋製鉄会社がそれである。翁の熱心なる主張によって、東洋製鉄会社は生まれた。

そののち時勢の変遷につれて、九州製鋼、富士製鋼などの、製鋼を目的とする会社も相次いで組織された。けだし、先に記したように、大正八年（一九一九）、翁が当時のアメリカ大使ローランド・S・モリス氏の請いにより、日米船鉄交換に関する仲裁人たるに至った事情を顧みれば明らかなごとく、鉄鋼の需要が熾烈であって、しかも供給はほとんどなき有様であったからである。

しかるに、平和は克復し、経済的反動の各国を脅かし始めるに至り、事態は一変し、むしろ鉄鋼の供給夥多（非常に多いこと）に苦しめられるに至った。そして、

欧州大戦の刺戟によりて鬱然として勃興し、まさに自給自足の域に達せんとした我が国の製鉄業は、大戦の終熄とともに俄然没落の悲運に陥り、今や官立八幡製鉄所を除きては、ほとんど皆経営困難、何れも気息奄々たる有様である。このままにして推移せんか、我が国製鋼業の前途は

すこぶる暗澹たるもので、心あるものをしてひそかに深憂禁じあたわざらしむるものがある。と悲鳴をあげざるを得ざるに至った。

政府においてこの情勢を憂え、我が国製鉄鋼業百年の計を定めんため、斯業の権威を網羅して組織したのが、鉄鋼調査会である。翁と鉄との関係を考えれば、鉄鋼調査委員会についても重大な役割を演じたことは首肯せられるであろう。これについて、少しく記してみよう。

大正十四年（一九二五）十二月二十日、いわゆる斯業の権威――製鉄業者の協議会において、商工大臣が述べた挨拶の中に、「生産の分野を定め、共同の力によりて、生産を改善し、販路を拡張するの必要あることと、八幡製鉄所が損失をきたさざる範囲において、民業を圧迫せざるよう協定の成立をみること、必ずしも不可能にあらざること」を指摘し、鉱石共同購入、銑鉄の生産販売に関する共同機関、官民鋼材生産分野ならびに販売価格の協定、輸送運賃の逓減などについて諮問した。

右諮問に対する答申案が出来て、その内示会を開いたのは、同年十二月四日であった。出席者は翁、大河内子爵、郷、中村両男爵、白石元治郎、大川平三郎、牧田環、今泉嘉一郎、河村驍、香村小錄、渋沢正雄の諸氏であった。翁は起って、

製鉄、製綱の当業者において、商工大臣の諮問に対する答申案が出来たということで、かねて鉄鋼業について心配をしている渋沢および友人の方々に内々で話をし、かつ注意を聞き、訂正すべきは訂正しようということで、委員長として心配している白石君から話がありましたのでお受けをし、皆様にも申し上げてお繰り合わせを願ったのであります。

この前に三井の団、三菱の木村、両君へも申し上げましたが、団君はご病気のため、木村君はお差支(さしつか)えがあって共にご出席がありませぬ。

今日の会につきまして多少異論がありました。

それは、吾々(われわれ)委員は商工大臣からこの案について意見を徴せられたときに、可否をいわねばならぬのである。それを、大臣に提出しない前に聞いて、かれこれいうことは面白くない。当業者の申し条に引きずられる恐れがあるからやめた方がよいというのでありますが、やかましく理屈詰に考えますと、まことにその通りでありますが、さように窮屈に考えることをせず、ご懇意ずくで先輩の注意を受けようというのでありますから、必ずしも当業者のいわるるところに盲従することはない。

いけないところは容赦なく、いけないというて差支えはないと思うのであります。

それはとにかく、吾々は二十日に大臣がこの諮問を出します前、大臣からご相談を受けたのでありますが、その大臣の諮問に対する答申を懇意ずくで見せよう、注意を願おうというので、それでは自分一人で承るでもあるまいと、友人諸君をお願いして、ここにご会同を願った次第でございます。

と、この会合の趣旨を説明し、白石氏より答申案ならびに追加条項につき、縷々(るる)説明あり、これに対し、郷、大河内両氏より質問があり、白石、牧田、今泉諸氏よりそれぞれ説明し、郷男爵より、

この案がどういうことを目的としているかが問題である。吾々委員は大臣にもいっておいたのであるが、鉄鋼業は合同せねばならぬというのが、根本の主張であって、いかなる案にしても合

同ということを眼目としたものでなければ、吾々は承認することが出来ぬ。合同の前提として協議会を造るということでなければならぬと思うのである。

と意見を述べ、翁も同意を表し、さらに種々談話ののち、

協議会の組織は結構と思うけれども、その組立てについては大いに考えねばならぬと思う。この組織を効果あらしめるには、組合全部、すなわち製鉄所長官まで入れて、余り我儘をいわせぬ仕組みにせねばならぬと思うのであります。次の共同販売のことはなかなか難しいことで、なお研究の余地があると思います。

と述べ、一同心から賛意を表したのであった。翁が念を押し、郷男爵が問題にした協議会のことは、答申書案の劈頭(へきとう)に掲げられたもので、

鉄鋼協議会設立に関する件と掲題(けいだい)し、生産の分野を定め、共同の力によって生産を改善し、もって本邦製鉄鋼業の安全なる発達を期せんがため、当業者の協議機関として、別紙規約により鉄鋼協議会を組織すること。

という説明を附してある。また、製品共同販売に関し、銑鉄については、「組合組織により共同販売機関を設立することを妥当とし、鋼材に関しては、各社の実状を斟酌(しんしゃく)して、適当なる共同販売の方法を考慮決定する」といっている。

その他原料共同購入については、銑鉄の原料は前項の銑鉄組合をしてこれに当たらしめ、製綱の原料は、「将来必要に応じ相当なる共同購入機関を設くること」と記し、輸送運賃軽減に関しては、「鉱石石炭その他別紙品目に対し、噸哩(トンマイル)一銭二厘の程度に逓減(ていげん)せられんこと」を希望している。

なお追加として、関税定率改正に関する件、関税定率法第五条の活用に関する件、製鉄奨励の期間延長に関する件、工業資金の充実に関する件について、適当なる措置を講ぜんことを希望している。

この答申書がいかなる結果を招来したかは、ここに記すかぎりではない。また、鉄鋼調査委員会が爾来いかなる経過を取ったかも必要がないと思うから、ここには省略する。しかし、製鉄業経営の各会社の合同が云為（言うことと、すること。言行）され、製鉄会社の大トラストが成立せんとする折から、そのここに至った沿革の極めて早き時代、いわば上古史において、翁が重大なる関係を持っていたことを記しておくのも、徒爾（むだなこと）ではないであろう。

日本無線電信会社

日本無線電信会社の設立は、大正十二年（一九二三）七月二日、「民設国際無線電信に関する件」を閣議において決定したことから出発する。

> 通信機関は公私公益を目的とし、国利民福の増進、国防の遂行に密接なる関係を有するものなるをもって、これが施設経営は国営となすこと最も適当なるべし。
>
> しかれども国際無線電信はその通信の受付、配達、および機械上の伝送など、実際の運行を政府において掌握するにおいては、その施設の創設、改良、維持、および単純なる機械の運転は、必ずしも常に政府においてもっぱら掌理せずして、民営に委ぬるも不可なかるべし。
>
> ことに国際無線電信は、時宜により民営のものを設けるにおいては、国外における本邦系無線電信の発達を計り、かつ外国無線電信会社との連絡上便宜を得ることあり、また一面においては、

多額の軽費を要すべき国際無線電信設備の創設費に民間の資金を利用し、国際無線電信設備の完備をすみやかならしむる便宜あるべし。

無線電信に関する技術の現在進歩の程度においては、すべて中央電信局において直接操縦するを得るをもって、現今通信系統上、たとえ設備は民営とするも、これが通信の機上伝送および受付配達など実際の運行は、政府において直接これを経営する方、むしろ便宜かつ経済的なり。

以上述ぶるところの理由により、民設国際無線電信に関し必要なる法律案、および予算外国庫負担契約案などを次期議会に提出し得るよう、その準備に着手すること。

とした。しこうして同月二十七日、当時の総理大臣加藤友三郎は、全国財界有力者を招待して午餐会を催し、席上このことに触れ、

……右様の見地よりして、政府においては、もし民間において国債無線電信の設備を企画し、政府の認容し得る条件のもとに経営せんとするにおいてはこれを許可し、またこれに必要なる場合においては、相当の補助をなすこともまた不可ならずと考えている。

もっとも右のごとき事項は、議会の協賛を経てはじめてこれが実行を期し得るものなることはもちろんである。承るところによれば、諸君の中にもこの点につきかねて攻究されるところあり、あるいは政府の考えるところとほぼ同様のご意見を有せらるるやに推察するがゆえに、幸い本日ご会合の席上において、右政府の所見を申し述べて、諸君のご参考に資せんとする次第である。

といっている。

かくて翌八月十九日、創立事務の根本方針について打ち合わせ、「会社の成立はこれを他日に期し、

願書を提出して命令書を得置く事」に決し、いよいよ具体的に進捗せんとするに当たり、大震災突発し、一時停頓の状態であったが、同年十一月十四日、第一回創立委員会を催し、翁は座長となり、社名を、「日本無線電信株式会社」とすること、適当の場所に創立事務所を開設すること、座長の指名により、岩原謙三、門野重九郎、中島久万吉、串田万蔵、東郷安の五氏に常務委員を嘱託すること、発起人増加の件は追って常務委員会において詮議すること、創立事務の方針は、今後だいたい新会社を成立せしめつつ、願書を提出して政府より命令書を得置くこと、技術関係事項ならびに外国会社と交渉の件協議のため、官民にわたる特別委員制度を設ける件は、常務委員において詮議すること、日米海底電信会社残務および醵出金残額はそのままこれを引き継ぎ、海底線計画に関しては、他日のため書類および資料の整理保存の途を講ずること、なるべくすみやかに新内閣関係当局者に対し諒解を求め、かつ同時に申請書を提出することなどを決し、同月発起人総代の名をもって、総理大臣ならびに逓信、陸海軍、外務、文部、大蔵各大臣宛に、「国際無線電信事業民営に関する申請」を提出した。

しかるに、翌大正十三年（一九二四）に至っても、なお政府が、「法律上ならびに予算上必要なる手続き」を完了せざるにより、同年四月二十九日付をもって、「日本無線電信会社事業準備促進に関する件」と題する書面を、当時の逓信大臣藤村義朗男爵に提出した。

越えて大正十四年（一九二五）、二月七日開催された発起人総会に、逓信大臣犬養毅出席し、国際無線事業に関する内外の現状に対し、政府が多年の方針たる「官営」を更めて、民設の国策を定むるに至れるゆえんを開陳し、引き続き翁は座長として協議に移り、内田嘉吉、中島久万吉両氏より、政府の内交渉に係る計画案、ならびにこれを伴う収支概算の内容に関して委曲（くわしく、こまかく）説明をなし、右に関し熟議の結果、一同政府の意の在るところを諒とし、政府の案を認めることに決し、常務委員をして該決議を犬養逓相に提出することとなり、常務委員一同は即日逓相を官邸に訪ね、発起人総会の決議を伝えた。

翌三月六日、第二回発起人総会を開き、政府の希望により資本金を二千万円としたること、第一回取締役選任は政府これを行うべき旨の規定を撤回せしめたること、配当率制限に関する件は、特に事業改良費積立金を豊富にする方法により、会社の基礎を鞏固になし得べき諒解を、政府当局との間に得たること、外国人が重役たる法人においても、株式を取得所有し得ることなどの諸点につき報告し、一同異議なく承認した。

一方政府においては、「日本無線電信株式会社法案」を議会に提出し、同月十二日衆議院を通過し、次いで貴族院において可決され、同月三十日の官報をもって公布され、同年五月二十三日付をもって、翁は同社設立委員長を、男爵中島久万吉氏は設立副委員長を仰せつけられたのであった。

越えて六月二十二日、第一回設立委員総会を開催し、設立趣意書、起業目論見書、定款、収支計算書などを可決し、設立委員会規則は特別委員会の詮議に譲ることとなり、同月二十五日の特別委員会において修正決定し、かつ同時に株式募集の実行方法を決定した。

かくて、株式募集に着手し、予定の公募株数二十五万株に対し、二百七十四万余株応募があり、会社当局をして意外の好成績に驚嘆せしめたことは、世の広く知るところであろう。

大正十四年（一九二五）十月二十日、創立総会を開催し、設立委員長たる翁、議長席に着き、設立委員を代表して開会を宣し、議事に入り、同副委員長中島久万吉氏より、創立に関する経過報告をなし、満場一致これを承認し、次いで取締役ならびに監査役の選任に移り、議長の指名により、内田嘉吉、東郷安、五島駿吉、岩原謙三、井坂孝、門野重九郎、中島久万吉、串田万蔵、喜多又蔵、広世助太郎諸氏が取締役に、稲畑勝太郎、松方幸次郎、結城豊太郎諸氏が監査役に就任した。

なお取締役および監査役より、設立手続きの調査報告があったのち、取締役および監査役の報酬決定の件を諮(はか)り、議長一任と決し、議長は報酬総額を議にかけ、各個に対する額は、重役会に一任したき旨を提議し、意義なく可決して総会を閉じた。

かくて、設立委員長としての任務を了し、爾来、翁は同社とは直接関係なきに至った。

かく記しきたると、ただ単に形式的に設立委員長となり、創立総会の議長を勤めたのみと解釈される恐れがないでもない。見ようによっては、さようであったかも知れない。しかし、政府との交渉が順調に進み、株式の募集が稀(まれ)に見る成績を挙げただけでは、会社は出来ない。重役の選任、幹部の決定が問題である。

設立委員長たる翁が、重役にならない以上、副委員長たりし中島男爵が、当然社長たるべきであった。しかるに、実際は、内田嘉吉氏がその位置に据わった。その間、翁がいかに苦心したかは、想像に難くないであろう。詳細を記すことを避け、ただ単に形式的の設立委員長でなかったことを明記しておきたい。

翁は、実業界を隠退してからすでに十年も経ったこのとき、たとえ設立委員長だけであっても、引き受けたのは何ゆえであろうか。けだし、疑いなきを得ないであろう。

明治四十二年（一九〇九）にほとんど全部の営利事業との関係を絶ち、さらに大正五年（一九一六）、第一銀行頭取退任を最後として、まったく経済界を隠退した翁が、同社の創立に携わって、これだけの尽力をしたについては、理由がなくてはならぬ。

大正十四年（一九二五）三月二日付で、その創立事務所から発せられた封筒に、「老生発起人の中に加名せしは、米国関係より此に至りしも、一会社を組織するに就ては、将来は同族会社に継続せざるべからざるに付き、その辺篤（へんとく）と考慮有之度事（これありたきこと）。栄一」と手記している。けだし、株式の引き受けを渋沢同族会社においてなすべしとの意味であるが、前段の、「米国関係より此に至りし」というのは何ゆえであろうか。大正九年（一九二〇）五月、ヴァンダーリップ・パーティーを迎えて日米協議会を開いたことは、日米関係委員会のことを記すに当たり触れておいたが、その第一日——五月一日に、翁はこういう意味のことを述べている。

　さらに今一案を、私はここに陳述することにいたしとうございます。それは海底電線の一事業でございますが、日米間の電報が、戦争の頃からはなはだ遅延いたしまして、戦争以後もなお引き続いて、はなはだ通信の多いのと規模の小さいのと両者相背馳（はいち）し、ためにますます遅延いたします。一通信が十日もかからなければ、アメリカと日本の間が通ぜぬという有様である。

　世の中の事物のますます増してくること、またその急激を求むる時勢に際して、反比例に電信がさように遅れるということは、いかにも嘆かわしいということは、共に皆憂いておったのでございます。

ちょうど一昨年、元逓信次官をされた内田嘉吉氏が、ヨーロッパ、アメリカを旅行して、この有様を見て帰られて、ぜひこの海底電線の経営を、日米間の協力によって成立せしめたならばよろしかろうという意見を、私に申し聞かされました。

私はもう実業界を引きまして、自己の事業として、資本によって利益を得るということを、求めるのでございませんけれども、通信事業の世界の進歩、もしくはその他の社交上に、はなはだ必要ということは、申すまでもないことでございますから、ことにアメリカ関係のことゆえに、実業界を引退した私も、どうかこの海底電線を両国の間の協同事業によって成立せしめたいということを希望いたしまして、ここに日本の同志者を勧めて、およそ五十人有余の首唱の発起者を作りました。

しこうして、その間から十二名の委員が出来まして、その十二名の委員中に私も加えられて、内田君などその一人として、種々評議をいたしました末、我が政府にも意見を尋ね、内田氏は昨年再びアメリカに参って、この海底電線を両国の間に架設いたしたいということの交渉をいたしました。

国務省の第三課長と会見して、一応のお話をいたしましたが、両方の間、すなわち、アメリカと日本と相互的の主義に成り立つことなら、至極よろしかろうと自己は考える、ということをいわれたそうでございます。しかし、まだ、しっかりとした運びは付きかねて、内田氏は帰られました。

そののち、アメリカで現在経営している会社、もしくはその他シアトル方面からの説もある。

ここに二、三意見が提供されているために、日本においてもいずれが一番よろしいかということを、今攻究しつつおるのであります。

ただ、そのことについて、さらにアメリカとご協議を申し上げたいという意向を持っている際に、この内田氏は他の政府の任務を帯びまして、今イタリアに参られ、この用事は短い時間に済みますので、たいてい当年八月もしくは九月頃に、帰途アメリカに参って、この事柄について、さらにアメリカのその筋のお人に、すなわち今希望されている会社の人、もしくはアメリカ政府のお方その他の向きと、なるべく交渉をいたして、今の事業を一番よろしい方法によって成立せしめたいということを、心配しておられる次第でございます。

この事柄はもし幸いに両国の政府が許して、アメリカと日本の資本が協同し得られて、この事業が成り立ちましたら、私はかねて日米間の事業の出来得る程合い（ちょうど良いころあい）に応じて、協力の仕事の成立を求むる一人でございますから、かのごとき国際上大きな事業は至極結構なことと思って、その成立をしきりに希望いたしております。

幸いにここにお集りのアメリカ側の諸君は、皆有力なお人でいらっしゃる。この機会にこのことを申し上げておき、内田氏が当年八月もしくは九月頃アメリカに参りましたら、吾々からもそのことを内田氏に申し通じます。同氏はかならず諸君にお目にかかって、あるいはそのことにご関係の方もあるでありましょう、また、ご関係なくても、経済界に勢力のあるお方でありますから、なるべく日米協同に係る事業が成り立つことを希望してやまぬのでございます。

ゆえにここに、そのことを申し上げておくのは、日米の事業になるべく協力を願うという趣旨としても、適当な順序と思います。ことに日米の事業の協力については、他にも私のごとき資本の少ない者でも、たとえば、朝鮮の鉱山について共同に仕事をしております。

また、このほどニューヨークのジョージ・フラー会社が、アメリカ式の建築事業を東京に開きたいといって、今その会社を東京に開いております。かかる仕事にも私は一部の仲間入りをしております。これもみなすべて、両国の間に道理正しい仕事は、両者相協同して進むようにと希望するに外(ほか)ならぬのであります。

他の小さい事業もその通りでありますから、この海底電信のごとき世界の重要なる通信に向かって、幸いにこれが両国の有志者の力によって成立するならば、この上なく喜ばしく感じますので、この行き掛り（それまでの関係、事情）を概略申しました。


この翁の発表によっても知られる通り、日米間の電信の能率増進を目的として生まれ出たこの会社は、名さえ日米海底電信会社と付けられた。そののち、無線電信の実用化いちじるしきものがあったため、大正八年（一九一九）八月、翁と内田嘉吉の名をもってした逓信省への創立許可願には、無線電信兼営のことを付加した。

一方、海底電信用ケーブルの陸揚げ権問題に関し、アメリカ側と種々交渉したが適当の協定に至らず、結局無線電信によるの得策なるを思うに至り、翁の指導によりこの方面に力をもっぱらにするようになった。

この運動は爾来、不断の熱をもって継続されたが、ワシントン会議開催の折、加藤友三郎全権が、我が国対外通信能力の貧弱なることを親しく知りたるため、この計画の必要なることを痛感し、一般もまたこれを諒解し、ついに大正十四年（一九二五）二月、政府自ら、「日本無線電信株式会社法案」を議会に提出し、同年五月、成立するに至ったのであった。

特に断わるまでもなく、翁は、日米親善増進に資せんために、日米無線電信会社の設立に努力したので、翁の手記した通り、「米国関係より此に至りし」ものであって、営利業者として関係したのではないのである。

復興建築の助成会社

帝都復興審議会の項において、翁が、

「自分の考えるところでは、まず復旧なり、また復興なり、とにかく市民にとって最も重要なる建築をすみやかに実現せしめる助成機関として、会社の設立、またはその他特殊の方法を講ぜしめられたいことであります」

と希望したことを記しておいた。

翁のこの希望は、のちに復興建築助成会社の設立によって具体化した。

拝啓。当月六日御旅行先ヨリ御尊書頂戴仕、恐縮至極ニ奉存候。偖(サ)テ御入湯ノ為メ段々軽快ニ相成候由、珍重ニ存申候。尚十二分ニ御静養奉祈上候。御申越相成候建築会社ノ件ハ、昨日東京横浜両市長ヨリ召集ヲ受ケ、本日ハ召集セラレ候人耳会合協議ノ結果、条件ヲ提出致候事ニ相成、市長ハ此ノ希望条件を以テ政府ニ交渉スルコトニ相運ビ申候。此ノ希望条件ト政府ノ案之間ニ相当ノ差異有之候得共、何トカ話ハ纏マリ可申哉ニ愚考仕リ候。何レ御帰京ノ上ハ更ニ御援助ヲ仰キ候コト、考居リ申候。先ハ右報告旁如此御座候。草々敬具。

正月十一日　　　　　　　　　　　　　　井上準之助

復興建築助成会社と翁との交渉に関する文献の第一として、この手紙を掲げねばならない。大正十四年（一九二五）一月、湯河原に静養中の翁に宛てたものである。越えて同月十五日、翁は左の電報を入手した。

昨日内務大蔵両大臣ト民間側諸氏ト会合ノ結果、大体民間側ノ意向ヲ容レラレ、問題解決シタリ。佐野局長明日貴地ニ行キ、委細報告申上グ。井上、中村。

井上はいうまでもなく井上準之助、中村は当時の東京市長中村是公である。佐野局長は、当時東京市建築局長の任にあった工学博士佐野利器氏のことである。

建築会社のことは、前年十月、市長が市政調査会における、「本建築促進協議会委員」の訪問を受け、建築会社設立案について聴取したときを最初として、徐々に進展した。翁との関係は同月三十日に市長が訪問し、会社設立について尽力を請うたときからはじまった。

翁は、大震災善後会の関係からも、「本建築」の必要を痛感し、これが実現のために助成会社設立の必要なることを思っていた。しかし、自ら起つには余りに老齢なるを考え、井上を推挙したのであった。市長が井上を正式に訪問して、この計画についての賛助を請うたのは、十二月三十日と記録されているが、かねて懇意であった市長がその前から井上に内話しつつあったことは想像される。

この日の会合は、むしろ、翌年一月開催された第一回創立協議会に関する打ち合わせのためであったと見て差し支えない。かくてこそ市長は、翌三十一日、財界の有力者、団、木村、結城、門野、佐々木、大橋、矢野などの諸氏を歴訪し、協議会に出席を請うている。特に断わるまでもなく了解されるであろうごとく、井上の案によったものである。

かくて大正十四年（一九二五）一月二日、市長は湯河原に転地中の翁を訪ね、翌日、大磯に井上を訪問し、その準備に務めつつある折から、一月十日朝、大蔵大臣より貸付条件（未定稿）の内示を受け、同日午後の第一回創立協議会に臨み、さらに翌日午後の第二回の会合に列した。冒頭に掲げた手簡は、右らの会合について認められたものである。

前後二回協議により決定したるところをもって、井上、大橋、藤山、結城、有賀、木村、佐々木、矢野、各務、門野、井阪の諸氏、ならびに市長および佐野局長は、一月十四日、大蔵、内務両大臣と大蔵大臣官邸において会見し、大蔵大臣より政府の意のあるところを聴取し、これに対し種々意見を述べ、凝議の結果、融通金額ならびに条件および付帯条件に関し、意見の一致を見たのであった。

かくて、佐野博士訪問の電報となった訳である。しこうして、翁は、さらに追いかけて井上の手書を受けた。

……偖（サ）テ建築会社ノ件ハ、佐野博士ヨリ御聞取被下候如ク（オキキトリクダサルゴトク）ニ稍々成立候曙光モ相見へ候ニ就テハ、此ノ上ハ成立後ノ社長トナルヘキ人ヲ選定致シ、其人ヲ創立委員長トシテ、会社創立ノ事務ヲ取扱ヒ候様ニ致候コト便利ト考へ、人ノ詮考ニ取掛リ申候。其レニ就テハ、過日拝芝ノ節ニ子爵ヨリ候補者ノ一人トシテ御内話有之候志村源太郎氏ヲ、小生ヨリ両市長及一座ノ面々ニ持出シ候処、一人ノ反対者ナキ耳ナラズ、無上ノ適任者トシテ皆々推賞致シ申候間、大蔵大臣及ビ内務大臣ノ内諾ヲ得テ、本日直ニ志村君ニ御願申候。然ニ同君ハ今暫ラク閑地ニアリテ一事業ニ固着シタシトノ意見ニテ、中々引受候気配モ無之候得共、数日間考慮致シ、然ル後返事可致（イタスベキ）トノコトニ有之候。就テハ一方ニハ蔵相ニ勧誘方ヲ御願ヒ、他方ニハ大橋君ヲ煩ハシテ勧誘ヲ試ミ候考ニ御座候。志村君ノ儀ニ就テハ事前ニ一応御相談可申上（モウシアゲルベキ）筈ノ処、御出立前志村君ハ子爵ノ御考ノ候補者ノ一人ニ有之候コト丶、一日モ速ニ社長ノ候補ヲ定メ候必要ニ迫ラレ候為メ、右ノ如ク取計ラヒ候段ハ御了承被下度（クダサレタク）候。右ニ就キ一事御願申上度キハ、志村君ニ於テ中々容易ニ引受ケ呉レ候様ニモ見ヘ不申候間、同君ニ対シ書状ヲ以テ子爵ヨリ就任方御勧誘被下度候。御病中恐縮至極ニ候得共、御承引被下度懇願仕リ候……。

一月二十二日、左の電報を受けた。

　御手紙拝見、毎々御眷顧感謝ノ至リ、併シ本件ハ辞退ノ外ナキヲ遺憾トス。委細文。旅行中ニテ回答遅延ヲ謝ス。志村源太郎。

ついで翁は、さらに志村より左の二十四日付自筆の書簡を接受した。

　拝啓。御病後御静養ノ為メ御転地被遊（アソバサレ）候趣、旅舎の御起居御不自由恐察申上候得共、何卒御忍堪、為邦家充分御摂養の程希望仕候。降而（クダッテ）小生身上に関し、毎々御念頭に被懸（カケラレ）候義、感謝の至りに奉存（ゾンジタマハリ）候。今回建築会社の件、誠に東京市復興の重大事に有之候間、御配意の程察入候。乍去（サリナガラ）小生義此種の会社には極めて不適任なる性格に有之候而已ならず、目下の志望は、自由の立場に在って、産業組合、蚕糸業などの、社会的民間的事業を世話致度存候次第に御座候間、切角の御思召に候得共、御断申上候外無之存候。過日井上君にも此旨相話、尚又今回帰京後、浜口蔵相にも、大橋新太郎氏にも、同様相断り候次第に御座候間、我意主張者と御叱責無之、御了承願上度候。

先般御懇篤なる尊翰を拝し候得共、熱海より尚又他方面へ出遊候為め行違い、拝読相後れ候間、不取敢電報、御詫旁御回答申上候次第に御座候。是亦宜敷御了承可被下候。何れ御帰京の上拝芝可申尽候。草々敬具。

第一候補者の固辞により、社長問題は行き悩んだ。しこうして、一月三十日午後の、日本工業倶楽部における第三回創立協議会開催となった。当日翁も列席し、井上その他の財界巨頭、東京、横浜両市長、および佐野局長出席し、翁ならびに井上より、「志村源太郎君に創立委員長たるべきことを交渉せる顚末」につき報告し、承諾を得ること困難なる旨を述べ、かつ今後の方針につき協議し、結局大橋新太郎氏の発議により、人選、交渉、一切を挙げて翁および井上ならびに東京市長に一任することとなった。

爾来、翁らは委員長たるべき人を求めたが、容易に決定するに至らず、ほとんど二ヶ月を過ごし、三月下旬に至り、中島男爵の内諾を得て、ようやく展開するかに見えた。

拝啓。建築会社ノ件ニツキ御報告ノ為メ参上仕度、以(モッテ)電話御都合相伺候処、二三日御健康被不(ナラザル)為勝(タメアエテ)候由承リ、乍(ナガラ)不充分以(モッテ)書面申上候。意ノ尽サヾル処ハ御推読被下度(クダサリタク)候。

会社成立ノ上ハ、其社長タル可キ中島男爵ニ於テ、充分責任アル調査書ヲ作製致候間、去ル十七日ニ三井団、三菱木村、安田結城、大橋、各務鎌吉、井坂孝君集合、中島男ヨリ詳細説明有之、此レニ基ツキ大凡(オオヨソ)幾何ノ株ヲ引受ケ呉ル、ヤノ話モ有之候処、集合セラレタル人々ハ、此ノ計算ニテハ到底多額ノ株ノ引受ハ出来ザルベシ、就テハ此ノ案ハ一応返上シテ、何カ他ニ可然(シカルベキ)案ヲ捻出セラレタシキトノコトニ御座候。斯クテハ折角此ノ程度迄進捗致候建築会社モ、全ク停頓致候コトニ相成リ、東京横浜ノ復興ニモ不少支障ヲ来シ候コトニ考申候間、種々懇談仕リ候得共、兎モ角別案ニ就テ考究致候様、市及政府ニ交渉致呉レ候様申居リ候ニ就テハ、今朝中村市長ニモ相談仕リ、市長及小生ヨリ大蔵及内務ノ両大臣ニ報告致シ、何トカ別案ニ就キ考慮ヲ煩ハシ候様申入レ候コトニ相成リ申候。右ニ就キ御貴見相伺候上、万事行動仕度候処、御引籠中右ノ希望ヲ達スルコトヲ得ス、誠ニ遺憾ニ候得共、余リ長ク此儘ニ放置致候コトモ不本意ニ候為メ、取計申候段、御諒察被下度候。御快癒ヲ待チ直ニ拝姿、万事御高見相伺候考ニ御座候。

別案ト申候テモ、名案無之、只以前ヨリ唱ヘ居リ候市ニテ直接ニ貸主トナリ、実業家ヨリ委員ヲ選任シテ之レニ当ラシムルコトトシタシトノ説モ有之候得共、可ナリ弊害ノ生ジ候案ニテ、小生ノ如キハ寧ロ賛成ニ躊躇致候。右不取扱御内報申上、委細ハ拝芝ノ上可申候。草々敬具。

この四月二十二日付の、井上の手紙によっても想像されるように、中島男爵もまた辞退し、爾来、種々の曲折を経て、ついに今の社長沼田政二郎氏が引き受けることとなり、八月に入って、「復興建築株式会社契約書案」が成った。同月八日、翁は病を押して左の手書を認めた。

拝啓。爾来賢台益御清適之条奉賀候。老生事宿痾未全癒、強而外出致候時は、直に少々の発熱有之候為、今尚病蓐に罷在呻吟候。

過日は復興建築会社契約書案相添尊翰御恵投、御下問の趣拝承仕候。

本件に就ては、其後引続き容易ならざる、御高配御努力の趣は、井上君又は渡辺氏等より承及、御勤労の段、恐察仕候。殊に会社重役の推薦、もしくは株式引受方法等に就き、別而種々の御面倒有之候由、真に御苦心の御事と御察申上候。のみに御座候右様の御尽力にて、此契約書案にまで相進候経緯にも頓着せず、老生も亦一之苦情に類する進言致候義は不本意の至に候えども、頃日来、別紙契約書案再三熟読の後、何分黙止難致事共有之候間、失敬も顧みず本案中に愚見認入、且委細渡辺得男に申含候。何卒御聞上被下度候。

要するに貸付金の利率を是非とも年八分に引下申度は、老生当初よりの宿望にて、其際も縷々陳上いたし候義に付、此上尚一段の御尽力懇願候。詰り此利率の引下は、政府貸付金の利率に原因致候義にて、政府に於て原資御貸下の利率引下を許可せざるは、老生間接ながら一言の苦衷陳上仕度奉存候。苟(イヤシク)も、先般の大震火災に対し東京市の再興を援助するには、特種の会社を組織せしめ、其賃借関係に処りて家屋建築の進展を謀るは当然の処置にして、其原資の御貸下も亦已むを得ざる義と存候。果して然らば、政府は既に金六千万円の貸下を許可しながら、其利率の低下は容捨せずと御主張成被(ナサレ)或候は、世間一般利率の見解に於て、老生の婆心毫も御採用無之様相考え、別而(ベッシテ)歎息仕候次第に御座候。

右は直接政府当局へ陳上致候は、聊か顧慮する所有之候えども、御職掌上可然(シカルベク)御伝達被下(クダサレ)、偏(ヒトエ)に願意貫徹候様御努力の程拝願仕候。

将又(マサニ)契約書案逐条に付而(ツイテ)も、兎角(トカク)実業界を見ること、単に自己の利益に而已(ノミ)没頭して、公益を無視する如く前提して作成したる、所謂偏務的の嫌有之、本会社組織の趣旨と矛盾致候哉と愚考仕候間、充分御修正被下度候。右拝答旁(カタガタ)微衷伏蔵なく申上候に付、忌諱に触候事、又は欠敬の行為は、呉々も御寛恕被下、此上の御高配奉懇願候。匆々敬具。

同月十日、中村市長は翁を曖依村荘に訪い、詳細懇談した。このときに翁の手記がある。

　復興建築会社ノ創設ニ就テハ、中村東京市長ハ本年ノ初ヨリ時々余ノ援助ヲ求メラレ、年初ニ湯河原転地先マデ来訪シテ委托ノ事アリシモ、爾来種々ノ障碍アリテ成立ニ至ラズ、其間井上準之助氏市長ノ委嘱ヲ容レテ斡旋セラレ、漸ク別紙契約書案ヲ作成スルニ至レリトテ、原稿ヲ添ヘテ余ノ意見ヲ諮ハル、ニヨリ、別紙逐条中ヘ疑点ヲ挿記シ、別ニ一書ヲ添ヘ、過日渡辺得男ヲ以テ余ノ意見ヲ通シ置キタルニ、本日午前八時半市長ハ自身王子宅ヘ来訪セラレ、逐条詳細ニ弁明セラレ、且利率低下ノ点ハ今日直ニ修正シ得ルノ自信ナキモ、余ノ主旨ニ於テハ全然同意ニ付、此際ノ寛容ヲ請フトノ事ニテ、他ノ各条項ニ就テモ、極メテ緻密ニ起草ノ要旨ヲ説明セラレタルニヨリ、余ハ其精神ト努力トニ賛意ヲ表スル旨ヲ答ヘテ、市長携帯ノ書類ヲ御預リ置クコトトセリ。

かくていよいよ同社の創立手続きに移り、発起人賛成人において十五万株を引き受け、五万株を公募し、百二十五万数千株の応募があり、割り当てに苦心したのであった。

同年十二月一日、第一回の払い込みを了し、同月十七日、創立総会を開き、沼田政二郎、大橋新太郎、井坂孝、原邦造、弓削幸太郎諸氏取締役に、門野重九郎、渋沢義一、藤村義苗諸氏監査役に就任し、取締役の互選をもって沼田氏が取締役社長に就任した。

十一、社会公共事業

眼を転じて社会公共方面を見よう。社会公共事業は、翁が民間の人となってから、主として力をいたした一つの部門である。

いうところの翁生涯の「秋」に入ってからは、いっそう力を入れたものである。

晩年の翁を象徴して日米問題の先達とするは、普通に行われるところであるが、対米関係、ことに排日移民法修正に関する努力が、老境に入ってからの翁の全部とも見られるほどの程度であったことは否むべきでない以上、この時代の翁活動の重点を日米問題に置くことは当然であるが、この大活動と共に——並行して考えねばならないのは、社会公共に対する、翁の貢献である。

自然、この部門における翁の関心と努力は容易ならぬものがあった。東京市養育院、中央社会事業協会、協調会などの従来から深き関係を有するものはいうまでもなく、新たに関係を生じたものもなかなかに多い。その概要はすでに例挙しておいた通りであって、今ここに繰り返す必要もないと思われるから、その主なるものについて少しく記してみよう。

修養団後援会

大正十四年（一九二五）に引き受けたものに、修養団後援会会長がある。修養団については先に記したごとく、白面（はくめん）の青年蓮沼門三氏が国を思うの至誠より、青年の結合を提唱して誤解され、白眼をもって看られたる当初から、翁はその見識と愛国の至情より熱心に引き立て、身をもって、富をもって、あらゆる庇護と激励と指導とを与え、今日の規模たらしめた。この翁の恩は、主幹蓮沼氏はもちろん、団員、関係者一同の常に感激しているところである。

かくのごとく、修養団が年一年と規模を張り、事業次第に多きを加うるとともに、悩まされたのは資金の問題であった。団員からの会費はあるが、とうてい経費を支弁することは出来ない。いわんや、時勢の進展と共に相次いで生じる新規事業の資金に至っては、支出の途が全然ない。

よしや、修養団の全般にわたって完全なりと見ないまでも、濁れる世相に対する一服の清涼剤として、存在発展の必要ありと見るならば、ただ単に財政的の理由によって、団務の円滑に運行しがたきを傍観するを得ないのは当然である。

かかる理由から出来たのが、修養団後援会である。修養団に資金を供給するのを同会の目的なりと断ずるは、やや穏当でないまでも、これを主たる目的として組織されたことは、否定することは出来ない。

幹事長瓜生喜三郎氏は、蓮沼氏と共に修養団の歴史において、古代——あるいは前史時代といえるかも知れない、創設期からの関係者である。その人となりや行動は蓮沼氏とは全然正反対で、精神団体として立つ修養団の幹部としては、適当であるや否やを知らないが、その熱とその活力とはまた必要の資質であろう。その熱が余りに強く、その活力が余りに旺盛であるため、時に行き過ぎ、反感を買うきらいがないでもないことは、関係している事業が事業だけに、十二分に反省する必要ありとするのは、けだし心ある者の一致するところであろう。

この、ともすれば余りに積極的に出でんとする幹事長を抑え、会の目的とするところを正当に公平に実行せしめたのは翁であった。翁の長年にわたる経験と、稀なる慧智と力と徳は、いかに向こう見ずの人々といえども、反抗するあたわざるものである。

いうところ、行うところは謙遜であっても、主義は決して消極的でなく、方針は退嬰（たいえい）的でない。無駄な費用は出来るだけ詰めるが、必要な資金は進んで出す、人によってその言を捨てず、黄口（こうこう）の少年（年齢が若く、経験の足りない人）の言といえども、これなりと信ずれば取ってもって断行する。白面の書生の主張も、筋が通れば直ちに採用する。その寛宏と理解と決断と実行力とには、いかなる頑冥者（がんめいしゃ）といえども頭が下がる。

いわんや、ただ単なる向こう見ずでなく、頑冥者でもないはずの瓜生氏は、翁のいうところはよく聴いた。翁もまた、団を思い国を思うの余り、時にあるいは脱線する瓜生氏をよく容（い）れた。

かくて修養団との面倒な交渉も、翁の徳と幹事長の熱とによって円滑に運び、次第に充実して行く修養団の内容整備に貢献したのであった。その間幾多の経緯があった。修養団後援会と団の人々と、またあるいは渋沢事務所の人々との間に、各種の軋轢（あつれき）があった。

団とのことは記すことをやめよう。渋沢事務所との関係は、要するに翁を思う余りの結果であった。蓮沼氏にしても、瓜生氏にしても、翁の人格の永遠の生命を見、渋沢事務所の人々は翁の現世における生命に執着した。そこに矛盾（むじゅん）があり、扞格（かんかく）（互いに相容（い）れぬこと）を生ずる。

修養団の人々は、翁を労することによって、あるいは翁の生命を縮めるかも知れない、しかし永遠に生きる翁にとって、九十年百年のうつし身は、さして重きを置く必要がない、――必要がないといわぬまでも、その一日一日を、腫れ物にさわるごとき態度に出ずるは誤りであると主張する。

渋沢事務所の人々は、翁の精神が永遠に残ることはもちろん了解するが、それが大切であるという理由によって、翁の寿命のたとい一日たりとも短縮する恐れあることを、許すことは出来ないと反駁する。

見方によっては、渋沢事務所は翁の肉体に拘泥し、修養団はその精神に重きを置くといえるかも知れない。理想論からは、何れが是なりとはいえないであろう。しかし、心ある人々は渋沢事務所の主張を肯定するであろう。

今ここにその是非を論ずるつもりはない。ただその当時、翁がこれらのことを聞き、何れの主張も考察も諒解し尊重したことを記して、その理解力と包容力の証左としたい。

寛永寺、浅草寺、其他

浅草寺臨時営繕局顧問もまた、大正十四年（一九二五）からの関係である。

浅草寺といえば、本堂の規模の壮大と、本尊の形態の繊小とによって知られるものである。近くは、かの大震火災の際、四方より劫火をかぶりながら、本尊の功徳によって見事に凌いで、災余の浅草に雄姿を誇った本堂によって有名である。本堂は火災を免れたが震災によって打撃を受け、大修繕の必要が生じた。そしてこれがために、組織せられたのが臨時営繕局である。

その顧問として、翁が名を列したことは、何ゆえであろうか。浅草寺と翁とでは、関係が余りにもかけはなれている。ほとんど縁もゆかりもないといわねばならない。にもかかわらず、深い関係のあるところに、翁らしい展望の広さを感ずるとともに、重大な理由のあるのが想像せられる。それは上野寛永寺との関係である。

寛永寺は、今こそ世に認められぬきらいはあるが、旧幕時代には徳川将軍家の菩提寺であり、入道親王を門主に戴いて、権威一世を圧し、幕政にも干与するほどの勢いのあったことは、あらためて記すまでもないであろう。同じ天台宗の寺院に属する浅草寺は、その末寺として統制に服したものである。

今は本尊の功徳によって内容充実し、かえって寺格転倒の感はあるが、伝統の力によって寛永寺が依然上位におるのである。

寛永寺は旧幕時代からの関係で、徳川家達公爵家の菩提寺である。翁は、自身が東京において新たに一家を創立したので、菩提寺がなかった。その必要あるに至って——おそらく明治五年（一八七二）三女糸子の早世、もしくは明治七年（一八七四）一月、母梅光院の不幸によって——寛永寺を菩提寺としたと思われる。

かくて、寛永寺と翁との関係は古く、明治初年からである。何ゆえに翁が寛永寺を選んだかは、特に確かめたことはないが、維新後旧幕の力極端に失墜し、寛永寺もまた随って微禄し、檀家としてはただ徳川家あるのみの状勢を慨したのみならず、翁が徳川家より蒙れる恩誼（おんぎ）を思うとき、その檀家たることによって、間接かつ軽微のことながら、報恩の万分の一に資せんとする配慮からではなかったろうか。動機はとにかく、翁と寛永寺との関係は深い。数少なき檀家の有力な一員として関係があったのみでなく、その財政について深き配慮をなし、後年寛永寺の占有せる土地の整理、利用、末寺の始末、予算の確立などの重大問題継起するや、日常多忙の間を割いて、多大の考慮を費やし、適当の案を授け、指導し啓発し今日立派に自活し、なおかつ余裕あるの結果をいたしたのは、ひとえに翁の力である。歴代の貫主、末寺の住職、その他関係者一同の感謝せるは当然である。

寛永寺と翁との関係を考え、さらに寛永寺と浅草寺との関係を思うとき、浅草寺と翁との交渉を生ずべきことは想像できよう。翁が浅草寺の信徒となったのは、いつのことか明瞭でない。

しかし、さほど古い時代でないことは想像出来る。寛永寺に高徳大照円朗貫主がいたことがある。けだし、大正時代であったろう。大照は翁と好く、翁の人格と徳に服し、単に寺務についてのみ相語るのではなかった。この大照の貫主時代に、浅草寺との関係が出来たものと見るのは誤りでないであろう。

浅草寺の信徒となった翁は、やがて信徒総代となり、次第に同寺との接触を増し、年来の問題たる雷門再建の議あるや、例によって寄附金募集の世話役となった。大正十三年（一九二四）には、浅草観音会顧問となり、かつ震災のため出来た浅草寺社会事業会の顧問となった。そして大正十四年（一九二五）に至って、臨時営繕局の組織せられるや、またその顧問となり、またしても寄附金募集について努力するに至った。震災後、百事紛擾、財界混乱の折から多大の困難を嘗めたが、翁の尽力によって十分ではなかったけれども目的を達した。

浅草寺のことを記すに当たり思い出されるのは、東京市との浅草公園六区の土地払い下げ問題である。これについても、翁が容易ならぬ配慮と努力をいたし、結局浅草寺の主張が通り、これによってもいっそう寺の内容充実を見るに至った。寛永寺および浅草寺との関係を叙したついでに、他の寺院のことを少しく記しておきたい。

地理的関係から一番因縁の深い埼玉県では、川越の喜多院がある。江戸幕府創立前後にかけて活動した怪僧、天海僧正のいた由緒深い寺である。埼玉の関係と奇僧遠賀亮中（おがりょうちゅう）の努力によって、翁をして寺の有力なる後援者たらしめたものである。現在の住職壬生雄舜（みぶゆうしゅん）師は、その浅草寺執事時代より懇親を結んだもので、翁は師の弁と才と智とを認めていた。

東京では今一つ、増上寺がある。増上寺との関係は、同寺の有力な後援者たりし和田豊治が、かねての関係より、その本堂再建につき翁の助力を請い、増上寺再建後援興勝会のため、力をいたさんことを希望したるにはじまる。同会に対しては、副総裁として大正八年（一九一九）十月関係し、爾来、寄附金の勧募につき力をいたしたのであった。

さらに遠く京都において、大覚寺に関係があった。大覚寺は真言派の古い歴史ある寺であって、かつては朝廷の尊崇（そんすう）せられるところであった。この間の消息を語るものに、嵯峨天皇御手写の般若心経がある。

大正十年（一九二一）、同寺において心経保存会組織の議あるや、大隈重信の紹介により、当時の門跡大僧正龍池密雄師より依頼されて、その発起人となり、寄附金募集に力をいたしたが、大震火災の突発によって、予期の結果を得なかったのは遺憾であった。

寺院との関係を記してここまできて、逸することの出来ないのは、和田祐意の仏眼協会のことである。和田はもと僧侶の出で、かつて東北地方の一寺院の住職となったことがあるが、眼を病んで、ついに明を失し、中年にして盲する人々の苦痛のいかに大なるかを体験し、ついに起こって眼疾の予防と失明者の保護のため、一身を投ずるに至り、哀れなる盲人のため、その半生を捧げた人である。

和田の事業は、すなわち仏眼協会を通してなされたものであり、後援者に翁があり、医学博士片山国嘉などがあった。翁は仏眼協会評議員であったが、事実においては理事であり理事長であり会長でもあった。

翁の仏眼協会を通しての盲人に対する同情と理解は、昭和四年（一九二九）、アメリカにおいて、「光の家」を経営し、不幸なる人々に救いの手を伸べ、絶大の感謝と信頼につつまれているマザー夫人の来遊によって、さらに深刻味を加え、ついに中央盲人福祉協会の発起となった。

その目的とするところは、盲人に関する戸籍調査、およびその他一般統計の完備、盲人の生活改善、および盲人に対する一般の意識向上に資するための中央機関の設立、失明防止に関する知識の普及、法規の制定、科学的施設の促進であって、会長に翁、副会長に侯爵大久保利武、新渡戸稲造の両氏があった。同会の事業としては、全国盲人保護、ならびに失明防止事業会議があり、全国視力保存デーの実施がある。

日本放送局

大正十五年（一九二六）に関係したものに、日本放送局顧問がある。この関係は、翁が主動的地位に立って生じたものでなく、むしろその社会的地位から依頼された、ただ単なる文字通りの顧問であった。ゆえに、顧問ならば事々しく記す必要もないほどのことである。

しかるに、あえて記すゆえんは、九十に近き老齢をもってして、たとえ顧問とはいえ、これに関係するだけの理解があった——理解せねば関係せぬ翁の性質を考えて——ことは、異とするに足るからである。翁が、常に時代の先端を行き、真正の意味の先端人たる理解と同情を持ったことはすでに記したが、高齢八十を超えてなお、時代の最先端であるラジオを理解したことは、驚くに足るであろう。

ラジオが次第に普及しきたった当時——放送局の萌芽期から発育時代は、翁の生涯はすでに「秋」深かった。自然夜の宴会は制限され、のちには禁じられた。これがため生ずる無聊(ぶりょう)を慰めるものは、ラジオの聴取であった。

講演にも演芸にも、翁の耳を傾けるほどのものは少なかったにしても、無聊を慰めたことは確かである。書類によってのみ接触した放送局の経営よりは、ファンとして慰められた放送の方に、翁は興味を感じたのではないかとさえ思われるのであった。

さらにまた、ただラジオファンとして耳を楽しませるばかりでなく、自らマイクロフォンの前に立って大衆に呼び掛けた。それは、翁が最後まで年中行事として楽しんだ、国際連盟協会の平和記念日における放送である。

筆者はかつて、この放送の折々のことを記したことがあるから、その一つたる、昭和三年（一九二八）のものを掲げて、当時を偲びたい……。

午前九時、飛鳥山へ行く。このごろ朝の遅い子爵は、もうすっかり用意を整えて、今日の講演の原稿に手を入れておられる。西洋館の居間の北側の窓に面し、青羅紗を張った低い円卓を前にしておられる。正面からは弱い光がさし、やや後ろの東側の大きな窓からは、美しい朝日が勢いよく飛び込んでいる。強弱二様の光の相交錯するあたりに、九十に近い子爵が眼鏡もかけずに筆を運ぶ様は、どうしても昼である。明窓浄机と題すべき形である。

ワシントン会議や不戦条約の年次などを訊きながら、しきりに筆を加えられる。まずこれでよかろう、といいながら、筆を擱かれたのが、午前九時三十分。

一覧を勧められて、急いで目を通す。僭越ながら、二、三の気付きをいうと、大いにしかりとして訂正される。かれこれするうちに、時間は容赦なく経ち、午前九時四十五分になったので、いよいよ邸を後にする。

駒込橋へ来ると、御大典気分が横溢している。両側の紅白の幕が美しく、何となく変わった町を見るようである。それから、色とりどりの奉祝提燈や、各種の幕に輝く町々を縫って、宮城前に出る。

二重橋前の凱旋道路に、千に近い人だかりがある。よく見ると、二台の神輿が揉みに揉んでいるのを、老若男女打ち寄って見ているのである。余りに広き背景の前で、極めて小さく動く神輿が、何となく間が抜けている。しかし燦然と朝の陽に眩く輝く金色の鳳凰が、厳かに場を圧する様(さま)には、頭の下がる感がある。

巴町（東京都港区愛宕）の通りの紅黄白紫に彩(いろど)られたる間を抜けると、ＪＯＡＫ（東京放送局のこと）の坂である。例によって恐ろしく急である。前の車の子爵の中山帽が右に左に揺れるのが気になる。ハラハラしているうちに、あの無趣味な放送局の建物が見え、玄関からホールを抜けて例の応接間に入る。

紅茶飲む間もなく、国際連盟協会の奈良君の注文で、「鳩の便り」を始められる。

「今日は第十回の休戦記念日で、愛宕山から記念放送をしましたが、たまたま大阪放送局で鳩の便りを催すのを聞きまして、一言少年少女諸君に対して申し上げます。

記念日において何が必要であるかというと、記憶が必要であると申さねばなりません。すなわち、よく覚えることが必要であります。記念日は記念が意義があるのではなく、記憶するということが尊いのであります。

この点から考えましても、人は記憶ということが必要であります。この記憶は、少年少女時代から心がけて練習せねばなりませんから、小学校時分から注意するようにしたいと思います。

それには一つの方法があります。心の用い方が大切であります。あることに感触を強くしますと、よく記憶します。きわだったことがありますと、感触を強くします。これが重要な手段であります。

しかし、手をツネルとか、頭を打つとかによって感触を強くするのは、品が悪いので面白くはありません」

国際連盟協会主事奥山清治氏が入って来る。話を切った子爵が、ポケットから原稿を出しながら奥山氏に話しかける。

「このあいだ戴いた原稿を少し手を入れまして、こんなのが出来ました。どうも十分ではありませんが、これでやろうと思います。一つ見てください」

「子爵は飛鳥山邸を出かけるまで、しきりに筆を入れておられました」

「どうもありがとうございます。子爵がお話しくださるというだけで結構でございますのに、かくまで熱心にして戴きますのは、真にお礼の申しようもありません。それでは拝見いたします」

奥山氏が黙読する間に、子爵は「鳩の便り」の「メッセージ」の口授を続けられる。

「私は寝る時と起きる時を利用します。特に寝る時が大切でございます。誰でも寝付くまでは、数分もしくは十数分かかります。この時間にその日のことを思い返します。すると、かの時はどう、この時はこうと、目の前に浮びます。丁寧に幾度も繰り返しますと、記憶出来ます。

この間病気で引きこもっている間に、梁川星巌（やながわせいがん）の詩を十日ばかりも見ましたが、未だによく覚えてません。若い時は三度か五度読めば記憶しましたが、このごろでは記憶力のなくなったのをつくづく嘆じております。どうぞ皆様はこれから記憶の練習をして、この嘆を発せられぬようにあられたいと切に希望いたします。

本日の記念日に当たり、記憶の必要を主張いたしますのも、けだし無用の弁ではないと信じます」

「これくらいでよかろう。ほんとに記憶ということは大切でネー。私も人からしきりに記憶がよいといわれたものだが、今いう寝る時に思い返したためですよ。これは誰に教えられたという訳でもなくやり出したが、真に良い方法であると思っております」

この時しきりに黙読していた奥山氏が顔を上げる。

「誠に結構でございます。非常によく直りました。それではお返しいたします」

ときに午前十時二十分。事務員の先導で二階へ上がる。今度は、一昨年使用した北側の小放送室である。時間を無駄にせぬ子爵は、アナウンサーと奥山氏などを相手に、すぐに口を開く。

「このごろは放送がなかなか上手になりましたネ。昨夜も田中総理の話を聴きましたが、まるですぐそばで聴いているようで、調子といい話し癖といい、そのままに聞こえ、とても京都からとは思えませんでした」

「有線中継でして、なかなかよく入りました」

「今日の子爵の御講演も、有線中継で全国へ放送される訳でございます」

「ちょうど田中さんのときと反対に、京都でも聴ける訳だネ」

「さようでございます」

「いったい話し方は、どういうのがよいのですか。人によってはまことに聞き苦しいこともありますが……」

「調子の早い方は具合いが悪うございます。ゆっくりの方がよく入るようでございます。かん高い方でも、早くなければそんなに聞き苦しくはありません」

この間に時間は移り、余すところ二分になる。

「それでは、有線中継のことを断わりましてから、私がご紹介を申し上げますから、それからお始め願います」

翁の首肯されるのを待ってスイッチを切る。針の音も聞えるような沈黙が室を占領する。一礼したアナウンサーはマイクロフォンに近づく。

「ＪＯＡＫ、こちらは東京中央放送局であります。これから御大礼記念国際講演に移ります。有線中継でありますから、準備の都合でしばらくそのままお待ちを願います」

またしても異常の沈黙が広がる。事実一分経たぬか知れないが、非常に長いような気がする。やがて沈黙は破れた。

「お待たせいたしました。それではこれから〈御大礼に際して迎える休戦記念日について〉と題する、子爵渋沢栄一氏の講演がございます」

翁はおもむろに原稿を広げ、眼鏡なしで始められる。

「私が只今紹介された渋沢栄一であります」

反響のない室のせいか、やや低く聞こえるが、語調といい、語勢といい、極めてよい。とても朗読とは思えぬ話しぶりである。時々原稿を離れて註釈を加えられ、また原稿に戻るのが極めて自然で、原稿を知らぬ人にはおそらく分かるまいと思われるほどである。咳を一度されたきりで、水一つ飲まれず、元気に続けられる。

「これで私のお話を終わります」

と結ばれても、なお話したそうに見えた。アナウンサーの結辞を待って静かに室を出る。吉例によって記念撮影である。翁一人のが二枚、一同のが一枚。

かくして、応接室へ下ると揮毫である。翁は嫌な顔もせずに健筆を揮われる。その間に「鳩の便り」を纏める。

揮毫を終わって翁が寛がれたところへ、「メッセージ」を朗読する。そのうちに、奥山氏や放送部長の矢部謙次郎氏などが入って来る。「メッセージ」を聴き終わった翁が口を切る。

「それでよかろう。先刻もいったが、記憶はほんとに必要ですよ。私はこのごろは全然駄目でネ、先刻も申したように、この間も病中しきりに星巌（江戸時代後期に活躍した梁川星巌。一七八九～一八五八。その慷慨の漢詩は勤王の志士に大きな影響を与えた）の詩を読んだが、なかなか覚えられませぬ。その中に〈詠蝶〉というのがありました。

問紫依尋緑　紫を問うてより、緑を尋ぬ。
傞々九十春　傞傞、九十春。
翅経惟是舞　翅経、惟だ是れ舞うのみ。
眉細也能顰　眉細く、也能く顰む。
乍透衣中影　透けながらも、衣中に影あり。
徐来扇外塵　徐に来て、外塵を扇ぐ。
韓魂与荘夢　韓魂と荘夢。
誰復弁其真　誰か復た其の真を弁ぜんや。」

＊問紫尋緑……杜甫の「問柳尋花（春のけしきを鑑賞する）」を踏

まえて、紫の藤の花から葉桜の新緑を尋ねるの
　意か。

＊外塵(がいじん)……塵外(じんがい)のこと。俗世間を離れた場所のこと。
＊韓魂(かんこん)……「韓信(かんしん)の股(また)くぐり」で有名な、漢初の武将韓信の魂。
＊荘夢(そうむ)……戦国時代の道家・荘周(そうしゅう)の大志。荘周は終生(しゅうせい)仕官せず、
　自然に帰れと主張した。


「それだけ覚えておられれば満点ですネ」

「しかしこの外(ほか)にだいぶあるからネ。なかなかうまいとは思うが、覚えられないので閉口しております。それで今日の放送は全国で聴いていたそうですが、いったい東京で聴くのと京都で聴くのと、時間はどれほど違いますか」

「さあ、有線中継ですと、一秒間に地球を七廻り半ほど廻るそうですから、違うといえば違いますが、その差をいい表すことはむずかしいと思います」

「それは何が走りますか」

「電波でございます」

「ハハア、そうですか。驚いたものですネー」

「今日は東京はもちろん、大阪、広島、熊本、名古屋、仙台、札幌の各放送局で同時に放送しましたので、少なくとも三十万人は聴いております」

「それは恐縮ですネー。ご覧の通り老人ですし、ことに声も涸(か)れておりますので、苦しゅうござ

いましたが、奮発してやりました。こんなにしてやっても、あまり効果はないかも知れませんが、何度いっても直らんからというて、やらなければなおさら直りませんから、強いてしゃべった訳でございます」

「ほんとにその通りでございます。誠にありがとうございました」

「それではもう一場所約束がございますから、これで失礼します」

一同の目礼中に、学士会館で催される、埼玉学生誘掖（ゆうえき）会寄宿舎舎友会の米寿祝賀会に向かわれた。時に午前十一時三十五分であった……。

楽翁公遺徳顕彰会

楽翁公遺徳顕彰会は、徳川幕府を中興した八大将軍吉宗の孫であり、奥州白河の藩主である寛政大改革の大立者松平定信、のちに楽翁と称した傑物の遺徳顕彰を目的とし、この目的を達するため、墓地の修理、墓域の設定、ならびに祭典執行、記念講演会、展覧会などの開催、伝記の刊行などを行うものである。

昭和四年（一九二九）その百年忌の年に当たり、翁の首唱によって設立され、成立後翁が会長となった。

翁と楽翁との関係は明治初年からである。今の東京商科大学の前身、商法講習所にしても、東京瓦斯（ガス）会社の前身、東京府の瓦斯局にしても、東京市養育院にしても、みな楽翁の遺したいわゆる七分金を基礎として漸次（ぜんじ）育ったものである。

商法講習所、瓦斯局ならびに養育院が、翁の大蔵省を去ったのち、手をつけた目に立つ事業であり、爾来、その発展に心（づかい）をいたしきたったことは、すでに詳しく記したところである。これらの事業が、たとえ曲折はあったにしても、次第に展びて行くにつれ、翁は常にその由ってきたるところに遡り、楽翁の遺徳を景慕することますます深きを加えた。

本年は、楽翁松平定信公の百年祭に当たりますから、各方面で盛大な祭典が行われます。したがって、年久しく公に私淑しております私としては、また感想なきあたわぬのでありまして、いささか楽翁公についてのお話をしたいと思います。

徳川家康公が幕府を開いた以後、将軍として賢君であるとされる方々は、家康公はもちろん、三代家光公、八代吉宗公などを挙げられるが、親藩たる水戸の威義二公、さらに文公と諡された治保公のごとき、いずれも凡庸の方でないことは人の知る通りであります。

私は余り詳しく徳川氏のことを知りませぬから、あるいはそれらの方以外にも賢明なるお人もあったことと思いますが、まずもって以上の方々は有名であり、また一族の中にあっては楽翁公、すなわち松平定信公が勝れて偉いお方であったようであります。

楽翁公は、紀州家から出でて将軍となられた徳川中興の祖たる八代吉宗公の孫に当たる方でありまして、田安家を起された宗武という方のお子さんであります。しかるに、どういう理由でか、公は松山藩の分家である白河藩主の松平家へ養子に行かれたのであります。

一説に楽翁公が幼い頃は、かの田沼意次が老中として病中の将軍家治公を擁して権威を振い、天明の秕政（悪い政治。悪政）が行われた頃でありますから、田沼としては、まだ子供ではあるが、楽翁公のごとき賢明な人が将軍の近親にあることは、何かに不都合であるとして、御親戚の間に異議があるのにかかわらず、将軍の思召しであるというので、養子とされたのだと申します。

また実際に、公自身も田沼の秕政を見て、一時は田沼を刺そうかとまで考えられたことが、公の自叙伝『宇下の人言』に書いてあります。

のち田沼の悪政を改革するについて、前に述べた水戸の文公が主となり、尾州や紀州を説き、年若ではあるがこの人ならば徳川の政治を回復することが出来るとして、楽翁公を老中筆頭に薦め、田沼を排したのであります。それは天明七年（一七八七）、公が三十歳のときでありました。

まことにそれは徳川幕府にとっては、田沼の悪政が非常な結果となる危急存亡の秋であったのであります。すなわち、文公は楽翁公と特に会見して、

「かかる有様では、徳川の天下もこれ限りとなりはしないかということを恐れるので、貴方を老中に薦めるのだから、ぜひこの職に就かれるように――」

といわれた。

また公のお妹に越前家へ嫁しておられた賢婦人があって、この人も公の老中となって諸政改革に当たられることを望み、

「お受けになったかどうか」

と心配して訊かれたところ、公は、

「十分の覚悟をもってお受けしました」

と答えられたので安心されたなどと、中村秋香氏の著書には書いてあります。これは少しく小説

じみているが、とにかく当時としては、大いなる覚悟を要したことと思われるのであります。

またこのとき将軍にはお世継が無かったので、一橋家から家斉公が入って十一代将軍を継がれたが、そのとき家斉公は十五歳、楽翁公より十五歳の年下でありました。しかし、楽翁公と家斉公の父一橋治済卿とは、同じく八代将軍吉宗公の孫に当たる方でありますから、楽翁公とは再従兄弟の間柄に当たっているのでありました。

楽翁公は老中の職に就くと、第一に政治上の改革に手を染めたのでありました。

その『宇下の人言』の中には、政治のことについては、ご自分の行われた事柄を、喋々しく書いておられませぬが、その天明八年（一七八八）から寛政五年（一七九三）までの丸五ヶ年間に行われた改革は、表方から次第に奥向にまでおよびました。

そして元来、公は節検を重んぜられる方でありましたから、大奥へもその制裁がおよぶので、「嫌な御老中である」とて、しきりに嫌われたということであります。すなわち、当時公然行われていた賄賂を厳禁し、身をもって驕奢の風を正し、財政の緊縮を図ったのであります。

そうしている間に、将軍家斉公も、ようやく長ぜられた。そして、楽翁公の政治の方針を余り面白く感じられぬようになっていたところへ、例の有名な尊号問題などが起こって、公は非常に苦心されました。

それやこれやで、ついに引退されるようになったのでありますが、足かけ七年間、公が老中在職中に行われた諸政の改革は、かなり効果を奏し、いわゆる寛政の治績は挙がったのであります。

いま公に関して系統的に政治上、経済上の功績はこのようであった、なおまた文学上はこうあるとお話しすれば判りよいのであるが、私としてはそれほど丁寧に研究もしていないし、記憶もしていないから、思い出すままに談話を進めるのでありますが、公はまた文学上に非凡の才能を発揮されました。

したがって学友も多く、老中になられたときに協力して仕事をした本多弾正大弼（だいひつ）とか、松平伊豆守などという人たちは皆それであり、またかくして友を選んだのであります。

『宇下の人言』に、友の一人で大金を出し鳥を飼っている人があったので、その無駄であることを忠告したところ、止したというので喜んでいると、依然小鳥を飼っていたから、ついに交わりを絶ったと書いてありますが、それほど友というものを重んぜられたのであります。

楽翁公が幕府の悪政を改革した実例は、余りにたくさんあって、ここに挙げきれませぬが、その方法はかなり厳しかったのであるけれど、決して惨酷（ざんこく）でなく、いわば物柔らかななされ方でありました。またそうした点が、公の徳の高いゆえんであろうと思います。

そして、公の行われた事柄で、後々まで残り、最も役に立ったのは、例の七分金と称する積立金であります。それは、私と直接の関係が生ずるようになったから、特にお話しするのであるが、前にも申し述べた通り、公は政治上の経費に対して非常な緊縮方針を執られ、節倹を旨とされておりました。

したがって、江戸における各町の費用をも節約することが必要であると力説し、町奉行と協議の上、年々の軽費を出来るだけ節約せしめました。そして、その剰余金の一分を給与金とし、二分を納めた人々に割り戻し、残りの七分を積立てて利殖したのであります。

利殖は、あるいは貸金とし、あるいは地面を買い、また穀類をも買持（買って所持していること）して、その金額の維持法を講じた。これがすなわち、七分金の制度であって、のちに東京府に共有金として引き継がれたものでありますが、明治の初年、この全金額が約百五、六十万円にも上っていたと思います。

明治七年（一八七四）に、私は東京府からこの共有金の取締りを命ぜられたのであります。すなわち、養育院の最初の資金や、商科大学の前身商法講習所の費用などは、皆この中から支出しましたから、現在私が社会事業や救済事業を我が事のように思うのも、そうした関係にあったことが、一つの原因をなしていると思われます。

なお、私が楽翁公に敬服措かざるものがあるのは、公が老中に就かれたとき、本所の吉祥院という聖天を祀る寺に、自から心願書を書いて捧げられてあることであります。これは、近年に至って発見せられたものであるが、その趣旨は、一身を賭して政治を執るから御加護あれというので、

「天明八年正月二日松平越中守義奉懸一命心願仕候……」

と書き出し、近年政治壊乱し、金穀欠乏して万民塗炭に苦しんでいる、自分はそれを改革して、人民の生活を安定せしめたい。それに対しては、定信一身のみでなく、妻子をも犠牲にするというような、神明に誓われた願文で、今日の人々から見れば、迷信的な言辞のようでもありますが、その誠意は実に天地を貫く概があるのであります。

公は、かような覚悟で老中となられたにかかわらず、その後に水野出羽守のごとき人が出で、その公用人土方某という俗才に長けた者が政権をもっぱらにしたので、公の改革が間もなく破壊されるに至ったのは、遺憾の極みであります。

すなわち、楽翁公は忠孝の志が厚く、道義を重んじ、仁慈孝悌、しこうして皇室中心の儒教主義を奉じた尊王の念の強い方でありまして、学問的でなく、広く物事に理解があり、少しも威張ることがない。ことに、文学上に勝れた才能を持たれたから、単なる武臣でなく、文雅に長じ、早く十一歳にして詩歌を自作し、十二歳のとき『自教鑑』を書かれたが、その文章のごとき、まことに老成したものでありました。

したがって、楽翁公は隠退後ではあるが、頼山陽が『日本外史』を書いていることを聞かれ、特に家臣田内主税が京都に赴くについて内命して、それが見たいと伝えしめられました。そこで、山陽は喜んで、『楽翁公に上るの書』を書き、『日本外史』の稿本をそのまま公に御覧に入れた。すると公はそれに対して短い序文を書いて与えられました。山陽はまた、公の死後、「楽翁公を祭るの文」を物しましたが、それらはみな、『山陽遺稿』に載っております。

要するに私は、楽翁公に対しては、何れの点からも、景仰（徳を慕い仰ぐこと）推服（心から服従すること。心服）せずにはおられないのであります。

断わるまでもなく、翁の楽翁観である。

翁は自からいうごとく、楽翁に傾倒することはなはだ深く、見方によっては、翁によって楽翁は世に現れたといい得るほどである。

楽翁のことを最初に翁に吹き込んだのは、かつて、『徳川慶喜公伝』編纂に関与し、その資料蒐集を担当した江間政発であった。翁の談話中にある、『宇下の人言』のごときは、江間がはじめて楽翁の自筆本から手写して、翁に見せたものである。

江間は桑名の旧藩士で、桑名は楽翁の晩年の封地である。桑名を通して見るとき、江間が楽翁に至大の崇敬を持っていたことは、想像に難くない。史伝に興味を有する江間として、この関係深き偉人の事蹟を逸するはずがなく、次第に広く深く読み聞き採った。かくして、楽翁のことを知るにしたがって、その人となりを景慕すること深きを加え、また翁の事業が、楽翁に負うところ多きを暁った。『徳川慶喜公伝』の資料蒐集の関係から、渋沢事務所に出入りし、日々翁に親炙した江間が楽翁のことをいわないはずがない。否、心をこめて推称したことは当然であった。

江間の力説によって、楽翁を知ることやや深きを加えた翁は、次第に楽翁を違った眼で見るようになり、その事蹟に興味を覚えるに至った。見方を変え、興味をもって対するにしたがって、楽翁の偉大さはますます明らかになった。

かくて東京市養育院における、楽翁公記念会となった。毎年五月十三日、すなわち楽翁の命日に特に祭典を執行し、翁自身定まったように講演をなし、さらに歴史専攻の学者を聘して、楽翁に関する研究を発表せしめ、その徳を追慕し、かつ必ず記念品を頒った。

かくのごとく、自から楽翁について講演するため、その材料として研究し、また学者が専攻の立場から見た各種の楽翁観を聴くにつれ、翁の楽翁癖は次第に募り、のちには、恐らく楽翁を知る第一人者といっても憚りないほどになった。記念品は楽翁に関するもののみで、楽翁公心願書、楽翁公自画像、九思の歌、もとの心、玉川碑と白河楽翁公、関の秋風、むら千鳥、住吉神社奉納百首和歌、楽亭壁書解説、自教鑑、および楽翁公記念会講演集第一巻より第三巻までの多数に上った。

これほどの理解と同情と敬意とを、楽翁に有する人はおそらくあるまい。翁のあの人格を通して、理解あり、同情あり、敬意をこめた楽翁観を語られるとき、むしろ実際以上に楽翁が描き出されたきらいはなかったかと思われる。

世には翁の『論語』崇拝によって、孔夫子（こうふうし）が実際以上に受け取られる感があるというものがある。楽翁についても同様の感を抱くものの多いのは当然である。

翁がこれほどの熱心をもって知るに勉め、知らしむるに努めた楽翁の百年祭を迎えるについて、特殊の企画をなしたのは当然であり、楽翁公遺徳顕彰会の設立が翁によって首唱されたのはそのところである。

楽翁と翁の関係を記しきたって、逸するあたわざるは南湖神社のことである。

南湖神社は、楽翁の旧封地福島県白河町南湖に在り、楽翁の遺徳を欽慕（きんぼ）する同地の人々相謀り、大正中期に創建せるところであって、その創建に当たって翁が多大の力をいたしたことは、特に断わるまでもあるまい。のちに南湖神社奉賛会総裁となったのも当然である。

かつて、東北地方を旅行したとき、翁が親しく参拝したことがある。その折の状況を記したものがあるから、掲げておこう。

……白河駅に着く。細雨蕭々（しょうしょう）として到る。気温低からざるも、風やや吹き出でたれば、先生に障りありてはと心安からず。

駅に着けば、町長および川崎大四郎氏など多数出迎え、二台の自動車にて南湖神社に向かう。白雨煙り、秋風吹く白河は、能因法師の見たるままかと思わるるばかり、文化の恵沢（恩恵を受けること）見るに由なく、真に古駅蕭条たり。

車中先生の遷座式の折の追懐談を謹聴しつつ、いつしか南湖の畔に到れば、四辺山を繞らせる水面鏡に似て、湖岸の楓樹燃ゆるごとく、桜紅葉の黄と松の深緑の間を彩り、目も醒むるばかりなり。

南湖神社の大前に下車し、数多き石階を上る頃、風やや強くなりたれども、雨はやみたり。ただちに拝殿に登り、先生に随いて一同参拝し、転じて社務所に小憩し、またしても降り出でたる雨の中を、先生には町長の勧めにより、蘿月庵を訪ねて昔を偲び、急ぎまた自動車に乗り、停車場に向かう……。

大正十三年（一九二四）十月二十七日夜、東北振興会支部連合第一回の会合が福島市において開催され、翁は会頭としてこれに臨席し挨拶を述べたが、その翌日、帰京の途次、白河を訪問したときの随行記の一節である。

福島市に着き開会を待つ間に、

白河町有志川崎大四郎氏もまた来訪し、折角の好機会なれば、帰途白河町に下車し、南湖神社に参詣ありたしと切に請い、紅葉も見ごろなる旨をもってするに、先生は平素私淑せる楽翁公の御社なれば、ぜひ時間の都合をつけ参拝すべし。しかしながら、紅葉を賞せんためには、白河町には決して立ち寄らずと答えられ、汽車の時間など打ち合わされぬ。

と記してある。

さらに大正十四年（一九二五）に至り、翁は画額を寄進したことがある。額は白桜、紅楓の二面で、前者は橋本永邦氏、後者は下村観山氏の筆になり、共に縦二尺五寸、横六尺の横物である。この額を献ずるに当たり、翁自ら『南湖神社献額記』を撰書した。その文はこうである。

嗚呼吾楽翁公、宰臣権ヲ専ラニシ、綱紀頽廃ノ後ヲ承ケ、居然其政局ニ立チ、首トシテ文教ヲ尚ビ、宮闕ヲ修メ、奢侈ヲ禁ジ、救恤ニ務メ、経営七年ニシテ秕政悉ク除キ、百廃倶ニ興ル、其徳業流風、近代輔相中ニ冠絶ス。然ルニ資性恬擔、早ク権勢ヲ得意ノ日ニ舎テ、骸骨ヲ方ニ壮ナルノ年ニ乞ヒ、閑雲野鶴ヲ侶トスルガ如クニシテ、隠然君ヲ補佐シ、身ヲ国家ノ安危ニ繫ルモノ実ニ三十有九年、間マ心ヲ風雅ニ寄セ、此地ヲ以テ遊息ノ処ト為ス、真ニ是レ先憂後楽、前賢ニ駕スト謂フモ敢テ不可ナカルベシ。後移封ノ事ナリト雖モ、公ノ英霊此土ニ留ルヤ必セリ。宜哉南湖神社トシテ爰ニ鎮座セラルルコトヤ。不肖栄一夙ニ公ニ私淑シ、其徳業ヲ継ギ、東京市養育院ノ事務ヲ担当シ、日夜尽瘁懈ラズ。因テ茲ニ扁額二面ヲ製シ、謹テ社前ニ奉献ス。冀クハ春花秋葉来テ神殿ニ賽スルモノ、仰瞻欽慕、不肖ト能ク其感ヲ同ウセラレンコトヲ。

バチェラー学園後援会

謹啓。時下秋涼の候に御座候処、子爵閣下に於かせられては、愈御健勝に被為渉、国家の為、日夜御尽力被遊候事、目出度大慶の至りに奉存上候。扨て北海道に於けるバチェラー氏の事業後援の義につき、嘗て参邸御願申上候処、今回いよいよ後援会組織の件略相纏まり、先日徳川義親侯爵にもお目に掛り、今月二十一日午後麻布富士見町の侯爵邸に一同参集協議致す事と相成、小生は予て申上候如く、右会長として聊か微力を尽す事と相成候に就而、何卒御多用にて御迷惑様の御事と奉存候へども、閣下の御力添えを賜わり候様奉懇願候。実は小生参邸御拝眉の上、万縷可申上儀に御座候えへども、此頃各地出張旅行致候事多く、東奔西走多忙を極め居候儘、乍失礼得能氏に托して右御願申上候間何卒宜敷奉希上候。

尚時節柄御自愛専一に被遊度、為邦家切に祈上候。　頓首。

昭和五年（一九三〇）十月十四日付、新渡戸稲造博士の書翰で、宛名は渋沢子爵である。新渡戸博士の名は、渋沢翁の対外関係には離れ難いものである。日米関係委員会において、国際連盟協会において、翁の関係する限り、常に博士の名が出て来る。

博士の学者として、国際人として、まさにまた英語界の第一人者として、著名なことはあらためて記すまでもない。またかつて札幌農学校に遊び、北海道に因み深いことも世人の広く知るところである。その博士が、バチェラー博士のため、力を入れるのも首肯される。

ジョン・バチェラー博士はイギリスに生まれ、明治十年以来札幌に住み、五十有余年の久しきにわたり、滅びんとするアイヌ民族の保護と、教化とのため、専心尽瘁し、八十歳の高齢をもって矍鑠として、アイヌ民族のため専念しつつある人である。

バチェラー博士のこの献身的努力は、凝ってバチェラー学園となった。学園は札幌に在り、これによってアイヌの青少年男女の育英に努めているが、独力経営のため基金乏しく、基礎極めて鞏固ならざるは当然である。

しこうして、昭和五年（一九三〇）頃に至って非常に窮境に陥り、やむなく母国に帰って基金を募集せんとの報が、新聞紙に公にされた。日本のため、日本人のため、献身的努力を続けてきたバチェラー博士をして、この決意をなさしめたことは、日本および日本人のシェーム（不名誉、不面目、恥）である。

いかに不況とはいえ、この老人道家を見殺しにするのは忍びないというのが、心ある人々の声であった。そしてこれを引き受けて力をいたしたのが新渡戸博士であった。博士は古くよりバチェラー博士と懇親であり、その事業も知っていた。

しかし書中にもある通り、博士は日夜極めて多忙の人である。ことに近年まで海外に在住し、心はあっても手を染めることが出来なかった。ジュネーブを去り、日本に住むこととなって、国際連盟協会その他の用務は繁劇（きわめて忙しいこと。多忙）ではあったが、バチェラー博士の事業に対して、何とかせねばならぬと、最も心を痛めたのは当然であった。

そして新種の事業に同情と関心を持つ、徳川侯爵に訴え、また渋沢子爵に依頼した。翁もまた、バチェラー博士を古くから知っていた。その事業についても、多少は聞いていた。しかし、かかる窮境に在るべしとは予想だもしなかった。

しばしばバチェラー博士の訪問を受け、親しく事情を聴いて、同情の念いとど深きを加え、出来るだけの後援をなすべきことを申し出た。これだけの関係を生じた後に受けたのが、前に記した新渡戸博士の手簡（手紙）であった。

書中の十月二十一日の会合は午後四時からであったが、翁は所労のため出席せず、筆者が代わって出席し、徳川義親侯爵の総裁就任を力説し、かつ翁の顧問として留まることを主張したことを覚えている。けだし、老境に入った翁が、たださえ多き関係を、なるべく増加しないようにとの配慮からであった。

定刻四時にはじまった会は、日永の折からであったにかかわらず、夜に入ってもなお続いた。最初バチェラー博士の挨拶があり、次いで規則案の審議に入ったが、総裁を置くや否や、翁を総裁とせざる場合をいかにすべきやなどの議論が、長くなった。

結局自分の主張は容れられて、徳川侯爵は総裁となり、翁は顧問に残った。顧問には翁以外にもなるべく多数依頼すること、理事を置くこと、またなるべく多数の評議員を選ぶこと、右について、まず出来るだけ多数の発起人を定め、これらの人々に評議員を依頼すること、右等の立件は美濃部俊吉氏に依頼することなどであった。

寄附金募集について、まず大口を決定する必要あるにつき、三井、三菱、安田、大倉などを、バチェラー、新渡戸、両博士訪問勧誘のことを決め、その訪問に先だち、翁より電話をもって依頼しおかれたしとの希望が出で、のちに翁に協議して希望通りにそれぞれ電話したことであった。なお、寄附金の限度、払い込みの方法などを協議し、夜に入って散会した。

このとき、バチェラー博士の温乎たる風貌に親しく接し、温かき掌と澄み切った声音に深き印象を得たことは、忘れ難い思い出となった。

かくて根本を決したバチェラー学園後援会は、いよいよ寄附金募集に取りかかり、有力者に対し、幾度か翁の勧誘状、紹介状を認めたことを思い出す。幹事得能佳吉氏夫妻がたびたび訪問されて、種々の依頼を受けたことも忘れ難いところである。得能氏の岳父土岐僙氏を紹介され、また自身得能氏のためたびたび足を運ばれたことも思い出される。

如水会

満場の諸君、おめでたいお席に出まして、一言の祝辞を申し述べ得られますことを、第一にありがたく感謝いたします。

年は取るまいものだとか、命長ければ恥多しなどという、中国風の悲観説が多うございますけれども、私はこれに反して、長生きこそ楽しみの多いものである、これからなお生存すれば、どのような嬉しいことがだんだん生じてきて、世界はまったく黄金に埋もれるようになりはせぬかと思うくらいであります。

大隈侯のいう百二十五歳、もしくは武内宿祢の二百何十歳という場合にも出会うのでございます。私は今日八十にしてなおこのごとく愉快に過ごしているということは、長生きこそ人の幸福と申しても、決して過言ではなかろうと思います。

お集りの諸君はたいてい私の半分以下のお年であるから、生い先（行く末。将来）の長いことをお悦び申すのであります。しかし、かく申す私がもし百二十五歳まで生きるならば、諸君も皆八十以上になる、さように私を老人とお案じなさるにも及ばぬのであります。それゆえ私はもう弱りましたとか、はなはだ骨が折れていかぬとか、悲観説は申し上げぬつもりであります。

この如水会の開会式に当たって祝辞を申し上げますのは、誠におめでたいことである。

会員諸君の共力から、このごとき壮大にして美麗なる大廈高楼ができた、と申し上げれば相済むようなものでありますが、たびたび諸君のお聴きにも入れましたけれども、商業教育のそもそもから今日に至るまで、間接直接にこの事業に関係して参りました私としては、今このお悦びを述べると同時に、いわゆる懐旧の感なきことあたわずでございますから、すでにご承知のことを重複するのは、老人の常だとお笑いなさるかも知れませぬが、ある時には繰り返して、さようであったかと諸君のご記憶を温めるのも、さようにご退屈ではなかろうと思うのでございます……。

私はこの商業学校の卒業式の祝詞を述べるに当たって、人の名誉というものは、ただ政治とか、軍事にのみ在るべきではない、商工業者に名誉がないということを誰がいいましたか、私は自身の丹精は自身の手腕で、必ず事実上の名誉は世の中に博し得られるものだと信ずると大声疾呼した。青年学生を奨励するためにそれほどまで申したのであります。

その後おいおいに適当の順序をもって進歩したことは、私がここに喋々するまでもございませぬけれども、実に今日の盛大をなすに至れるは、いわゆる葎（荒れ地や野原に繁る雑草の総称）の雫、萩の下露から集合してきたというものであるから、私の愉快も譬うるに物なきほどであるが、諸君の喜びもまた非常なものと申してよろしかろうと思うのであります。

しこうして、この商業教育の将来についてはここで喋々申し上げませぬでも、たいてい諸君の胸裏に在ることと思いますので、多弁は見合わせます。

同窓会の出来た頃から多年本学校では、ただ普通の専門学校でなく、一歩進んだ学校たらしめたい、またその学制についても、私は学者でもなく、また政治家でもないから詳しいことは申しませぬが、依然として今の姿で置くことは残念である、単科たりとも大学にしたいという議論は、この席の司会者たる成瀬君としばしばご協議した。

独り成瀬君のみならず、このことについて話をした諸君は少なからぬのであります。幸いにそのことが都合よく進んだように承知します。これについては現在の諸君はもちろん、後進者がおいおいに出来てご助力なさる、ただに内地のみならず、海外各地にまで力をお進めなさるのは、この上もなく祝賀すべきことと思います。

ただいまご報告を伺いまするど、全国にわたって七十万円の資金をお募りなすって、独り会館の設備を満足せしむるのみならず、母校に対する種々なる要件を補足するというは、商業教育によって身を立てた諸君の発達がさように進歩したと思われて、私は実に愉快に堪えませぬ。これは商業学校の進んだばかりではなく、その関係する事業が大いに発展したことが、この一事をもって証拠立てられる。

かく多数の商業学校の出身諸君が各方面にお勤めなさることによって、我が国の商業、工業、海運、保険など、各種の実業にその手腕を伸ばして行くということは、容易ならぬ国家の力と竊(ひそか)に喜びますのであります。

本会の出来ましたについて、その名称の選定を委員諸君からご委託を受けまして、「君子交淡如水」という『礼記』にある文字から採って、如水会がよろしくはないかと申し上げまして、すなわち今日この如水会開館式を挙げることに相成ったのであります。

実は水というものは無味淡白なので、俗に水のようだなどといっている、ことに商業界に努力なさる諸君が、ただ淡として水の如しでは物足らぬように思わるる方もあるかも知れぬのであります。

いかにも『礼記』の本文に、

「君子交淡如水（君子の交わりは淡きこと水の如し）、小人交甘如醴（小人の交わりは甘きこと醴の如し）」

とある。その醴で無く、ごくサッパリとした如水だとのみ理解すると、如水会は水のようで、力も無く味も無いものになりはせぬか、とのお疑いも尤もなれども、私が水の如しと命名したのは、単に『礼記』にのみ依ったのではないから、ここに水についての愚説を申し述べてみたいのであります。

すでに孔子も、「知者楽水」といわれたことが『論語』の雍也篇にあります。

すなわち、

「知者楽水（知者は水を楽み）、仁者楽山（仁者は山を楽む）、知者動（知者は動）、仁者静（仁者は静）」

である。

また同じく『論語』の子罕篇に、

「子在川上曰（子、川上に在り。曰く）、逝者如斯夫（逝く者は斯の如きか）、不舎昼夜（昼夜を舎かず）」とある。この水だ、洋々滾々として流れてやまぬ、何時でも常時不変であるというので、意味深長なる称讃の語であります。

これらは前の、「淡如水」というくらいのものではなかろうと思います。

中国人の水に対する説はそのあたりでありますが、私は明治四十二年（一九〇九）にアメリカに旅行しまして、ニューヨーク州イサカ市においてコーネル大学を参観したときに、総長のホワイトという人の司会で午餐の饗応を受けました。

もちろん学校でございますから、酒の用意が無い、酒が無いからことさら水を称讃したのかも知れませぬけれども、この老人はあまり演説は雄弁では無いようでございましたが、いわゆる立案が巧みでありまして、水に対する効能を各方面から述べました。

すべて物は水なしに生存が出来るか、発展し得るかということを詳細に例証して、これは植物についての水である、これは動物についての水であると、しきりに水を褒めたのちに、今日の珍客に対してこの水をもって祝盃といたすのは、何と諸君も喜んでくださるであろうと言ったから、会衆が狂するごとくに拍手いたしました。

ホワイト総長が水を称讃した詞は、今ことごとく記憶しませぬけれども、実に説き得て妙でありました。私はなお水について二、三申し添えたいことがあります。『孟子』に、

「今夫水搏而躍之、可使過顙、激而行之、可使在山、是豈水之性哉、其勢則然也（今夫れ水は搏ちて之を躍らせば、顙を過ごさしむべく、激して之を行れば、山に在らしむべし。是れ豈に水の性ならんや。其の勢則ち然るなり）」

とあって、これは水の本性では無かろうけれども、水はさような力を備えているものである、人の性の激しく発動する時もさようであるといって、告子という人の「性に善不善なし」という説を駁する時、水にたとえて人の性を論じたのである。さすがに孟子の雄弁で、よく水の性を論じております。

いかにも水はある場合には澎湃として金城鉄壁をも破るという力がある。

水はさように激するものであるが、また春の日の麗かに風の静かなる時は、それこそ平準鏡のごとく、いささかの小波も揚らぬので、

「春和景明、波瀾不驚、上下天光、一碧万頃（春和景明にして、波瀾驚かず、上下天光、一碧万頃）」

と、范仲淹（諡は文正）の『岳陽楼記』にあるごとく、洋々として春光の長閑なる有様を形容してあります。

このように水の動静変化を叙しきたらば、ただに、「淡如水」というにとどまるものではないとご了解くださるであろう。すなわち、諸君の経営せらるる商業の有様がその通りでありますまいか。限りなく米価が騰貴するは、あるいは水の激して山へ上がるの有様を見ることが出来ます。また平準に復するときは、なお水の本性をそこに現します。

ゆえに商業の経営について、たまたまこの水を激させることもありますが、多くは水をして極めて平和に本性を尽くさしめるのが諸君の執るべきところである。はたしてしからば、この「如水」ということは、決してただ淡白平易の意味をもってこの会館に名付けたのでないということを、ご了解くだすってよろしかろうと思うのであります。

すなわち「如水」というのは、さように水が平和にしてまた変動ある物という心持ちであります。

諸君のご事業がさように平和にして変動あるものとしますれば、むろんその激して山に上がり、搏って額を越すということは本性でないから、なるべく平静たらしめたい。すなわち春和景明、常に平準を保維（保持。そのままの状態でもち続けること）して、激浪風涛の水たらしめぬようにお心掛けなさることを希望しまして、私のこの演説を終わります。

大正八年（一九一九）九月二十九日の、如水会館開館式における翁の祝辞の一部である。その速記の表紙に、

大正九年二月二十日大磯僑居に於て修正済。此演説は老生得意のものなる題付、其中竜門雑誌に掲載致度候。但時日の遅延せし理由は修正に手間取りたる為めと云うて可然と存候事。九年七月八日。栄一。

と、自筆で認めてあるものである。演説に優れ、特にテーブル・スピーチでは天下一品の称ある翁が、特に得意と断わったこの演説は、けだし、異常の出来栄えといわねばならぬ。

しからば、翁が最も得意を感じたのは、何れの部分であろうか。おそらく末段「如水」の解説であろう。由来、演説を聴くのと、その演説の速記を読むとでは非常の相違がある。聴く文章と読む文章とは全然趣を異にする。

読んで感銘深い文章も、聴いて同様の感興を得るとはいえないし、聴いて面白い演説も、必ずしも読んで感激を覚える訳でない。だから、弁舌を得意とする人にとって、速記の修正ほど嫌なものはな

い。速記には声の抑揚がない。その場の雰囲気が出ぬ。

話した本人が読んでみても、どうしてこんなことをいうかと疑うほど拙くなるものである。その速記がこれほどの名文である。親しく翁の顔を見、その名調子に聞き惚れた人々の感慨はさぞかしと察せられるではないか。

幸いに席に列してその声を聞き、その調子を味わった自分は、この速記を読み返して特殊の感慨を催すのを禁じ得ない。如水会館の南に突き出したテラスを延長してしつらえたテント張りの会場で、なお去りがたい余炎と人いきれに悩まされながら、耳を澄まして、翁の渋い太い力ある声に深き感激を催したその日のことを思い起こして、真に今なお昨日のように感ずるのである。

この名演説を生んだ「如水」、これを名とする「如水会」とは、翁の演説によって知られるであろうごとく、今の東京商科大学、当時の東京高等商業学校出身者の団体である。もと東京高等商業学校同窓会の有志によって組織され、翁の命名によって如水会と称し、大正三年（一九一四）十一月十四日、社団法人として設立され、大正九年（一九二〇）六月同窓会を合同して今日に至った。昭和八年（一九三三）十一月には、資金申し込み口数二万千三百六十四口、その金額百六万八千二百円に達し、社員の数八千五百七十一名に上がった。

翁と如水会の母体、今の東京商科大学との関係は翁の演説によっても諒解せられるごとく、明治初年からである。翁の如水会ならびにその社員に対する感慨は、翁の演説ににじみでている。

社員はまた翁を尊み、かつ親しみ、あたかも父のごとく祖父のごとくである。かくて、「子爵の恩徳を恒久に記念し、かつ子爵の高風を永遠に仰がん」との趣旨より、如水会館の図書室に翁の寿像が備えてあった。

帝展派彫刻の重鎮（じゅうちん）、堀進二氏の傑作で、銅像嫌いの翁にもこの像のみは気に入ったのであった。しかるに震災のため、館と共に烏有（うゆう）に帰し、さらに同氏に嘱して出来たのが今倶楽部室を飾る寿像である。この寿像と同型のものを別に一基製作し、東京商科大学に寄贈した。

その折の状況を記したものがあるから、掲げておこう。

昭和二年（一九二七）十一月十四日の午後である。一橋A講堂は、会衆で身動きも出来ぬ。可愛らしい渋沢栄子さんの手で、幕は除かれた。青淵先生の銅像が現れた。莞爾（かんじ）たる温容、慈愛溢れんばかり、堂を揺るがす歓呼、フラッシュの音。

青淵先生はニコニコ立って傍（そば）近く寄られる。拍手またひとしきり。靄然（あいぜん）たる和気は一室を領し、差し入る秋の陽も春を思わすものがある。

江口定條（さだえ）氏が如水会理事長として壇に起ち、いま除幕された青淵先生の銅像を東京商科大学に贈るの辞を述べる。

「……大正十四年（一九二五）の秋、母校の創立五十年の記念式に当たり、吾々（われわれ）如水会員は、一夕祝賀の宴を張りましたが、席上成瀬隆蔵君の動議によりまして、我が母校の生みの親であり、育ての親であり、五十年の長き、常に容易ならぬお世話を戴いている渋沢子爵に対し、感謝の意を表さねばならぬが、丁度近く米寿に躋（のぼ）られるから、そのときに一同からご祝賀をしようではないかということになり、それには各人の負担は極めて軽くして、全員が参加するようにしようということに決まり、早速全会員に檄（げき）を飛ばしましたところ、響きの物に応ずる如く、内地はもちろん、全世界におります一同より賛成して参り、予期以上の金額が集まったのであります。

そこで、その方法について種々協議しました結果、かねて如水会館にあった渋沢子爵の銅像が震災にため焼失したので、これを復旧し、かつ今一つ母校のために造り、これを贈ることにしようということになりまして、前に製作をされた堀進二先生にご依頼いたしましたところ、ご快諾くださって、まず前の原型によって出来たのは昨年如水会に収め、その除幕式には、子爵もわざわざお出でくださいましたのでございます。

そして母校に贈る方は、その後、堀先生が新たに製作にかかられ、また渋沢子爵を煩わし、このほど出来上がりまして、今日ここに除幕式を挙行せんとする次第であります。

渋沢子爵最近の像であり、かつ作者自ら快心の出来だといわれているのであります。

母校学長佐野善作君は如水会員としては贈る側の一人でありますが、学長としては受ける方であります。何とぞ吾々（われわれ）一同の意のあるところを察せられ、永く子爵の徳風を伝えるようにありたいと希望するのであります」

代わって佐野学長の挨拶である。雄弁家の佐野さんが式辞を朗読したのは、少々勝手違いの感があった。

突如起こった歓呼は破れんばかりである。学長の式辞にいうところの子爵青淵先生は壇に登られた。いつまでも止まぬ拍手に先生は口を切ることも出来ぬほどである。

「感極まってほとんど言葉を発することが出来かねる次第でございます。いかなる幸せ者か、かくのごとき最も愉快な、最も意義ある会をお開きくださいまして、数ならぬ私の銅像を、しかも東京商科大学に置かれるということは、――あるいは分不相応ではあるまいかと恐れる次第でございます。

皆様にあえて喋々しく申し上げる訳ではないが、かかる意義ある席において、何ゆえに私が実業教育について深く考慮するに至ったかについて陳上するのは、必ずしも無用の弁ではないと思います。また、あえて自身を誇るつもりではないのでございます。

本大学のごとき有力なる学校が出来、斯界のためますます貢献されるのを見て、我が事のように心嬉しく感じております。この喜びは今日に申し上げる訳でなく、六十年の昔の希望が成就した訳でありますが、ここに、そのしかるゆえんを申し上げるについて、長たらしくなり、また身の上話が入り、まことにお聴き苦しいことと思いますけれども、暫時ご静聴を願います。

すでに新聞雑誌などに書きましたから、あるいは重複することもあり、中にはまたかと思われる方もあるかも知れませぬが、自分の身の上話からはじめます。

私は百姓の出身であります。少年の頃からいささか漢学を修め、十四歳のときにペリー提督が参り、ここに面倒な外交問題が生じました。

当時は、外国人を夷狄と考え、諸君のごとく西洋服を着て集まっていようものなら、抜刀して暴れ込むという有様でありました。私も、もちろんその一人でした。今日はもはやその心配はございませんから、ご安心を願います」

会場、期せずして拍手、大笑。どよみを分けて先生の「バス」が続く。

「その後だんだん年が経ち、二十四歳になりますと故郷にいることが出来なくなり、京都へ出たのが、百姓から政治と申しますか、——乱暴で生意気な書生に転ずる原因となりました」

先生のいわゆる「身の上話」はつづく。一橋藩仕官から、フランス留学、大蔵省出仕、第一銀行の創設経営まで、微に入り細を穿(うが)っていく。

「そして第一銀行を経営して参り、また他の商工業にも関係いたしましたが、かく実際にやって参りますに従って感じましたのは、実業界に従事する人の教育が必要であるということであります。そうしますと、森有礼(もりありのり)氏の心配でようやくその機関が出来ましたが、これが当商科大学のそもそもの初めであります。

……先に申した商法講習所の問題がむつかしく、大いに苦心いたしました。しかし、明治二十年(一八八七)頃、森さんが文部大臣になってから政府でも実業教育に力を入れるようになりました。その後といえども種々のことがありまして、或る機会には苦心したこともあります。かような訳で、学問はありませんがこの学校には深い関係を持っているのであります。

畢竟(ひっきょう)かかる関係から、今日このごとき名誉を与えられたのであろうと推察いたしますが、六十年の昔考えたことが間違いでなかった、将来官民一致でいかねばならぬと、当時偶然ながら思ったことは誤りでなく、国のためになったと皆様からいわれたことと、大いに安心いたす訳でございます。

本大学がかくなったについて、私にも功ありとしてご称讃くださることと思いますが、前にも申したように、いったん考えたことが蹉跌(さてつ)したにかかわらず、今日さように称讃をいただくのは、真に嬉しい次第でございます。

最後に一言申し添えたいことがございます。本大学において、多数の有力者を社会に送り、各方面においてそれぞれ活動しておられるのは、誠に喜ばしいことであります。しかし、日本全体について観まして、否、世界おしなべて考えて、経済と道徳がはたして調和しているかどうか、けだし疑問であろうと思います。もし両者が適当に進むならば、国の進歩は期して待つべしであります。しかるに、もし道徳が進まぬ場合には、力の強いものが相軋（きし）り相争うはいうまでもなく、さりとて、経済観念のない道徳は無力であります。

かく考えますと、経済は道徳に伴（ともな）わねばならず、道徳は経済を離れることが出来ませぬ。ここにおいて、私の常に唱える、道徳経済合一説を強く主張せざるを得ないのであります。言葉を換えますと、経済を進めるには、忠恕（ちゅうじょ）の念をもってするにあると思います。

実際の事態において、忠恕ありといい得るや否や。けだし、否という外はないであろう。しかしこれは日本のみではない。世界全体またしかりであります。かの大正三年（一九一四）からの世界大戦のごとき、これが証拠であります。

さらに今年ジュネーブにおいて開かれた軍縮会議の模様を見ても、もし三国が忠恕の念をもってすれば、かの結果には立ち至らなかったろうと思います。新聞などの報道によって申し上げるので、詳細の事情に通ぜぬ私でありますから、確言はいたしかねますが、私の承知いたしておるところではさよう思われます。

また、日本内地に例を取りますと、政治界、実業界、共に道徳を無視するとまでは申せぬけれども、これを重んぜぬ傾向があります。忠恕の念が欠けております。ことに政治界において、はなはだしいように思います。多数をもって、力をもって押す傾向があります。実業界は多少趣を異にするようであります。諛言（ゆげん）（へつらいの言葉）と聞えるかも知れませぬが、決してさようでなく諸君の前だからいう訳でもありませぬ。しかし実業界とても十分とは申しかねます。

ついては微力なる私をご推称くださる諸君は、いま申し上げる経済道徳合一のためにご精励ご努力くださることを切に望むのでございます。『人世不満百、常懐千歳憂（人の世は百に満たざれども、常に千歳の憂いを懐（おも）う）』という語がありますが、古人の言、我を欺かずといわねばなりませぬ。

これをもって、ご挨拶といたします」

拍手喝采、雷の如し。如水会の大先輩成瀬隆蔵氏が壇に登り、音頭を取り、会衆これに和して、青淵先生の万歳を三唱し、歓呼湧くがごとき裡（うち）を、先生は退出された。

かくて、土肥脩策氏の案内で如水会に赴かれた先生は、階上理事室で休憩される。成瀬さんが来る。藤村義苗さんが目をクリクリさせてやって来る。江口さんが元気よく入って来る。成瀬さんの沼津兵学校の話が出る。年齢の話が出る。

秋の陽ようやくうすれゆく頃、さらに席を会議室に移し、一橋生活の映画『橋の絵巻』（きょう、きのう、あす）三巻を観る。タイトルの左横書はちょっと変である。

藤村さんつぶやいて、「まきえのはし（巻絵（まきえ）の橋（はし））」だな。なるほど読めるから面白い。

「きのう」の劈頭、翁の和服姿が映し出されると、観衆大喜び、拍手喝采。痛ましき震災の跡より、雄々しき復興の努力を見せ、さらに国立（くにたち）の希望に輝く有様まで、約四十分の長巻を終わると、如水会創立記念晩餐会が開始された。

れる。

デザート・コースに入り、江口理事長の打ち解けた挨拶に次いで、先生は立って謝辞を述べら

「喜び極まって嬉しさの余り、いうべき言葉もほとんどないほどでございます。厚くお礼を申し上げます。生命長ければ恥多しといいますが、私は恥は多くないと存じますけれども、悲は少なくありません。ゆえに、生命長ければ涙多しといい変えたいと思います。

この頃よく訃音(ふいん)（死亡のしらせ）に接します。誰が逝かれた、彼が危篤だ、お悔みに行かねば、見舞いに行かねばということが、なかなか多いのでございます。その人々の年齢はというと、私から見れば子か孫かのような人々でございます。実に涙なきあたわずでございます。

しかし、涙ばかりかと申すと、決してさようではありません。生命長ければ楽しみも少なくはございません。長く生きたればこそと感ずる場合があります。現に今日のごとき、この頃喜ばしく感じた三つの中の一つでございます。

この頃設立されんとしている航空輸送会社、予算が通れば成立しますが、私はご覧の通り老衰の身、ことに十年前に実業界を引退した身柄で、かかる計画に参与すべきではありませんが、従来の関係もあるということで、委員会長を申し付かり、井上準之助君が副会長を引き受け、全部肝いりしてくださっております。かねて準備調査をしておりましたが、いよいよその調査を終わり、委員総会の議を経(へ)たのであります。これなどは極めて新しい、極めて重要な事業でありまして、これに多少とも参与することが出来るのは喜びに堪えません……。

次に申し上げたいのは、この十一日、世界大戦の休戦記念日に国際連盟協会の会長として、将

来の世界平和の維持について、しかもラジオによって喋々申し述べました。あるいは諸君の中に、お聴きくださった方があるかも知れません。いや、さほど重要とお考えにならぬかも知れませんが、私自身としては世界平和のため、微力をいたしたと考えまして、衷心より喜んでいる次第であります。

さらに今日は、何の功労もない私のために像を造られまして、お前の思い入れは間違いでなかったぞと、六十年の昔かくあれかしと思ったことを、身をもって実現してくださった諸君からご称讃を戴いたということは、何等の本懐、何等の喜悦、真にいうべき声なき次第でございます。生命長ければ恥多しを更に改めて、生命長ければ喜び多しと申し上げて、お礼の辞にいたします」

かくて席に復し、しばし款談ののち、午後七時過ぎ、会衆一同の心からなる歓呼に送られて青淵先生は退席せられた……。

この日、司会者となった江口氏は翁ときわめて深い関係がある。氏は明治二十年（一八八七）、東京商業学校を卒業し、母校に残って助教授となり、次いで三菱合資会社に入り、銀行に、鉱山に、営業に、その才腕をふるい、累進して総理事となった。しこうして、実業人として活躍するとともに、社会人としての尽瘁を怠らなかった氏の理想と実行は、実に翁に負うところ少なくなかった。

翁の多年努力した商業教育の所産として、また翁の理想たる士魂商才の典型としての氏が、社会に出る最初から翁に受けた恩は深いが、そのことはしばらく措き、社会人としての交渉を辿るとき、まず挙げねばならないのは如水会との関係である。

大正十四年（一九二五）、最初の理事長に推されてより七星霜、昭和六年（一九三一）春、南満州鉄道会社副総裁に就任し、その内規によって公私の職を辞したときまで、七千に余る社員――如水会の特徴とも見るべき議論の多い人々から、敬愛と親和とをもって仰がれたことは氏の力と徳とを語るものであろう。

如水会と翁との関係は、前に記した通りである。その中心人物である氏と翁との関係は、特に記すまでもなく推察せられるであろう。如水会と翁を結ぶものは氏であり、母校との連絡をなすのも氏であった。

さかのぼって同窓会、さらに延いて母校との関係を辿るとき、事多かりしその歴史の一齣毎に、濃く強く写る翁の苦心とともに浮かび出るは氏の配慮であり努力である。

商業教育を通して翁と深き関係を有する氏は女子教育についてもまた、翁との交渉は深い。翁が、我が国女子教育の最高標準として多年努力した日本女子大学校についての氏の貢献は、これを証するものである。同校との関係は、翁を援けてその経営に尽くした和田豊治の勧誘により、共にその評議員になってからである。爾来の努力のいちいちを、ここに記すかぎりではないが、翁と江口氏の実際問題についての接触の最初であり、かつ最も深い交渉を有したことによって、日本女子大学校の経営は意義がある。

翁の海外に対する尽瘁はあらためて記すまでもない。その各ラインに、氏の名が出て来る。国際連盟協会の評議員であり、日米関係委員会の会員であり、日華学会の有力なメンバーである。その他、翁との関係を挙げれば、ほとんど煩に堪えないほどである。

これらの関係から氏の人格と才腕を知った翁は深く氏を信頼し、敬愛した。翁の気持ちは浜口内閣のときに現れた。当時翁はとかく健康が勝(すぐ)れず、籠居に日を送ることが多かったが、病を押して浜口首相を訪ね、切に江口氏の起用を勧め、さらに懇切な手簡を送った。不幸にしてこのときの翁の希望は、ついに達せられなかったが、翁の江口氏を思うことのいかに深かりしかの具体的表現として逸するあたわざるものであり、氏の深く感激しているところである。

昭和六年（一九三一）春、江口氏が満鉄副総裁に擬せられたとき、その就任について役不足なるべしとの批評があった。事実さようであったかも知れない。しかるに、あえてこれを受けたのは内田総裁との情誼(じょうぎ)からであり、また江口氏の国家意識の強烈なためであった。

しかし、その上になお、翁の激励があったことも忘れてはならない。

かくて、いよいよその赴任に当たり――行を壮にせんとして、如水会の人々が紅葉館に宴を張ったとき、翁は老齢九十二、しかも病余の身をもって、旧作の詩一篇を特に揮毫(きごう)して贈った。

春花落尽忽秋霜　　春花(しゅんか)落(お)ち尽(つ)くせば、忽(たちま)ち秋霜(しゅうそう)。
一瞬朝暉変夕陽　　一瞬(いっしゅん)にして朝暉(ちょうき)も、夕陽(ゆうひ)に変(へん)ず。
休説世間人事劇　　説(と)くを休(や)めよ、世間(せけん)の人事(じんじ)の劇(はげ)しきを。
観来造物亦多忙　　観(かん)じ来(きた)れば、造物(ぞうぶつ)も亦多忙(またたぼう)なり。

＊朝暉(ちょうき)……朝日の光。日の出の景色。
＊造物(ぞうぶつ)……天地の万物。自然。

十二、対外関係

タウンゼント・ハリス遺蹟保存会

社会公共事業、教育関係などについての、翁努力の跡を辿ってここまで記してきたが、今は筆を転じて、海外の関係を叙すべきときであろう。

この分野を視るとき、第一に挙げねばならないのは、大正十四年（一九二五）のタウンゼント・ハリス遺蹟保存会のことである。ハリス記念碑建設の歴史は、四月二十日付の、当時の駐日アメリカ大使エドガー・A・バンクロフトの来翰（らいかん）から始まる……。

拝啓。玉泉寺の件に関し御伝言を賜り奉深謝候。新聞にて御承知の通り、小生は同地に於て熱心なる歓迎を受け申し候。同地の人々は小生の旅行をして愉快ならしめ、且つ印象深きものとせしめんが為め、全力を尽されしものの如く小生は感じ申候。小生は同寺に於て安眠出来候事とは存じ候得共、御懇切なる御注意に従い、日本式旅舎に一泊致し、極めて快適なる一夜を過し申候。

タウンゼント・ハリス記念碑に関する御言葉は、小生の欣快とする所に有之候。至急碑文を御認め被下（くださり）候はば、直ちに鋳造に着手せしむるを可得（えるべき）と存候。該記念碑の設計及建立に際し、小生も関係致すを得ば幸甚と存候。只今日本に来遊中なる市俄古（シカゴ）の一友人は、日本に於て辱（かたじけの）うせる多くの好意に対し、深甚なる謝意を表せんが為めに、該記念碑の設計に就き、懸賞募集を試みん事を申出候得共、此事業は閣下によりて行はれ居るものにして、何を措いても閣下御自筆の文字を青銅に刻まるべきものなる旨を申置候。此等の件に関し、御面会の上御談話申し上度と存候に付き、御都合よき時日を御示被下候はば、喜んで参上可致所存に御座候。下田に参り候節は、天気清朗にして、若し当日閣下の御出馬ありしならんには、実に此上もなき清遊なりしものをと、遺憾に存居候。敬具。

しこうして、翁は日米問題に関係ある方面より援助を受くるを至当とし、同年五月、日米協会長徳川家達公に宛て、左のごとき書面を贈った。

拝啓。益御清適奉賀候。然ば伊豆下田町の東南柿崎の玉泉寺は、辺陬の一小寺に候処、安政開国の初、米国総領事タウンゼント・ハリス氏の駐劄によりて、最初の外国使臣館となり、遠く海外にまで名を知らるるに至り候。ハリス氏は御承知の如く勇敢真摯の士にして、当時世界の大勢に疎き我国に対しても威圧を加ふるが如きことなく、隠忍持久、五年の久しきに亙りて誘導啓発し、極めて公平なる通商条約を締結し、以て従来諸外国をして、其範囲を超ゆる能はざらしめ候のみならず、爾来頻発せる幾多外交上の葛藤に対しても、懇切穏当の態度を持し、多大の便益を得せしめたる、申さば我が開国の恩人に御座候。然るに横浜の開港と共に下田港閉鎖せられ、米国国旗撤去せらるるに及びて、玉泉寺は復た昔日の寒寺となり了り、爾来六十余年の星霜を経て、幕末維新史上忘るべからざる此遺跡も、甚しく荒廃致し、徒らに雑草に埋もるることと相成申候。同寺の住職、檀家、並に関係郡長、深く之を慨し、今回汎く資を募りて堂宇を旧観に復し、以て永く後世に伝えんことを謀り、老生の賛助を求められ候。老生は現今日米国交上の関係に鑑み、坐に感慨已み難きもの有之、如何にもして其計画を成就せしめ度と存候間、誠に勝手の御願に候えども、何卒御会に於て此挙を区せられ、右復旧御補助被成下度、特に御依頼申上候。敬具。

事更らしくいうまでもなく、物事を合理的に考えねばやまぬ翁は、建碑ならびに修理に区別し、記念碑はバンクロフトの意向を尊重して、同氏および友人ウルフ氏、ならびに翁の三人が責任を持つこととし、本堂の修理は日米協会の会員有志の寄附金に待つこととしたのである。

しかるに不幸にもバンクロフトは同年七月二十八日、突如長逝し、ウルフ氏も帰米したから、翁は建碑の設計について相談相手を失い、爾来、全責任を一身に引き受けて計画を進めた。

かくて、工事監督を清水組に嘱して、翌大正十五年（一九二六）十月堂宇の修理に着手し、昭和二年（一九二七）二月竣工し、記念碑はバンクロフトの希望により、表面にハリスの日記の一節と、建碑の趣意とを英文をもって記し、裏面には翁の選書せる邦文を彫刻した。工成るにおよび、新任アメリカ大使マクヴェー氏と協議し、昭和二年（一九二七）十月一日、記念碑除幕式ならびに玉泉寺修繕落成式を挙行することになった。

翁は、九月三十日午前九時三十分、東京駅を出発し、同夜修善寺に一泊の上、翌十月一日午後、マクヴェー大使、徳川公爵などより先に柿崎に到着した。この日、車上とはいいながら、かの天城の嶮岨を越えたにかかわらず、翁はいささかの疲労の態もなかった。

やがて、駆逐艦「島風」が午後二時に着して、マクヴェー大使一行が上陸し、二時半には徳川公爵、阪谷男爵などの一行が陸路到着し、いずれも玉泉寺に入った。午後三時、いよいよ式は始まり、玉泉寺住職村上文機氏令息庸道君の手によって、記念碑の幕が除かれた。しばし拍手が鎮まらぬ。

それから徳川公爵、マクヴェー大使、ならびに翁の記念植樹があり、次いで碑の前におけるものと、本堂を背景にしたるものとの写真を撮影したのち、一同式場たる本堂に参集し式に移った。

翁は、建碑ならびに修繕の趣旨を述べ、アメリカ大使マクヴェー、公爵徳川家達、外務大臣田中義一（代理）、ならびに男爵大倉喜八郎氏は祝辞を読んだ。次いで県知事の祝辞、下田町長、浜崎村長の謝辞があり、最後に翁は、再び起って挨拶を述べた。

翁は柿崎の旅館阿波久に宿泊し、翌二日午前九時半、柿崎小学校に赴き、生徒に対し一場の訓話を試み、正午自動車を駆って柿崎をあとにし、途中静浦に小憩ののち、午後五時二十一分、沼津発の汽車に搭じ、午後八時二十分帰京したのであった。


記念碑建設ということが日米親善にいかなる貢献をなし得たか、また将来なし得るかについては、想像する限りでないが、豆南の一寒村柿崎に、日米両国の巨星をこれほど集め得たことによっても、けだし意義深き企てであったといって差し支えあるまい。

翁が中心となっての計画なるがゆえにと見ることも出来よう。翁の人格を通して、ハリスの心事と行動が了解されたからと見ることも出来よう。いずれにしても記念碑建設のことは有意義であった。

偶然か否かを知らないが、この頃から「唐人お吉」の事跡が喧伝され、創作に、歌謡に、現れきたったことは不思議である。翁などの建碑運動によって、ハリス――下田――柿崎の関係に世間の注意が向いたためとのみ見ることは正鵠(せいこく)を得ていないまでも、その勢いを助成した一半の因をなしたと見ても差し支えはないであろう。

グラント植樹記念碑

ハリス記念碑のことを記しきたって連想するのは、グラント将軍植樹記念碑のことである。

昭和五年（一九三〇）五月三十日の午後である。初夏の陽眩しい上野公園竹の臺、大芝生を前にした小松宮殿下の銅像の直ぐ後方、紅白の幔幕が張り廻らされた一区画、正面石段を上がった広場には大天幕を張り、さらに進めば真正面に小高く紅白の幕が静かに垂れ、その上には日章旗と星条旗が交叉されている。

左右に現れた純白の御影石の石階は、清々しく磨かれて人待ち顔である。いま青淵先生と益田男爵の配慮によって、新たに建設されたグラント将軍植樹記念碑の除幕式が挙げられようとしている。

記念碑は、濃緑を背にし、老大桜樹の下に両翼を張った近代式のもの、中央碑面の下には躑躅が低く並び、真紅淡紅の花を見せている。

碑に向かって左、亭々たる緑樹二本、天を摩して立つ、各丸い鉄柵がしつらえられ、それには青白のだんだら飾り布が巻かれてある。

奥にあるのが、グラント将軍手植の「グラント・ヒノキ」、近きが同夫人手植の「グラント・ギョクラン」であって、五十年の風雪を凌ぎ、これまで成長したのである。

扁柏は濃緑の枝を男性的に張り、玉蘭は淡緑の葉を微風に翻して女性的である。

ややあって、青淵先生が例の温顔で、自動車から下り立ち、式場の有様を一渡り見廻される。援けられて石階を上がると、そこに立つ益田さん、大谷さんと挨拶を交わされる。それから、扁柏(ひのき)と玉蘭(ぎょくらん)とを見上げて感慨無量の態である。撮影技師は写真機を持って、青淵先生の後を追い廻している。

アメリカ大使館付武官マキルロイ中佐令嬢ジェーンさんが、盛装の中佐と共に立ち、真紅のバラの花を左の手に持ちかえて、幕の紐を握る。紐がぴんと張ると同時に、幕は切って落とされ、青銅の碑面が現れる。中央にグラント将軍の像、右が日本文の碑文、左が英文である。活動写真や新聞社の写真班が、一列になってカメラを向けた。拍手しばし止まず。後から後から上野の山へ拡がってゆく。ジェーン嬢の祖父マキルロイ氏は、グラント将軍の部下として南北戦争で奮闘した人である。

奇(く)しくもつながる因縁は、まず除幕者からはじまると思わせられる。

やがて、青淵先生が式辞を述べるべく碑前へ進むと、益田男爵も従う。

二人の胸の白バラが陽に向かって一層白い。

子爵のバスが天幕の中へ流れ込むと、日本語の判らぬらしいアメリカの人々も耳を傾ける……。

「閣下、諸君。この除幕式に当たってご臨場くださったことを、私ども首唱発起者といたして深くお礼を申し上げます。実は五十年の昔のことを今日にするのでございますから、大変に手後れでございます。

ここに建碑し、未来にこのことを伝えるということは、吾々（われわれ）も希望しましたけれども、ことに友人の皆様から、未来のためにここに碑を建てて、グラント将軍の植えられたところのグラント・ヒノキおよびそのご夫人の植えられたところのグラント・ギョクランを、永久に保存するがよろしかろうというご注意を受けまして、その頃の関係者としては、益田男爵と私とが今ようやく生き残ったと申してよろしいので、いささか首唱の位置に立って心配いたしたのでございます。

当時を回想いたしますと、実に懐旧の情に堪えぬのでございます。

もう今日としては、日本とアメリカとの国交云々を喋々（ちょうちょう）するまでもございませぬけれども、五十年の昔、私どもがグラント将軍の日本にお越しになったについて、特に歓迎会を催しましたことは、ただアメリカに対する礼儀を尽くすばかりでなく、いわゆる国民として必要なことと考えて、その高風を慕うとともに、アメリカに対する友情を、ますます深めたいというような観念からきていたのであります。

将軍をお迎え申すについて、例えば夜会といい、あるいは特に宴席を設け、または劇場にお迎え申したこともございますが、最後には日本の古武術をご覧に入れる、すなわちこの上野において、流鏑馬（やぶさめ）、犬追物（いぬおうもの）、母衣引（ほろびき）、そういうようなものをご覧に入れまして、幸いに、明治天皇におかせられても、特にその衷情（ちゅうじょう）を御諒察くださいましたものと見えまして、臨御（りんぎょ）がありまして、大いに吾々は面目をほどこしたのでございます。

そのときに植えられたのが、このグラント・ヒノキおよびギョクランでございまして、これを後世に存することは、吾々ばかりではない、日本の人の皆望むところでありますが、吾々の不注意からその企ての後れましたことは、まことに吾々の手落ちと申さねばなりませぬ。

だんだん友人の小松氏、世古氏などから、どうしてもこの処にちゃんとした由来を記し置くがよろしかろうというご注意で、吾々も深く同感いたしまして、すなわちこの碑を設置することに相成ったのでございます。

しこうして、今日この除幕式を開き得るに至りましたのは、特に東京市の市長のご心配くださったのはむろんのこと、公園課のそれぞれの諸君の、ご同情の別して多きによるのでございまして、この二本の樹の繁茂を未来に期し得るのでございます。

余り長いことを申すは、かえって諸君のご退屈を招く虞がありますから、さような理由ではなはだ手後れではございましたけれども、五十年を経て、ここにはじめてこの事由を碑に存することが出来る、幸いに五十年経ちましても、私なり益田男爵なりは、壮者を凌ぐとは申せませぬけれども、未ださまでに老衰せぬことだけは、どうぞご記憶を願いたいと思います。

吾々は五十年をさほどに長いとは思わぬ一人でございますから、どうぞさようご諒承願います」

青淵先生の式辞は、すぐ小畑久五郎氏が通訳する。次いでアメリカ代理大使ネヴィル氏が、その巨軀を運んで祝辞を述べる。終わると、幣原外務大臣の祝辞を小松緑氏が代読する。

次いで白上東京市長代理に代わって、社会局長安井誠一郎氏があっさり挨拶した。

かくて除幕式は終わった。若葉に映ゆる青銅の碑面、それを囲う御影石の白さ、ささやかな躑躅の花の紅、それらを繞って、人々は寄り集まり、口々に和んだ声で話し合っては碑面を覗き込んでいる。

日本国際児童親善会

桃の節句の午後である。「青い眼をしたお人形」の歓迎会が始まろうとしている。可愛いお嬢さんたちで一杯だ。アメリカのお子さんたちは色とりどりの蝶のように軽快に飛び歩く。

日本青年館大講堂の正面、奥深く日米両国の国旗が高々と揚げられ、交叉したところに目も醒むるばかりの大花環が飾られ、優しく垂れた幅広い紅白のリボンが美しい。リボンの端は偉大な花瓶の花に隠れる。花瓶の両側には緋毛氈（ひもうせん）燃ゆる雛壇がある。左側には内裏（だいり）様をはじめ、官女、五人囃が美しく並び、お道具が輝かしい。右には着飾った市松人形（いちまつにんぎょう）が新来の友を待ち侘びている。

開会を知らせる鈴がジジと鳴った。

ステージの奥深く、花瓶を背にして、司会者松浦文部次官が卓子を前に端然と腰を下ろす。右に並んで関屋普通学務局長が控える。その右へ斜めに青淵先生をはじめ、阪谷男爵や岡田文部大臣、幣原外務大臣などのお歴々が、日本側の来賓としてズラリと並ぶ。これに対してマクヴェー大使をはじめ、京浜在留の有力なアメリカの人々が左側に着座する。

いよいよはじまるなと思ったがそうでない。どうしただろうと思い惑う中に、三分五分と経ってゆく。

ツト松浦さんが立った。青淵先生が起立した。アメリカ大使も立ち上がった。一同何となく立った。二階正面の来賓席に、北白川、竹田、浅香、徳恵などの姫君が御臨場あそばされたのである。

一同席に直ると、松浦さんが開会を宣する。すぐに『君が代』の合唱が起こった。次いで『ザ・スター・スパングルド・バナー』の壮快なコーラスが終わると、関屋局長が起って、詳細にしかも簡明に経過報告を済ます。

待ち構えたように、ステージの左右から可愛いお嬢さんたちが後から後から出て来る。ステージの真ん中を少しあけて、右に日本の少女が、学習院や附属の制服で整列し、向かい合ってアメリカのお嬢さんたちが好みの装いで立ち並ぶ。日本側は「紺」の一色であり、アメリカ側は繚乱（りょうらん）の春の花野の概がある。

アメリカ児童代表ペティー・バランタイン嬢が、真白の天使のような姿で列を離れ、優しい声で挨拶を述べ終えると、アメリカ児童の「ドール・ソング」を口ずさむのが静かに緩く聞こえてくる。楽しげな、優しいレシテーション（吟唱。朗唱）が終わると、日本児童代表徳川順子さんのいたいけな姿が一歩列を離れる。ペティーさんとニッコリ微笑を交わす。

名状すべからざる感激と拍手とどよめきの裡（うち）に、アメリカから贈られた人形一万二千を代表するお人形さんが、ペティーさんの手から順子さんの手へ渡される。心からなる授受がすむと順子さんは可愛い口を開きました。

「アメリカの皆様から可愛らしいお人形を沢山いただきまして、ありがとうございます。これから私たちの大事なお友達として、仲良く可愛がって、いつまでも皆様のご親切を忘れないようにいたしましょう。日本の子供みんなに代わって、お礼を申し上げます」

態度といい声といい、極めて自然である。わざとらしいところや、読本を読むような変なところがなく、ハッキリとよどみなく、可愛らしい。ペティー嬢は対話の心持ちでやり、順子さんは聴衆を対象として十二分に目的を達した。嵐のような拍手をもって、みんながその心持ちを披瀝(ひれき)した。その間にステージではお人形の交換が始まる。

海のあちらの友だちの
　まことの心のこもってる
　　かわいいかわいい人形さん
　　　あなたをみんなで迎えます。

可愛い唱歌を合唱しながら、十人ずつ並んで出ては人形を受けとる。

海をはるばる渡り来て
　ここまでお出での人形さん
　　さびしいようには致しません
　　　お国のつもりでいらっしゃい。

歌の進むにつれて、お人形はだんだんと渡される。アメリカ側の小さいお子さんが、まごまご面食らっているのも愛嬌(あいきょう)である。

顔も心もおんなじに
　やさしいあなたを誰がまあ
　　ほんとのいもうとおとうとと
　　　おもわぬものがありましょう。

歌い終わると、ステージの日本のお子さんたちは、みんな可愛らしいお人形さんを抱いております。楽隊は始まりました。「人形を迎える歌」は、千二百の優しい声で合唱されます。アメリカの平和の使いは、後から後から市松人形と仲良く並び、青い眼をかがやかせます。

歌が終わると、右の雛壇はお人形さんで満員になりました。役目を済ましたお嬢さんたちは、元の通りステージの両方へ、だんだん消えていきます。ステージはまた、大人の世界になりました。関屋さんの合図で、アメリカ大使は長軀を起こしました。草稿によって、興味深いサンタクロースのお話をされます。お話は極めてユーモラスでありますが、話す人は苦虫を嚙みしめております。

青淵先生が起たれました。会館が揺るがんばかりの喝采は、しばらく静まりません。どよめきの中を、先生の力強い声が聞こえてきます……。

「司会者、閣下、紳士、淑女、ならびにアメリカ、および日本の可愛いお子様たち。老人の昔話のようでありますが、私は八十年も経った今日、雛祭りの嬉しく楽しいことが真に判かったような気がするのであります。

私は男でありますから、七、八歳頃までは多少面白く思いましたが、それから後はイタズラ小僧特有の乱暴が面白かったので、三月三日のお節句がきたからとて、別に嬉しいこともございませんでした。しかるに八十年を経過した今日、この雛祭りを皆さんと共々特別に嬉しく迎えて、真に楽しく喜ばしく感じたのであります」

いかにも喜ばしげであります。顔は歓喜にほてり、眼はキラキラ輝き、涙さえ見えるようでありirます。お話は続きます……。

「アメリカから結構なお人形を沢山に贈られたことは、さきにもお話のありましたような手続きであります。またマクヴェー大使の興味あるご挨拶の通り、日米の親善のたすけとするという趣旨を貫徹せしめますため、これを全国各地方へ分けて送る訳でありまして、その取り扱いを日本国際児童親善会でやってくださるのでありますから、さようご承知を願います。

日本の諺に三つ子の魂百まで、ということがあります。これを文雅にして、竹馬（ちくば）の幼な心の一節は、杖つくまでも忘れざりけりと申しておりますが、これは誠に興味深い歌でありまして、私は老人ゆえ我が身にひしひしと感ずるのであります。

私が自ら申すのも可笑しいのでありますが、私が十四歳のときに、アメリカのペリー提督という人が日本へ参られましたが、このときが日本がアメリカと関係の生じたそもそも初めであって、今から申しますと七十五年前であります。私はほんの子供ではありましたが、子供心にアメリカに対し深い感じを持ち、爾来、アメリカと日本との親善ということについて心配し、出来るだけ力を尽くして参ったのであります。

その後おいおいと両国の国交も進み、ときどき心配なことが生じまして、私はアメリカの同志の方々と、多少の対策や方法を講じて参りましたが、ここには喋々（ちょうちょう）いたしませぬ。

今回の人形のことは、アメリカの人々が両国の親善を増すには子供のうちからやらねばならぬ、その方法としてアメリカから人形を贈ろう、すれば両国の子供の間に親しみが生じ、よい感じを得るだろうというところから、いよいよ贈られ、このほど大部分到着しましたので、本日授受の式を挙げた訳であります。

大使は謙遜されて、自分はサンタクロースに似ないとのお話でありましたが、私はあるいはサンタクロースに似ていると申してもよいかと思いますから、八十八歳の私がサンタクロースとなって、日本の皆さんにお分けしたいと思います。

私は晩年になってから、ようやく雛祭りの嬉しさを感じたのでありますが、こうして日本とアメリカとの国交がいよいよ親密に持続することを、衷心より切望するのであります。終わりに臨み、大使閣下に対し厚くお礼を申し上げます」

拍手に送られて、先生は席に直りました。小畑さんの英訳が済みますと、楽隊はボーイ・スカウト行進曲を奏し始めました。軽快なリズムに身も心も浮き立つようであります。かくて、司会者松浦さんが閉会を宣したのは、予定の通り午後四時でありました。

昭和四年（一九二九）三月三日、筆者がこの記念すべき米国親善人形歓迎会に列したときの記録である。これによっても推察されるように、翁が中心となって尽力し、この和やかな会は行われた。かつて、日米関係と翁の交渉を叙して、シドニー・L・ギューリック博士のことを記したことがある。博士は、日米関係について年来努力しきたった人である。あまりに熱を持ちすぎるため、その動機を疑われたこともあるほどである。事ある毎に機会ある毎に、両国親善増進のため尽くしつつある人である。

この人形歓迎会も、同博士の創意によった。ギューリック博士は、

日米の親善は気永くやらねばならぬ。それには、未来の国民たる子供が、お互いに相知り相親しむことが必要であるから、これに資するためにアメリカから人形を贈りましょう。そして、日本の雛の節句の当日三月三日までに到着するようにしよう。そうすれば、相当効果を収めることが出来るであろう。

そして、ニューヨーク米日関係委員会で、このことを実行するというような、角立ったものでなく、単に吾々発起者が企画して、各学校へ檄を発し、人形を集めて贈りたいと思うがどうであろうか。

という意味の提案を、翁にした。

翁はあの律義さから、計画は極めて面白いが、貰った以上返礼が必要である、しかるに、相当な挨拶をする見込みがない、この点を考えるとどうかと思うというので進まなかった。

しかるに、ギューリック博士は、

「子爵の気持ちは十分諒解するが、返礼の心配は無用である」

となして、ついに発送の手配をした。

しこうして、

「雛祭りに間に合うように送るから、配慮を頼む」

と翁に依頼した。

かくて、関税はギューリック博士から当時の駐米大使松平恒雄氏へ交渉し、外務省を通じ、大蔵省と折衝して無税となり、各学校への配布は文部省で取り扱うことになった。

しこうして、その筋の希望により、かつ従来の関係を考え、当初協議されたことに鑑み、翁は主なる世話人となり、臨時に日本国際児童親善会を組織して会長となり、「親善人形歓迎会」を催し、かつ全国各学校への寄贈を終わったのであった。

太平洋問題調査会

「七月の会議には米国及び中国より有力なる代表者出席すること確実となれり。日本よりも有力の代表者を派遣されるよう、閣下の御援助を得ば幸甚の至りなり」

という電報を、ハワイの有力者F・C・アサートン氏から翁が受けたのは、大正十四年（一九二五）三月二十四日であった。翁からは、同月三十一日、

「貴電拝誦、本邦より代表者派遣の件に付斡旋（あっせん）中なり、委細文」

と返電した。けだし、アサートン氏が議長として、同年七月一日より同十五日まで行わるるはずであった太平洋問題協議会に関しての往復である。太平洋問題協議会は、「太平洋沿岸諸国相互間に存する

人種問題、移民問題、国際商工業の関係、宗教、倫理、文化の諸問題に関し、精確なる事実を闡明（明らかにすること）し、真の理解を得、意志の疎通、感情の融和を謀ると共に、太平洋平和確立の基礎を築かんとするを目的とする」もので、最初は太平洋沿岸にある各国基督教青年会のみの協議会として、宗教、教育、人種問題などの討議研究をなす計画であったが、漸次その範囲を拡め、ただに基督教青年会のみと限定せず、また宗教の異同、男女の別なく、各国より、以上の諸問題に対して興味を有する政治家、実業家、学者、宗教家、特に人種問題に関する専門家の参加を求めることになった。

大正十三年（一九二四）九月、アメリカ合衆国アトランティック・シティにおいて、オーストラリア、中国、カナダ、ハワイ、日本、朝鮮、ニュージーランド、フィリピン、アメリカ合衆国、各基督教青年会の代表者会合し、この会の組織会を開き、「ハワイ」の代表者アサートン氏を議長に選挙した。そして、大正十四年（一九二五）七月開催のことを決議し、爾来、その準備を急ぎつつあった折から、その代員のことについて、アサートン氏から電報がきたのであった。

日本においては、これがため――太平洋問題協議会において協議すべき問題の研究討議をなす目的をもって、太平洋問題研究会を組織し、日米関係委員会、汎太平洋協会、汎太平洋倶楽部の諸団体、政治家、実業家、宗教家、専門家、学者などの参加を依頼した。

しこうして、いよいよ決定したのは石井徹、柳沢政太郎、井深梶之助、同花子、丹羽清次郎、頭本元貞、斎藤惣一、神崎驥一、ヴリオス満喜子、高柳賢三、同芙美子、高木八尺、鶴見祐輔、同愛子、およびＧ・Ｓ・フェルプスなどの諸氏であった。

かくて一同ハワイに赴き、予定のプログラムを終わり、任務を果たして帰朝したので、七月三十日、日米関係委員会は午餐会を開いてその労を謝した。なお、同会実行幹事J・R・デイヴィス氏が渋沢翁に宛てた七月二十一日付の書簡に、代員諸氏の態度が尽くされているから記しておきたい。

拝啓。太平洋問題協議会会長レイ・ライマン・ウィルバー氏の命により、先に閣下より同会に賜り候ご祝辞に対し、感謝の意を奉表候。閣下の表明せられたるご好意と、同会の成功に対するご確信および御希望とは、これを希望してやまざりし私共に対し、大なる刺激を与え申し候。同会の結果によりて、小生らは閣下のご信頼とご期待とを裏切ることなかりしことをご諒承願い上げ候。同会が徹頭徹尾諒解と友誼との精神にて満たされおりしことは、小生の欣快（きんかい）とするところに候。最も困難にしてかつ微妙なる人種間の軋轢（あつれき）、および誤解の原因に関し、連日腹蔵なき議論を戦わし候得共、毫（ごう）も激することなく、出席者いずれも偏見を去り、論者の趣旨を掴むに努めんと熱心に希望致し候。同会出席の日本代表者が有力なる人々なりしことは、特に閣下のご尽力によりしことと存じ、深く感謝罷（まか）り在り候。日本代表者諸氏の人物および能力はことのほか立派にして、同会の成功は主としてこれら人士の力に負うところに御座候。閣下には出席代表者の方々よりすでに報告を聴取せられ候ことと存じ候間（ゆえ）、ここに詳説不仕候。同会会議の進行については、刊行物出来可致候間、円卓会議録相添え、九月にはお手許まで付可申し上げ候。

同会の成功のためにご協力を忝（かたじけの）うせる閣下、ならびに日本代表者の方々に対し、重ねて奉深謝候。敬具。

かくのごとく、第一回の太平洋問題協議会は成績を挙げたので、さらにその将来に関して協議することになり、同年十二月八日、銀行倶楽部において会合を催した。

当日の議題は会の組織、財政、その他研究事項に関する件であって、組織に関する件の中、既設団体、すなわち日米関係委員会、日米協会、汎太平洋協会、国際連盟協会などの一部門とするか、全然独立したものとするか、または独立の機関として、既設団体と協調して事業を進行すべきかの問題が最も重要かつ基本的のものであった。この根本方針はその後独立経営と決し、名称を太平洋問題調査会とすることになった。

しこうして、大正十五年（一九二六）四月六日、その第一回評議員会および理事会を開き、翁は評議員会長として議長席に着き、会則案付議を決定し、次いで議長の指名により理事、監事は決定した。理事に井上準之助、阪谷男爵、沢柳政太郎、高柳賢三、高木八尺、鶴見祐輔、斎藤惣一、監事に石井徹、増田明六の諸氏が選ばれた。しこうして、満場一致をもって井上を理事長に、斎藤惣一氏を常務理事に推し、中央カウンシル（評議会）に対する同会の代表者としては井上理事長を推薦し、ハワイにおいて必要ある場合はその代理として原田助氏に依頼することに決めた。

爾来、しばしば理事会および評議員会を開き、次第に会の内容を固めていったが、第四回理事会が同年十月一日銀行集会所において開催され、翌年の大会に提出すべき議題について協議した際、「米国移民法に対し国際信義の上より研究討論」に関し、井上理事長は移民法にいつまでも拘泥するは得策にあらざるをもって、今回は表面同問題を提出せざる方適当なるべしと論じ、鶴見祐輔氏は本邦の輿論より見るもこれを論ずることこそ適当なりと主張し、評議員会長の資格をもって出席した翁もまた、ぜひ移民法問題を議題としたき旨希望した。

その後また数回理事会を開き、凝議したる結果、翌昭和二年（一九二七）七月、第二回太平洋問題調査会大会は、再びホノルルに開かれた。

委員長はレイ・ライマン・ウィルバー氏、委員は井上準之助、サー・マンゴ・マカラム（豪州）、余日章（中国）、アサートン（ハワイ）、サー・ジェームス・アレン（ニュージーランド）、サー・ロバート・ホールデン（カナダ）諸氏、幹事長には先に記したJ・R・デイヴィス、幹事にはチャールズ・F・ルーミス諸氏がなった。

会議の形式を、全会員出席の「全会討議」と、部分的の「円卓討議」とに分かち、また部門を分かって四部となし、第一部は文化、宗教、教育、および社会制度、第二部は資源、産業、商業、および財政、第三部は人種および人口、第四部は政治、法律、および外交とした。

日本よりは代員として井上準之助、那須晧、原田助、鈴木文治、鶴見祐輔、矢吹慶輝、高柳賢三、高木八尺、赤木英道、団伊能、星野愛子、伊東米治郎、斎藤惣一、沢柳政太郎、山崎直方、武田胤雄の諸氏が赴くことになり、井上は団長となった。

会議は七月十五日より同月二十八日まで続いたが、会を通じて最も重要なる地位を占めたのは、中国問題であった。これに次いで、移民問題が慎重に考慮され、二日にわたり審議された。

「第一、移民問題は完了終結の問題でないこと。第二、日本はあえて米国に移民を送らんとするのではないこと。第三、日本人の遺憾とするところは、国際信義礼譲の無視された点であること。第四、日系市民の問題は元来米国の問題であるが、日本人の関心事である。もし協力する点があれば喜んで応じたいこと。第五、移民法実施入国に関する実際上種々の困難などを挙げ、日本は米国の有識階級の世論と力とをあくまで信じ、忍耐して正当に解決されることを待つ」というような態度に出で、アメリカ側においては、好感をもって迎え、集団として移民を送られるのは困るが、日本は比率制に満足するであろうか、との質問も発せられたのである。なお、ウィルバー委員長がアメリカを代表して述べたステートメントにおいては、明らかに比率制を採用すべきであると論じておった。移民問題に対する空気を察すべきである。

第一回の大会は試験的であったが、第二回は建設的、研究的であった。

第二回の会議が重要視されたのは、国際連盟より特に三名のオブザーバーを派し、会議の詳細なる報告を得たことによって明らかであった。

しこうして、太平洋問題の重心はむしろ東洋にあり、したがって次の会合は東洋の一地点とせんと希望する者多く、ことに日本において開催せんことは、幹事ならびに会員の熱望するところであった。

井上らの帰朝後も理事会の開催は続いたが、同年九月二十二日の第十一回理事会には翁も出席し、

「第三回大会はなるべく日本において開催することとし、時期、場所、費用、および設備の諸方面にわたり、これが研究を進むる事とす」

と決議したが、経費その他に考慮すべき点もあり、この問題について再三考慮討議の末、最後の決意をなし、昭和三年（一九二八）七月の評議員会において、井上理事長より、

「第三回大会を本邦において引き受け、明秋京都において開催することに決定せる事、およびその準備に着手せる旨」

を発表した。しこうして、準備に一年有余を送り、昭和四年（一九二九）十月から十一月へかけて京都に開催し、満州問題に関し、松岡洋右氏が熱心にして力強き大演説と、透徹せる討論を試み、同会を特徴づけたことは、あらためていうまでもなかろう。

翁が各国有力者と機会を見て懇談を重ね、特にアメリカ人とは健康勝れざるにかかわらず、無理をしても会見し、繰り返して移民問題について論じたことも、記す必要がないであろう。翁は京都で開かれた会議には出なかったけれども、その準備について、特に資金の醵集について限りなき努力をあえてし、討議において代員諸氏を通じ、移民問題を機会あるごとに論じたのであった。

しこうして、各国代員諸氏と一堂に会したのは昭和四年（一九二九）十一月十二日の、翁主催の午餐会においてであった。議論もせず、討議もなく、ただ単なる交歓の会ではあったが、今は懐かしき思い出となったこの日の模様を、当時の筆者の手記によって記しておきたい。

秋ようやく深き十一月十二日に、青淵先生は太平洋問題調査会大会代員、ならびにその家族、およびその他の関係者を招待して、午餐会を催された。

青淵先生は午前十時三十分頃、早くも東京会館に見え、宮城側の四階のレセプション・ルーム入口近く椅子によって、来賓を待ち受けられた。広い室に他に人影もなく、静寂の気、満ちわたり、水にも似た秋の気がそぞろ身に泌むようである。

この間に食堂を一瞥しよう。エレベーター前のホールを横切り、階段を上がると食堂である。入口近く色古りたる籬を置きたるに、紅葉せる蔦の葉面白く這い、根締めの秋草低く千々に乱れ、籬の後より薄尾花の夢のように覗けるを圧して、雑木の太き幹亭々と天を摩し、赤に黄に緑に、色とりどりの葉末の綿中天にかかって、絵のようである。

眼を転ずれば一面秋の山野である。

楓の枝の弱々しきに、色づける葉の輝ける、松の幹のエネルギッシュなるに、目も醒めんばかりに翠色濃き葉の美しき、柿の老木の素朴なるに、スカーレットに燃ゆる葉と、珠玉と輝く実の面白き、樫、杉の幹の逞しき、烏瓜の飄逸（明るくのびのびしているさま）なる、秋草の楚々たる、いずれを見ても秋まさに深く、虫の音も聞こえんばかりである。

窓寄りにメイン・テーブルを設け、木々の間に卓を散らし、卓上には菊花、色さまざまに咲き誇り、雪白の卓布に紅葉の散り敷きたるも、また風情がある。

午前十一時近くから来賓が見えた。エレベーターの活動が次第に盛んになる。携帯品預所は目の廻る忙しさである。六尺豊かの堂々たる人が多い。モーニングやタキシードの間を点綴する単色の紅、白、緑、紫、その他調子強き色彩が美しい。青淵先生は握手に忙しい。やがて、レセプション・ルームは人の波に埋もれ、歓談笑語の渦巻で占領される。午前十一時二十分、三百に近き来賓はほとんど悉く集まり、食堂は開かれた。

青淵先生はカナダのローウェル夫人の手を執って起たれた。談笑の声を挙げながら一同が続く。食堂に入らんとしては、皆々好奇の眼をみはる。婦人の中には手をたたき、感嘆の声を挙げるものさえある。座定まるや青淵先生は起った。拍手の音は一時に起こる。

「本日は、ことのほかお忙しいのにかかわらず、かくお揃いでご臨席くだされましたことを、ありがたく厚くお礼を申し上げます」

快いバスが力強く響き渡る。一同はその元気に驚きの色を見せている。

「皆様は、太平洋会議で種々偉大なるご貢献をなされました。これは、あえて申すまでもありませぬ。

　私もぜひ出席いたしまして、皆様のお説を承り、また愚見も申し述べてみたいと思いましたけれども、頽齢（たいれい）（老齢。年老いた年齢）のためとかく健康が十分でございませぬので、出席が出来なかったのは誠に残念至極でございます。しかしながら、ぜひ一度は皆様にお目にかかりたいと存じまして、ここに小宴を設けた次第でございます。

　来賓の皆様のご多数は、これから新宿御苑の観菊御宴に列せられることと思いますので、申し上げたいことは多々ありますけれども、一切省略いたしまして、単にご挨拶を申し上げるにとどめたいと思います。本日はご多忙のところ、特にお差し繰り（都合をつける。くり合わせること）くださいましてご来臨くださったことを、繰り返し深謝いたします」

　喝采破るるごとく、しばし止まず。来賓代表として、カナダのニュートン・ローウェル氏が起った。拍手、またひとしきり。

「子爵のご招待に対し、厚くお礼を申し上げます。一同衷心より感謝いたしておることを申し上げたいと思います。ただ一つ遺憾なことがあります。すなわち、子爵と同じく日本語で申し上げることの出来ない点でございます」

　一同声を挙げ、手を拍ちて、賛同の意を表す。

「太平洋会議は、啓発するところ多大でありました。太平洋会議の結果が、将来太平洋の平和に貢献することを疑いませぬ。太平洋の平和は、やがて世界の平和に役立つことでしょう。深く成功を喜ぶことを申し上げたいのでございます。ひとこと来賓を代表して、お礼を申し述べた次第でございます」

午前十一時三十分、サービスは始められた。

かくて、デザート・コースに入るや、井上準之助氏の首唱により乾杯する。代わって、ウォレス・M・アレキサンダー氏が起つ。けだし、万歳発声のためである。

「バンザイ」「万歳」「バンザイ」「万歳」「バンザイ」「万歳」、宴を撤し散会したのは午後零時二十五分であった。

十三、癩予防協会

癩病（らいびょう）を我が国より駆逐し、かつ不幸にして不治の難病に罹（かか）った癩患者の余生を比較的安穏に送らせ、またその家族親類のものをして、不合理なる世の指弾（しだん）（非難して排斥すること）から免れしむるために、いよいよ最近癩撲滅（ぼくめつ）の国策が樹立され、これを促進する癩予防協会が官民一致挙国的組織として結成されるに至ったことは、誠に欣快（きんかい）の至りに堪えないところである。私のかねての祈念は、ここにようやく達せられるに至ったのである。

顧みれば、私が癩病のことについて、深い関心を持つに至った動機は、旧い幼い折の経験にその端を発している。

秩父の血洗島(ちあらいじま)、それは私の生まれた懐かしい故郷である。私の育った宅のじき近所に、私より一つ年下の幼い友だちがあった。その母親が癩に罹(かか)っているというので、村の人たちは誰も彼も、その家と交際を避けるようにしていた。

しかるに、非常に情けの深い性質であった私の母は、つとめてその家とのつきあいを続けていた。私も母のそうした情け心を受けて、嫌悪と憐憫(れんびん)と交錯した心持ちを持って、その家の幼い友だちと遊び戯れる折も稀ではなかった。

そうこうしている間に、その姿がいつとはなしに私の周囲から全然姿を消してしまった。やがてその子もまた、癩病にかかって閉じこめられているのだと聞いて、私の心はどんなに悲しみと憐れみとに打たれたことであろう。

こうした幼い折の痛ましい記憶は、その後はからずも東京市養育院をお世話することになって、そこに収容されてくる気の毒な癩にかかった人たちを見るにつけて、これは社会として人道上打ち捨ておきがたいことと痛感するに至った。

そして、だんだんその人たちの心持ちを知ってくると、いずれも大か小か恐ろしい自暴自棄な、世を呪う反社会的な気持ちを持っている。それもその人たちの不幸な運(めぐ)り合わせを思うと、誠に無理からぬことと思われて、これは社会防衛上、何とかせねばならぬことと、併せ考えるようになった。

さらにあるとき、養育院の近所にあった、ある酒屋の一人の可愛い小僧さんが、病気になって養育院に収容されてきた。それが癩病でしかも気の毒なことには、その酒屋の主人が癩であったのが、伝染したのであるということであった。時の院医光田氏が、それに関連して癩の伝染病であることを懇切に私に聞かせてくれた。

私も、そしてまた、そのときの幹事をしていた安達憲忠氏も、共になるほどと首肯する点が多く、これでは国民保健上打ち捨てておくことの出来ない重大問題として、独立した癩患者の療養所を設立することを計画するまでになった。日露戦争前後のことであった。

私は、全国各地の実業家諸氏と相携えて、いわゆる国民使節として、アメリカに日米親善のために使いをしたのであったが、外国人の間に、当時隆々として登揚されつつあった我が国威ならびに文化に対して、容易に容認しないものがあった。その人たちの中には、

「日本は一等国、文明国になったという。なるほど、戦争には強いが、現今世界のどこの文明国にも影をひそめた癩病を、未だに自分の手ではどうもなし得ないではないか」

というものがあった。私はアメリカよりの帰途ハワイに立ち寄り、そこのモロカイ島における癩療養所を視察し、アメリカのハワイにおける大がかりな癩撲滅(ぼくめつ)策の実行を見て、非常に心を打たれたことであった。故国へ帰って、もう一度我が国の癩に対する考え方、および癩患者の処置を仔細に眺めて、驚きと悲しみを深くした。

当時、神社仏閣の前には沢山の浮浪癩患者が徘徊して、参観者の憫(あわれ)みを乞うていた。そして全国何ヶ所かの癩療養所は、大部分外国宗教家の経費に委ねられていた。

すなわち、私はしばしば政府当局を訪ねて、何とかしていただきたいと繰り返し懇願した。当時の衛生局長は、今日我が中央社会事業協会の副会長である窪田静太郎博士であって、大いに私の意を容れてくれられ、同氏の非常なる尽力によって、まもなく制定発布されたのが、今日施行されている癩予防法であって、その結果として全国に五ヶ所の道府県連合癩療養所が出来、一通り浮浪癩患者の強制収容が行われて、彼らの可憐なる姿は私たちの視界から遠ざかったのである。しかし、それをもって、我が国の癩患者はすべて適当な施設に、しかるべき保護療養を受け得るようになったのではなかった。なお大部分の癩患者は自宅に屏居（一室にこもっていること）し、あるいは不備な施設に放置されている状態が続いているのであった。

癩予防法の施行と相前後して生まれた我が中央社会事業協会において、私と窪田博士とは不思議にも会長および副会長として、しばしば相会する機会を持つようになった。したがって癩に関する意見は幾度か交換され、ついに癩調査会を設け、一通り癩予防撲滅に関する計画を立て、再び政府と交渉を進めることになった。一昨年の夏であった。

私は窪田副会長、原総務部長と相携えて、新任まのない安達内務大臣を官邸に訪ねて、癩に関する私たちの意見を具陳した。しかるに、安達内相はただちに私たちの意見に同意を表されたのみならず、もし渋沢にして、果たして老軀を厭わずこの事業のために尽くすならば、自分も共にいかなる尽力をも辞さないという、強いお言葉であった。

癩および癩救治に関する、翁の談話の一節である。

これより先、癩救治について考えていた翁を会長とし、窪田博士を副会長に戴く中央社会事業協会で、癩に関する話がしばしば出たのは当然であった。かくて、ついに調査会を設け、漸次会合を重ねた結果、癩に対する予防施設のごときは、独り政府当局の力のみをもっては、とうていその徹底を望むことは出来ない。いわんや、これが撲滅は全国民の理解を根柢とした官民一致の協力に俟たなければ、とうていその効果を収むることが出来ない。

因ってまず挙国的組織の癩予防機関を興し、癩に関する調査研究を行い、癩に関する知識の普及を計り、一般国民の理解を進め、これが予防救治に関する制度の完成、事業の拡充を促進し、国もしくは公共団体の施設すべき事項は、政府その他当局者に要望し、私設団体の奨励、患者または従業員の慰安、患家の保護など、民間においてなし得べき事項は必要に応じてこれを行い、もって不幸なる同胞癩患者をして、安んじてその余生を送らしめ、かつその家族をして無告（自分の苦しみを告げ訴えられない）の苦悩より免れしむるとともに、久しく我が国のシェーム（不面目。恥）であった癩の根絶を策する必要があることを認め、官民合同の癩予防機関設立の計画を進めることになった。

その相談のうちに、全生病院長光田健輔氏が熱心に働いたことはもちろんであった。

ここにおいて、中央社会事業協会総務部長原泰一氏は、ときの衛生局長山田準次郎氏としばしば会合を重ね、その賛成と協力とを得て、翁と原氏は山田局長と共に、望月内相をその官邸に訪ね、具に陳情したところ、同氏は非常に感動した。

「最近、私は知人の子である或る青年の就職を世話したところが、その父親がここへ礼に来られて、どうぞこの上ともお世話を願いたいという、その言葉のうちには、いい現し得ない意味が含まれていることが推察された。それは嫁の世話も頼みたいということであった。

しかし、その人の家は世間で癩の血統だということが伝えられていることを、その人もよく知っているので、あからさまには、そのことをいい出し得ないのであった。

私は、そのときにはすでに癩は遺伝にあらずして伝染だということも知っていたし、かつその家にそうした世評はあるが、誰もその家に癩にかかった人のある話を聞いたことがないので、はっきりと、あなたのお子さんの嫁の世話もせいというのであろう、よろしい引き受けましたといううと、そのときまで椅子にかけていたその人は、いきなり、この床の上に坐って頭を下につけて、ありがとうございます、ありがとうございますといって、ただ涙ばかり流しておった。私も心から貰い泣きしました」

と語りながら、同氏は眼をしばたたかれた。聞く私たちも、熱い涙の滲み出るのを、どうすることも出来なかった。

と、原氏が手記したような場面があった。かくして、計画ようやく具体化せんとする折、政友会内閣は倒れて民政党内閣が代わったが、この計画はしばしも歩みを止めなかった。翁、および窪田、原、両氏は時を移さず、山田局長同道で安達新内相を官邸に訪れ、そして翁は、熱心に年来の宿望と癩予防機関設立に関する意見を述べた。しこうして、初めに掲げた翁の談話にある通り、熱心な賛成を得た。

しかるに、経済界の不況は次第に深刻の度を加えきたり、目的達成のため、真一文字に進むを得ざるに至った。光田氏その他熱心な同志からは矢のような催促がある。のみならず、当局からさえも促されるという破目に陥った。

そうかといって、渋沢子爵に対して浴びせられる「こんな不景気な時代に、寄附金の話など持ち出して、渋沢子爵は財界から隠退してしまっておられるから、我々のこの苦境に同情を持たれないのだ」というような非難や、実際上募金の困難を思うと、計画は容易に進められなかった。
と、原氏が告白しているのは衷情察するに余りがある。

かかる状態で、数ヶ月を過ごしている間に、一方、宮内省方面において、非常に癩に関する御研究が進められたらしく、皇太后陛下から、私立癩事業の御奨励、従事者の慰安奨励のありがたい思し召しと共に、翁の計画に対しても、御内帑金（ないど）をもって御援助あるかの御内意を、安達内相から翁に伝えられたのは、昭和五年（一九三〇）の初夏の頃であった。

同時にまた、全国の各方面から翁に宛て、あるいは癩患者の窮状を訴え、あるいは癩事業に対し溢るるごとき同情を寄する書状は、頻々（ひんぴん）として到達し、なかには尊い情のこもった義金の寄贈さえあった。

かくのごとく、各方面の同情が加わっては多少の故障もおそらく突破出来るであろうと、翁の決意もついた。その間、安達内相と翁の会見が漸次行われた結果、ついに議は熟し、同年十月二十一日には内相官邸に、郷男爵ほか十二人の東京における実業家の招待会が催され、翁と安達内相から、癩予防協会設立に関する相談があり、来会者はいずれもこれに賛同の意を表し、その発起人たることを承諾した。

かくて、内務当局の尽力と、全国各道府県当局の奔走とによって、それぞれ各地方有力者の賛同と発起人たることの承諾を得て、昭和六年（一九三一）一月二十一日に内相官邸において、全国における発起人六百四十人のうち百余人の出席を得て、癩予防協会創立総会が挙げられるに至った。

かくて、歩調は緩いが確実に進展しつつあるこの事業に、深き関心を持つ安達謙蔵氏は、のちに心から告白したのであった。

……さきにも申しましたように、私が親しく子爵に接する機会を持ったのは、ごく最近のことであって、たしか私が逓信大臣をいたしておったときに、航空会社を設立することになりまして、その仕事の性質が国家的事業でありますす関係から、どうしても子爵にも一骨折っていただかねばならぬ必要があって、無理にお世話をお願いしたのが、そもそも最初であったかと思うのであります。

当時子爵はすでに実業の方には関係を持たれなかったのではあるが、国家へのご奉公ならお断わりいたしかねるとて、いろいろご配慮くださったのであります。私は親しくそうしたお言葉なりお働きなりに接して、その公に奉ぜられるの志に厚いのに、つくづく感じ入ったのでありました。

そののち、一昨年の夏、私が浜口内閣の内務大臣に就任いたして間のないとき、突然官邸へ老子爵のご訪問を受けたのでありました。そのときのお話は、癩の問題でありまして、子爵は涙さえ浮かべて、熱心に癩の悲惨なことを話された。

ことにご自分が養育院でお世話をされた子供の一人が、その働いておった家の主人から伝染して、癩に罹って哀れな死をとげた事実から、それが伝染病であることを知られたのであるが、世間にはそれが遺伝病と思い違えられているために、聞くに堪えない数々の悲劇が演ぜられていることを語られ、人道上はもとより国民保健上からも、このままに打ち捨てておくべきでないと、強く主張されました。

さらにこの癩患者の多くが、自分には何の罪科もないのに、醜い姿になり、世間からは忍び難い爪弾きを受けるので、世を怨み人を憎む反社会性の強い状態になっている実証を挙げて、社会防衛上からも考えなければならぬことを力説され、最後に子爵がしばしばアメリカその他文明国に対し、国民外交の衝に当たられた経験から、他の文明諸国ではすでに十四世紀の頃撲滅してしまった癩病を、我が国では未だにどうすることも出来ない事実をもって、はなはだしく我が国を軽蔑していることを挙げて、国際的にも、国家の体面上、一日も早くこれを撲滅するの対策を立てる必要があることなど、人を思い、国を思う誠をこめて懇々と説かれた言葉は、いちいち強く私の心を打ったのであります。

その時老子爵は、国家でも相応予算をとってこの事業をやって貰いたいが、しかし我々国民としても決して当局のみに任しておかない、必ず国民の総意を合わせた一つの大きな機関を設けて、その事業の促進を計る覚悟であるから、それもぜひ援助してほしいとの申し出でありました。

私自身も、平素どうか我が国を世界一の健康国となし、我が国民がその生を楽しむ国としたいと願っていた折からでもありますので、心から子爵の言葉に共鳴いたしました。

そして言下に、「政府当局として、必ず何らかの対策、実行について考慮いたしましょう。なおもし老子爵をして、癩予防撲滅の国策遂行を促進する国民的機関の設立にご尽力くださるならば、私は喜んでお手伝いをする」旨お返事申したのでありました。

その後も私は、

「子爵にはこの問題について打ち合わせの必要がある場合には、どんなに忙しくても必ず繰り合わせて、お目にかかる機会を作りましょう。また、こちらから出向いても差し支えありません」と申し上げたのであります。老子爵は非常に勢いこまれて、着々ご計画を進められたのでありましたが、折悪しく不景気襲来のため、しばらくこのことは、行き悩んでいたのでありました。

しかるに、昨年の夏、私は宮内大臣から、畏(おそれおお)くも、皇太后殿下におかせられましては、老子爵のこの計画を聞こし召されて、御奨励のため、特別に御手許金を下し賜うという御内意を受けましたので、とりあえず老子爵をお訪ねして、その畏き思し召しをお伝え申したところ、非常に感激されて、そののち間もなく、かねての計画を進める決心をされ、私もお約束に従いまして、そのご実行について、及ばずながら尽力をいたすことになったのであります。

それから一通り各方面への諒解も進み、賛成も得ましたので、いよいよ今年の正月、この国民的総意になる癩予防協会の発会式を、内務大臣官邸に挙げました。ずいぶん寒い折であったにもかかわらず、老子爵は態々(わざわざ)老軀を運んで、そこに出席されたのでありました。当時親しくその温容に接し、その熱意をこめられたご挨拶を伺った来会者の胸には、いかに深い印象を刻したことであったろうと、感じたことでありました。

したがって、こんな時節であるにかかわらず、全国における募金もだんだん集まり、その事業も着々と緒(しょ)についた今日、あんなに熱心であった老子爵に、もはやこの世に相見えてご報告することの出来ないということは、かえすがえすも遺憾であります。

しかし、子爵の霊が喜んでこれを受け、さらに今後その事業の発展を見守ってくださることを思いますと、誠に心強く感ずるのであります。

十四、救護法の実施

癩の予防と共に記さねばならないのは、救護法の実施に関する翁の努力である。

昭和五年（一九三〇）もいよいよ歳末に近く、寒さ次第に加わり、巷には餓えと寒さとを喞つ（不平を言ってなげく）声が高まった。この有様を見て、全国の方面委員ならびに社会事業家は、これら無告の窮民を救うために救護法の実施を念願して、幾度目かの会合を開いて、全国各地より代表者が集まった。幾度か集まって熱心に協議し、躍起になって急施を要望したが、たださえ苦しかった国家財政の関係から、救護法実施の望みはほとんど脈がきれた状態であった。

事情は諒とするも無い袖はふれないという当局の態度を見て、一同は最後の望みを翁に属し、二十名の代表者を挙げて飛鳥山の邸を訪問した。折から静養中であった翁は、飢餓線上に彷徨するこれら窮民を救わんために全国より集まった人たちを、ただ帰すに忍びずとなし、執事、看護婦の止めるのもきかず、熱を冒して応接室に出て、これらの人々に面会した。このとき同席した原泰一氏は、もし障ることがあってはと、面談の時を五分と限って代表者の人々に堅く約束した。

この限られた五分ではあったが、飢えに迫った全国二十万の同胞を救う救護法の実施達成のため、我を忘れて働く委員の人たちと、平素世のため人のためを思って我を顧みられない老子爵との会見は、実に語るも涙、聞くも涙、そして涙の裡に総て知り合う劇的情景であった。

委員の涙ながらの訴えを、涙で受けられた老子爵は、

「私もおよばずながら今まで社会事業に尽くしてきたものであるから、よく諸君の真意がわかりました。この老軀で何の足しになるか知れませんが、とにかく出来るだけはいたします。それは私の義務であります」

と誓われた。委員の人たちが、憂愁の中に喜びの色を湛えて、邸を辞せらるるや、子爵はただちに執事に命じて、内相と蔵相に電話をかけて面会を申し込まれたのであった。

執事、看護婦は驚いた。熱のあるところを強いて面会されただけでも非常に無理であったのに、今またこの寒空に、たとえ自動車とはいえ、外出されるということは想いもおよばぬことであった。

どうしてもお引き止めしなければならぬ。言葉をつくし、手段をつくした。

それでも、老子爵が厳として命令を撤回されぬので、医師に電話をかけたところ、医師ももちろん、極力これをお止めした。そのとき老子爵は、

「皆には私の心持ちがわからない。全国二十万の人の助かるために働いて、それで私の身体にもしものことがあったならば、それは私の本懐なのだ」

ついに子爵は、医師、看護婦、ならびに家人の反対を押し切って、寒さの中を熱のある老軀を携げて、内相邸へ向かわれたのであった。そののち、そのときの訪問について、子爵はあるとき

私に、

「安達内相はよく私の願望を呑み込んでくれられたが、井上蔵相には容易にわかってもらえなかった」

と物語られたのであった。

と、原氏が記している通り、真に文字通りの命がけであった。この翁の誠意は、これに対した人々にどう写ったであろうか。


昨年の暮れの或る寒い日であった。

私は突然渋沢子爵から、面会したいとの電話を受けました。寒い折でもあるし、ことに引き籠っておられると承知しておったので、

「御用があれば私の方から伺いましょう」

と申したところが、

「いや、私の方から頼む用事であるから、この方から伺います」

ということであった。

私はいまさらのように、その礼譲（れいじょう）（他人に対し、礼をつくしてへりくだること）に厚い老子爵の上を思って、お待ちしていると間もなく訪ねて来られました。きちんと羽織、袴をつけておられますけれども、お鬚も生えたままで、病中を無理に押して来られた、痛々しいお姿であったのであります。

さて老子爵は、

「今日全国の方面委員の代表者が訪ねて来られて、目下全国二万の方面委員が世話している無告の窮民が、約二十万近くあって、その人たちがはなはだしい窮乏に陥っている。

これを救うために、すでに制定された救護法があるのであるから、ぜひそれを実施してもらいたいと、一生懸命当局へお願いしているのであるが、財政窮乏の折から、なかなかむずかしいようである。といって、この人たちを餓死せしむることは、誠に忍びないことであるから、私にもぜひ加勢をせよとの懇望であった。

もちろん私も直接多少社会事業に関係しているので、それは方面委員諸君に頼まれるまでもなく、私の責任でもあると申してお引き受けをしましたので、引き籠り中、こんなむさくるしい風をいたしておりまするが、あえてすぐこちらへ罷り出た次第である。どうか当局大臣として、この二十万の同胞を飢餓から救うために、ぜひ救護法の実施に尽力されたい」

と、誠心をこめて申されました。私は思わず頭を下げました。

実際あの老軀で、この寒中、病を押して、同胞を救うために我が苦痛を忘れ、態々訪ねて来られたその至誠、その熱情を思うと、心底敬意を表さずにはいられなかったのであります。その救護法も、老子爵はじめ方面委員諸君の願いが叶って、いよいよこれを実施される運びとなって、その日も来月に迫っている今日、私はその当時を思い出して、感慨無量であります。

当面の責任者、当時の内務大臣安達謙蔵氏の追懐談である。安達氏にしても、原氏にしても、しきりに翁の健康を気にしていることが推せられる。

十五、淋しさ増さる後姿

外部の人々に配慮をかけた、この頃の翁の健康状態を吟味することは順序として当然であろう。繰り返して記したように、翁は特殊の健康を恵まれた人である。七十になり八十になっても、老人らしい所がなかった。しかし先に記したように、八十を越した頃から、その「後姿」に淋しさが加わり、風貌にしても、考え方にしても、次第に肉感的のところが少なくなり、霊的に優(まさ)ってきたのは事実であった。

この変化が強くなっていくとともに、翁の肉体的健康は目立って衰えを見せ、いうところの翁生涯の「秋」いよいよ深きを覚えたのは、悲しくも避けがたいことであった。この時代の翁は、渋沢秀雄氏の『私の角度から見た父』の中に、心ゆくまで描き出されている。その一部を引いてみよう。

私の家は、父の邸と電車通りを挟んだ近さのところにある。だから私は、夕食を済ましてからなど、ときたま父の邸に、いわゆるご機嫌伺いに出かけた。そして父が興味を起こしそうな本を携えて行っては、ときによると三、四時間も立て続けに朗読したものだ。

いったい父に書物を読んで聞かせるということは、ずいぶん昔からの習慣であった。

私の中学校から高等学校時代の夏休みなぞには、毎晩父が宴会の帰りで遅く戻ってくると、それから十二時半ないし一時頃までも、新聞の社説や経済欄や、または新刊の寄贈書なぞをよく読まされたものだ。読んでいる私が眠いのとつまらないのとで、声がボヤケたり、呂律が怪しくなったりして、聞き取りにくくなると、父は穏やかに、

「人に物を読んで聞かせるのは、その人に会得させるために読むんだぞ」——少し笑い顔になって、「そんな読み方じゃ、お前には解っても、聞いてる人には解らんじゃないか」

なぞといって、神経の弛緩している私を、ハッとさせた記憶がある。

そうかと思うと、私が折角一生懸命に読んでいるのに、父は女中に肩を敲かせながら、しかも玄翁（大型のかなづち）で杭を打ち込むほどの勢いで肩を敲かせながら、底力のこもった鼾をかいて眠ってしまう。こっちも張り合い抜きを感じて、自分にも解らないほどの曖昧さで、機械的に口を動かしていると、眠っていたはずの父の目が急に見開かれて、

「何？　おかしいネ。そこんとこもう一遍読んでご覧！」

とくる。ハッとして読み返してみると、二、三行飛ばして読んでいたのに気が付いたりして、油断のならないような、きまりの悪いような、妙な気持ちを味わったことがしばしばであった。

けれども、こういう夏休みの夜の朗読は一種の例外で、原則として私が父の前で本を読ませられたのは、父の病気の快復期が一番多かった。私の覚えている、その最も古い例は私が附属小学校時分、ちょうど日露戦争のとき、父が中耳炎を煩ったのちの快復期である。

巌谷小波さんの日本昔噺といったような叢書の中に、少年八犬士とかいうお伽噺があった。馬

琴の里見八犬伝を、子供っぽく仕組みなおして、少年八犬士を可愛らしく活躍させているようなお伽噺だった。父は子供の相手をするときは、その年頃の感情を持つことが出来る性の人であったから、そんな幼稚な本を、しかも十二、三の私が閊え閊え読むのにもかかわらず、喜んで聞いていてくれた。若いとき八犬伝が好きだった父は、その結構（話の荒筋）を諳んじているほどなのに、元来の童心に還って、

「秀、昨日は犬飼現八が庚申山で化物を退治るところまでだったかね」

などと釣り出してくれると、私は子供心にも非常な張り合いを感じて、欣々然（いかにもうれしそうなさま）として我が喜びを朗読に托したことを、今に至るまでよく覚えているくらいだ。

こうした、父の快復期に父の前で朗読する習慣は、父の晩年に近づくにしたがって、いつからともなく、次第にその期間を永めていった。それは父の病気の快復が、年を重ねるにつれて長引いた結果である。のみならず、それが父の弱点であった気管支炎も、晩年に近づくにつれて、年に一度や二度は必ず起こるようになった。

そして亡くなる三、四年前からは、今までほとんど病気の快復期に限られている朗読が、平素の健康状態のときにも延長されるようになった。

病気の快復期に、経過がはかばかしくいかないときなぞ、父は折々焦れたり沈んだりしていた。焦れたり沈んだりと書けば、誰でもが経験するあの病後の焦燥と憂欝とを連想するけれど、父の焦燥と憂欝とは、世間一般のそれらと大いにその趣を異にして、どこともなく大陸的な感じのするものだった。

「いかがでいらっしゃいますか。だいぶ今日はおよろしいようで……」

なぞと見舞いをいうと、父はいかにも心細い声を、息も絶え絶えに出して、

「よろしくはありませんよ。もう駄目ですよ。あーあ、わしも、とうとうこんな身体になってしまって……」

なぞと、天下の蒲柳(ほりゅう)の質（生まれつき身体が弱く、病気にかかりやすい体質）を一身に引き受けたようなことをいう。そこに一脈コントラストからくるユーモアを感じて、病室の者たちが、この毎度のことである朗らかな「甘ったれ」に微笑みかわすと、

「お前さんたち、人のことだと思って笑ってなんかいるけれど、今に後悔しますよ。あーあ、どうも気分が悪い、堪えられないほど苦しい……」

とぎれとぎれにこういって、声音(こわね)とは裏腹の、力の充実した動作でもって、ドカリと寝返りなぞを打つのだ。

「そんなにお苦しかったら、これからご病気のハナのうちをお気をつけあそばせ。少しおよろしいと、ご病気なんかそっちのけで、ご無理ばっかりなさるもんですから……」

母がこういいながら、掻巻(かいまき)（袖のついた着物状の寝具）を掛け直したりする。

「今そんなことをいったところで、直りやしませんよ。あーあ、どうしてこんな身体になってしまったものかね」

なぞといいながら、父はそれが癖である右手で額際を、トントントン、トトンガトンという風に、拍子をとって叩いたりなぞしていた。そんなところへ、事務所の人でもやってきて、話のカタが

まだつかずにいる事件、例えばある社会事業なら社会事業を、誰さんと相談してここまではこう取り計らったが、後をどういう風に進捗いたさせましょうか、なぞという打ち合わせになる。横臥（おうが）したままで聞いていた父は、いよいよ指図する段になると、いつからともなく全身に活気が漲り溢れてきて、肩ひじついて身体を浮かせたのが、やがては床の上に起き上がり、脇息（きょうそく）に両手を置いて坐り直し、一、二時間ほどもして事務所の人が帰る頃には、隣の部屋まで響き渡るような声で、何くれとなく懇篤（こんとく）な注意を与えているのが、よく聞かれたものだ。

しかし晩年になってからは、病気に対する自覚症状はありながら、気力の旺盛なために起こる歯痒（はがゆ）さといったような様子は、次第次第に少なくなっていった。医者の立場からいっても、平常の健康状態に復しているのだし、本人としても格別の自覚症状もないのだけれど、食事がうまくないとか、気分がはればれしないとかいった具合で、父らしい生活力の旺盛さが、その影を潜めてしまう状態が、幾日も幾日も続くようになってきた。

「格別のこともないのだが、どうも精神爽快というまでにいかんのでね」

見舞いの言葉に答えて、父はよくこういいながら、それでも九十を越えた老齢を眼鏡もかけず、顔を皺（しわ）めて、好きな楽翁公（松平定信）の本に読み入ってることなぞ多かった。

医者の立場から見て平常の状態に復し、また格別の自覚症状もないのにかかわらず、食欲ふるわず、気分が引き立たないという、「父らしい生活力の旺盛さが、その影を潜めてしまう状態」が続き出したのは、昭和三年（一九二八）春の胆嚢炎（たんのう）に罹（かか）ってからであった。

同年四月二十一日から風邪のため籠居静養中、五月初旬に至って急に変化を生じたのであるが、当時の状況は、主治医林正道氏の詳細な手記がある。

五月十四日　去る四月二十一日より御風邪の気味にて引き籠り、引き続き軽度の喘息を発し微熱往来せるも、五月二日に至り解熱、軽快に赴きつつありしが、五月六日に突然胆嚢炎を発し、体温昇騰、三八・二―三八・三に至る。しかるに五月十日午前突然肝臓部に疼痛を訴え、体温三九・八に昇騰、その夜に至り頓に解熱し、その後肝臓部の膨張漸次減退、爾来引き続き今日まで平温軽快に赴きつつあり。

十五日　一般状態前日と著しき御変化なし。御自覚症として訴えられる苦痛は、元気の恢復意の如く運ばざる点のみ。食欲は特に振うというに至らざるも、漸次量質共に進歩し、平食に近づきつつあり。局部の腫脹は日と共に減退、圧痛はほとんど認めがたく、順当の御経過と察せらる。

十六日　御容態前日と同様変化なし、御機嫌宜しき様に察せらる。

十七日　御容態に於て前日と同様、特に主訴さるる所は、元気の恢復遅々たる点なるも、御顔貌は輝きを生じ、御談話に力を増したることは疑いなし。下痢による腹鳴りは煩わしく思し召さるるも、当分止むを得ず。食気稍出でたりとの仰せあり。献立多少進歩の予定なり。局所の腫脹は著退なきも、圧痛著しく減じ、御軽快に向かいつつあり。

十八日　御容態は前日と略同様なるも、腫脹幾分縮少、漸次快方に向かわれつつあり。

十九日　昨夜の御安眠に拘らず、今朝稍不快を訴えらる。御食後に至りて幾分気分快く、御容態は前日同様、特に著しき変化なし。局所には全く圧痛去りたるも、腫脹部は依然として触診せらる。大体に於て御容態順調の経過にて、今朝の御不快は特別の故障に基づくものと認めがたし。

二十日　引き続き御経過は良好、一般の御容態と同様、平温、平脈、特に御持病の喘息は平日よりもよろしく、稀なる好経過なり。食欲逐日よろしく、量、質、共に稍平食に近く、御元気も日々増加の御模様なり。しかしながら、局所の腫脹は減退初めの如く進捗せず、仮令御苦痛は少なくとも、却って再発を防ぐ点に於て、特に今後恢復期の摂生慎重ならんことを要す。

二十一日　昨夜の地震にて幾分御睡眠を妨げられし為か、今朝は起床後稍不快を覚えられしも、間もなく御快く、一般御容態引き続き良好、今後も時々御経過に消長ある事は御覚悟の上、御自愛を申し上ぐ。昨日入沢先生の御注意により、なお六月中は一切の外出会合の御予約を御見合わせを願う。局所の所見、遅々ながらも順調に恢復しつつあり。

二十三日　一般の御容態著しき変化なきも、自覚的には依然として快然たるを得ずと訴えられる。しかも談笑の間には何等御不快の模様なく、独座寂莫と共に沈衰の模様あり。食欲良好、睡眠平安、ただ便通のみ整然たらず。局所の所見は依然として変化なく、腫脹に蝕知せらる、その他特記すべき異状なし。

二十五日　今朝一旦離床せんとして不快の為、再度就褥、一睡して初めて洗面せられ、稍快くなりしも、午後に至るまで快然たらず、昨日よりも稍元気振るわず、特に挙ぐべき自覚症なくして、一般に倦怠と不元気を訴えらる。歩行はもとより、正座、読書、共に快からず、ただ侍者の音読以外、心をやるべき策なしと訴えらる。しかも症状として記すべき異状なし。局所の所見は依然として変化なく、心なしか最近硬固の触感を覚ゆ。恐らく周囲の腫脹の減退の為ならん。努めて栄養恢復に献立の工夫を願う。

二十八日　昨今共に引き続き御異状なく御経過、局所の所見依然として退かざるも、少しも増大の模様なく、御談話の御様子一昨日より著しく御快きが如し。特に苦痛または不快の御訴えなし。

二十九日　一般の御容態引き続き御良好、御元気昨日よりよろしく、佐藤、入沢、大滝、三先生来診、御経過御順調と拝す。

三十一日　引き続き御気色よろしく、今朝は御離床後の御不快もなく、御食気平常の如く、午後初めて日本座敷御居間へ御歩行を試みられ、何等の御疲労を覚えられず、局所の所見、心なしか稍軽く縮少の傾きを感ず。

このときは、胆嚢炎という特殊の病気があり、高熱を出したため、影響を受けたには相違ないけれども、熱の特に高かったのは、わずかに一日、やや高かったのが前後一週間であるのに、その恢復のため二ヶ月以上を要している。もちろん胆嚢炎突発前の風邪静養の時代を入れての計算であるが、ちょっとした故障でも、かくのごとく恢復遅々たるに至った。

「父らしい生活力の旺盛さが、その影を潜めてしまう状態が、幾日も幾日も続くようになってきた」と、渋沢秀雄氏が記されたのが実状であり、心ある外部の人々まで、翁の健康に多大の配慮をなすに至ったのも当然であった。かくて、翁生涯の「秋」はいよいよ濃くなって行く。

十六、米寿祝賀会

昭和三年（一九二八）、翁は八十八歳にのぼった。翁の記念すべき年を、その折々に祝賀してきた竜門社が、翁の米寿を心から慶祝したことはいうまでもない。あるいは『青淵先生六十年史』を贈り、『論語年譜』を贈り、『青淵文庫』を贈った竜門社は、この年九月、特に賀宴を設け、記念品『青淵先生訓話集』『国訳論語』『訓点論語』『ポケット論語』「銀製文鎮」を呈した。

この年十月一日、全国実業家主催の子爵米寿祝賀会は催された。記念すべきこの会合を想いかえしてみよう。

夜来の雨は名残り（なご）なく晴れて、初秋の空高く澄み渡り、頬に戯れる微風もいとど快い。

帝国劇場北入口中央部の二本の柱に、燃ゆる朱に白く、渋沢家の定紋（じょうもん）、丸に交い（ちが）柏（かしわ）を染め抜いた旗が静かに垂れている。ホールには、佐々木勇之助氏や、大橋新太郎氏、中島男爵などの顔が見える。座敷への出入口の框（かまち）には旗が交叉してある。

左は紅に白く帝劇のマーク、翁の面を染め抜いたので、右は白地に紅く渋沢家の定紋を染めたのである。観覧席にはまだ人影がない。オーケストラ・ストールの中央やや前に、白カバー目に清々しき一群のシートは来賓席であろう。中に二つクリムゾン（深紅）の色鮮やかなのは、翁と夫人のであろう。

中央に立ちて仰げば、紅、紫、黄、緑、褐（濃い紺色。深い藍色のこと）、色とりどりのイルミネーションは、高く二条の帯となって瞬いている。けだし天の川を表現したのであろう。

時の進むにつれ、会衆は次第に集まる。午後四時三十分、翁は夫人と共に着く。佐々木氏が挨拶に来られる。中島男爵が来る。郷男爵がヒンデンブルクのような精悍な顔を出す。

ややしばし挨拶の人のとだえたところへ、増田義一氏が写真班を連れて来て、翁ほか一同をカメラに収める。フラッシュの煙、濛々たる裡を、大川平三郎氏が村山龍平氏を案内して来る。

この間に休憩所廻りをする。まず北側の喫茶室を見る。いつも花月の食堂であるが、今日はすっかり模様が変わっている。四方の壁は雌黄（やや赤みがかった黄色）の淡い地に、薄緑と茶色とで大きく渋沢家の定紋をあしらった大形の襖になって、青い御簾がかかっている。床は極めて薄い緑に、白の縁をつけた真新しい畳のようで、ありし昔の大奥の広間が偲ばれる。

次は三階の喫茶室である。見るかぎり武蔵野のようで、秋草繁り、薄は穂をなびかしている。ところどころに見える立木は栗である。木の間にほの白く見える秋の空は高く澄み、中天高くかかる月には雲もない。草間にすだく虫の音が、心にくいばかりに冴えている。

最後は別館の喫茶所である。紅葉のトンネルを抜けると、葭簀張りの小亭がある。幽邃閑雅（奥深くもの静かな趣があること）な日本庭園がとても可愛い。階段を登ると実る秋である。見渡すかぎり重く垂れた稲穂の波である。案山子の姿も面白かった。定紋つけた鳴子が振っていた。三階と別館がほの暗く、北側は極めて明るかったが、とりどりに趣深いものがあった。

かくして、五時やや過ぐる頃、開会を告げるベルが長く響く。席に着くと、次第書、余興「あやかり三番」の筋書、記念品（竜門社発行の『国訳論語』、『訓点論語』、ならびに『ポケット論語』）を置いてある。頁を繰る音、低き囁きが仄かに聞こえる。

やがて幕はするすると掲げられ、拍手の音一時に起こる。まず背景が目につく、上手、下手、よきほどに紅白の幕で仕切る。両側幕に接して偉大なる老松をあしらい、上は翠滴る松葉をもって画る。松の奥はやや疎らな竹林の模様、竹の次は姿面白く曲がりくねった老梅である。嵯峨たる（けわしい）枝は上部において参差（入りまじるさま）し、紅白の花が銀色燦たる空に見事に咲いている。奥深く梅の枝にかけられたる偉大なる木額一つ、墨痕淋漓（墨で表現したものが生き生きとみずみずしいさま）、題していわく、「祝渋沢子爵米寿。」

中央やや奥まりたるところに、翁を右にして夫人が椅子による。中央フット・ライトに近く大形の卓が置かれる。菊の盛花鮮やかに、テーブル・クロスのフーカス・グリーンが、床に敷かれた緋毛氈と好個の対象をなしている。翁の後ろに近親の方々が一列に位置する。翁の右にやや離れて、田中総理大臣威儀を正して正面を切り、左手、やや離れて中島男爵、団男爵、郷男爵が控える。中島男爵の開会の辞に次いで、「子爵渋沢栄一閣下米寿祝賀会総代」としての団男爵の祝賀文朗読があり、読み終わると賀詞を巻きおさめ、喝采裡に翁が進み出て受けた。フラッシュの光、閃々として眩い。渋沢敬三氏、翁に近づき、賀詞を受け取る。またしてもフラッシュの音。翁の席に帰るのを待って、中島男爵が進み出る。

「次に来賓総代田中総理大臣閣下の御祝辞がございます」

首相悠々と起ち、卓に近く進み、姿勢を正し、悠然と眼鏡をかける。フラッシュをきっかけに一礼してのち、おもむろに祝辞を朗読する。

「炎雲散ジ尽シテ、新秋人ヲ健ヤカナラシムルノ時、茲ニ青淵先生子爵渋沢栄一翁ノ寿莚ニ来リ会シテ、所感転タ深シ。顧フニ翁ノ今日アルハ、明治維新ノ鴻業将ニ成ラントスル幕末多端ノ風雲ヲ望ミテ、一意勤王ノ志ヲ抱キ、自ラ同志ヲ糾合シテ国事ニ奔走シ、世局稍収マルヤ、国基ヲ樹ツル須ラク宇内ノ大勢ト相呼応スベキヲ思ヒ、夙ニ海外ニ歴遊シテ欧米ノ国情ヲ究ハメ、識見ト抱負トヲ齎ラシテ帰朝スルヤ、明治ノ新政府ニ召サレテ、財政ノ枢機ニ与カリタルニ始マル。是レ翁ノ閲歴自ラ凡百ノ士ト其ノ趣ヲ殊ニシ、異彩ヲ放ツ所以ナリ。看来レバ我国財政経済ノ発達、央バ即チ是翁ノ伝記ナリト云フモ、敢テ溢美ニハアラズ。

当時封建ノ遺風未ダ去ラズ、動モスレバ実業ヲ軽侮シ、理財ヲ卑シミ、民業ノ勃興容易ナラザルノ世態ニ着眼シ、国家財政ノ確立、公私経済ノ発展ヲ以テ其ノ使命トナシ、野ニ下ルヤ、先ヅ立合略則ヲ著述シテ商事会社ノ設立普及ヲ促ガシ、或ハ自ラ本邦最初ノ銀行タル第一国立銀行ノ創立ニ尽力シ、推サレテ其ノ総監役トナル。

尋デ東京商法会議所ノ創設ニ鞅掌（いそがしく働くこと）シ、株式取引所ノ開始ニ尽瘁スル所アリ、銀行集会所ニ於テモ最初ノ委員長ニ挙ゲラル。其ノ他鉄道、船舶、紡績、製紙、生糸、炭礦、麦酒、牧畜等、凡ソ本邦経済界百般ノ事業施設ニシテ、其ノ始メ翁ノ力ニ待タザルモノ蓋シ少ナシ。平生財政経済ノ完備統一ハ其ノ基礎教育ニ存スルヲ信ジ、東京商科大学ノ前身タル商法講習所ノ開設ニ力ヲ尽シテ、邦家永遠ノ計ヲ樹テタル翁ノ深慮遠謀ニ至テハ、殊ニ敬服措ク能ハザル所ナリ。其ノ論語ト算盤トヲ抱ク身ヲ以テ、民業従事者ノ範ヲ示サルル如キ、其ノ精神ヤ平易ニシテ、真ニ非凡ナリト謂フベシ。翁ノ炯眼ハ内稍々整フヲ待チ、一転シテ更ニ外ニ向ケラレタリ。屡々欧米ニ赴キ、中国ニ遊ビテ、殊ニ我国ト最モ重要密接ナル経済関係ヲ有スルアメリカ及ビ中国等トノ親善ニ力ヲ致シ、民間ニ在テヨク政府ノ外交方針ニ資益シ、国力ノ進暢ニ寄与セラレタルノ功ハ、中外ノ倶ニ深ク感謝スル所ニ係ル。現ニ国際連盟協会会長タル外、各種ノ国際的事業ニ関係セラレ、老軀ヲ提ゲテ益々友邦トノ親善ニ其ノ労ヲ厭ハズ努力セラレツツアリ。又翁ノ志、常に輦轂（天子の乗る車）ノ下タル帝都ノ品位ヲ高メ、文物ヲ充タシムルニ在リ。故ヲ以テ拮据（いそがしく働くこと）ノ事業、概ネ東京ヲ以テ本拠トナシ、進ンデ意ヲ東京ノ市政ニ傾ケ、其ノ刷新振興ニ力ヲ貸シ、隠然市民ノ慈父ト仰ガルルコト久シ。更ニ翁ガ経世ノ志ヲ寓スルコト深ク、社会事業ノ先覚者トシテ一般慈善救済ニ力ヲ注グト共ニ、産業ノ発達ニ伴フ労資ノ関係ニ顧念シ、之ガ協調ニ尽瘁セラレ、自ラ或ハ中央社会事業協会ヲ主宰シ、或ハ東京養育院ニ院長タリ、或ハ協調会ニ副会長タルハ、普ク人ノ知ル所ナリ。又軍人ノ遺族、廃兵ノ救護等、軍人後援ノ事業ニ就テモ、報効会ヲ起シテ其ノ会長トナリ、頗ル熱心に尽力セラレツツアリ。

翁ガ邦家ノ進運ニ裨補（助けおぎなうこと）セラレタルノ功績、数へ来レバ愈々広く愈々深シ、是ヲ以テ其ノ貢献シタル所畏クモ天聴ニ達シテ、」

総理大臣粛然襟を正して一礼し、満堂さらに静まりゆく。朗々たる声が続く。

「曩ニ勅諚ノ褒賞ヲ賜リ、尋デ特ニ華族ニ列セラレ、後陞爵ノ恩命ヲ蒙ムル。之実ニ実業家授爵ノ嚆矢タリ。

翁今ヤ齢将ニ九十ナラントシテ、盛名清福両ツナガラ之ヲ領シ、一門ノ繁栄ニ万民ノ羨望ヲ集メ、幾百千人ナルヲ知ラザル及門ノ士ニ囲繞セラレテ寿莚ニ臨ミ、然カモ老イテ益々壮ンニ、意氣愈々昂リテ、其ノ童顔ハ恰モ玉ニ似タリ。誠ニ欣羨慶祝ノ至リニ堪エズ。

冀クハ九十ヨリ百ニ至リ、寿ニシテ康、以テ益々邦家君国ノ為ニ報効セラレ、仁者寿シノ実例ヲ示シテ、後人ノ鑑ヲ貽サレンコトヲ。聊カ蕪辞ヲ陳ベテ駕忱ヲ表ス。

昭和三年十月一日　内閣総理大臣男爵　田中義一」

なかなかよい声で、気息がまた素敵につづく。読み終わって落ちつき払って祝辞を巻く。私語幽かに聞こえる。首相、祝辞を卓に置き、眼鏡をはずすや、翁起ちて挨拶を交わし、首相が席に着くと、中島男爵が起って来て、ちょっと翁に耳打ちをする。やがて翁は、正面の卓に近くニコニコとして進み出た。喝采一時に起こり、さすがの帝劇も揺るがんばかりである。

「感極まって申し上げる言葉を、ほとんど失うと申さざるを得ませぬ。かくのごとき光栄をお与えくださった諸君に対し、深く感謝いたします。只今団君からお述べくださった事柄も拝聴しましたが、多少溢美（いつび）と申しましょうか、むしろ恐縮に存じます。しかしありがたく拝受いたしました。特に総理大臣閣下から、御鄭重なる祝辞をお述べくださいまして、私の既往の経過について、ほとんど詳細に、この点はこれこれ、かの点はこれこれと、個々の関係についてまでお読みくださいましたことは、何たる栄誉でございましょうか。国事御鞅掌（おうしょう）（いそがしく働くこと）の御身柄、ことに百事御多端の折からにかかわらず、かく詳細に御取り調べくださいまして、かかる御祝詞を賜わるのは、実に感極まって陳謝の辞なき次第でございます」

写真班の包囲攻撃である。オーケストラ・ストールからしきりにやるのに応じ、花道の一隊が盛んに活躍する。とうとう舞台際まで乗り出して押し揉んでいる。

無量の感慨に面を輝かした翁は、暴挙の計画から説き起こし、一橋時代、幕末時代を経て、ヨーロッパ旅行におよび、こう述べた。

「この五ヶ国を巡視する間に、詳しくは知り得ませぬけれども、海外の官民の接触する有様、ことにフランスにおりますときには、常に民部公子のお側にいて、お世話をするために、ナポレオン三世から付けられたコロネル・ヴィレットという人と、幕府から頼んで事務上の心配をしてくれた元総領事フリュリ・エラールという人との接触の有様を見ると、日本の有様と全く違っている。これには深く感じました。

ヴィレットはコロネルでお役人、フリュリ・エラールは銀行家でございますが、その間何らの懸隔がなく、全然対等でございます。我が国の有様と比較して、その差の余りにはなはだしいのに驚きました。真に雲泥霄壤（うんでいしょうじょう）の相違でございます。前にも申しましたように、かねて我が国の官尊民卑を慨嘆していた私としては、かくなくてはならぬと深く感じたのであります。

話が前後しましたが、前申したような訳でいよいよ帰朝してみますと、慶喜公は逆賊の名を受けて静岡で謹慎恭順しておられました。私は百姓育ちではございますけれども、何か国家に貢献したいという観念から、政治界に立とうという野望がないでもなかったのでございます。しかし今は、その望みも全くない。といって、学び得たこともない。

しこうして、海外の有様を見ると、前申した通り、あちらでは対等であるにかかわらず、我が国官民の差が余りにはなはだしいのは、困ったものである。いったい国家は真正の富を増さねばならぬ。富を増すとともに、この官民の差別を改めることが必要である。

もう自分は政治家として世の中に立つことは出来ぬが、せめてこの間に立って幾分貢献する途がありはせぬか、これをもって一身の事業としようという観念を、フランスにいるうち、もしくは帰ってのち、強く起こしたのでございます」

翁の声、やや涸れて聞えたので、ちょっと驚いたがただちに恢復（かいふく）し、力強い音調で続けていく。

「明治二年（一八六九）の冬、新政府へ召されて、大隈侯などから種々説諭を蒙（こうむ）って、大蔵省へ入りましたけれども、けだし本志ではありませんでした。このときも私の心としては、実業界の発達を計らねばならぬ。それにはこれに従事する人々の力を進めて、政治界もしくは学問界その他の方面と相接触して見劣りのせぬように、共に立つ有様でなければ、我が国の真正の富強は期せられぬ。ぜひこの目的に向かって努力してみたいということを、深く感じておりました。

この時分には、井上さんの手に付いて働いておりましたが、明治六年（一八七三）、井上さんが職を辞すると共に私も退き、ここに初めて銀行者と相成ったという訳でございます。

総理大臣は只今、立会略則を作って力を会社事業にいたしたといって、格別ご称讃くださいましたが、これ合本法でなければいかぬということを、海外旅行中に多少感じましたために、しきりに骨を折りましたが、実際のことを知りませんので、悪くいえば探り足でありました。しかしどうしても、官民の隔絶を除かねばならぬ。これは動かすべからざるものであると深く信じました。

私の力がすこぶる微なるため、何らなしとげたことはありませんが、気運がちょうど向いていたと見えまして、爾来六十年間の実業界の進歩発達は、予想以上でございます。その事柄が進歩発達したというよりは、これに従事する人柄が変わった有様でございます。

はなはだ失礼な申し分でございますが、今日お集りの皆様が、この私の八十八を祝ってくださるということについて、――かつては実業界で働いた身でございますが、今は名もない老いぼれた爺でございますが、その私をお招きくださって祝意を表するについて、――総理大臣が親しく臨席され、かかるご祝詞をお陳べくださるということを見ても、いかに官民が密着したかは明瞭でございます」

急に霰(あられ)のごとき拍手起こる。翁の音吐(おんと)は一段の強さを加え、豊頬さらに紅を増した。

「かく考えますと、ヨーロッパから帰りましたとき、明治の初め、私がかくありたいと思った観念は、誠に漠然たる思案でありましたけれども、今顧みても決して妄想ではなく、真理であったということが、今までも朧気(おぼろげ)には思いましたけれども、今夕誠によく分かったと申してよいと思います」

拍手の音が高い。

「かく考えますと、今夕かかる席をお設けくださって、私に光栄をお与えくださったと共に、世の中の実態をご証明くださったと申し上げなければならぬのでございます」

喝采、雷のようである。

「身の上話を長々と申し上げて、一向お礼の言葉にならないので恐れ入りますが、どうしても世の中は平等になる時代が来るであろう、実業界の位置を上げねばならぬという、私のこの思い入れが誤りでないということが、確かに証拠立てられたと思いますと、我が身を祝ってくださるありがたさよりは、国家のため誠に慶賀に堪えない次第でございます」

歓呼の声湧く。翁はいよいよ元気を加え、声ますます高まる。

「団君のご祝辞の中に、さらに祝ってやるから、八十八以上の寿を保てということでありましたが、そのときも出席いたしまして、八十八のときはかような謝辞を申し上げたけれども、その以後はかようでありますということを申し上げて、お礼を申したいと思っております。これからいっそう身体を大切にいたしまして、皆様のご厚意に報いたいと思います」。

十七、栄誉

昭和四年（一九二九）は、単独賜餐の光栄に浴したことによって、記念すべき年となった。年まさにゆかんとする十二月十九日、聖上特別の思し召しをもって、宮城に召されて午餐の御陪食を賜ったのである。翁はフロックコートにシルクハットで渋沢敬三氏を伴い、「七十七号」の自動車で午前十一時四十分頃渋沢事務所から参内した。

畏れ多いことであるが、御食卓では、陛下の右の席を賜わり、陛下の左が牧野内大臣、その左が一木宮内大臣、私の右が関屋次官、その右が鈴木侍従長、それから木下侍従と奈良侍従武官長が席を賜わった。食事中および食後別室に退いてからも、陛下から直接の御言葉はあまり賜わらなかった。牧野さんや一木さんが質問するのに私が御答えする、それを、陛下が傍でお聴き下さるという具合であった。

一木さんだったか、牧野さんだったか、まず、私が民部公子のお伴をしてヨーロッパへ行ったときのことについて、

「お前が最初ヨーロッパへ行ったのは、大変古いことだったが、いったいどんな服装をして行ったか、可笑しいことにもずいぶん出会ったろう」

と問われたので、それについて一々ご返答申し、特にナポレオン三世から受けた私の印象についてお話し申し上げました。

「一八六七年（慶応二）に、パリで開かれた万国博覧会の開会式場に臨んで、ナポレオン三世がやった演説は行き届いたものであった。しかし一方から見ると、誠に尊大で、なるほどと感じさせられる中に、いかにも世界を一呑みにするといったような不遜な点が窺われました。ナポレオン三世が申すには、

『人の知識は眼から入る——いわゆる百聞一見に如かずで——眼によって知識が開かれる。が、しかし、眼から入るについては、その入れる方法がある。このたび開いた博覧会は、この方面に意を用いた。たとえば、緻密なものの次には厖大なもの、新しいものの次へは古いものを置くといった具合に相関連せしめた。だから、かくのごとき設備を見て感興を起こさないものは、とうてい役に立つ仕事をなし得ざるものである。なお、幸い出品陳列については、各国よりの援助により、人目を驚かすに足るほどの設備をなし得たことは、私の喜びに堪えぬところである』

と、いかにもえらいことをいう。なるほど、帝位に即くだけあって賢才であるなと、そのときは深い印象を受けたのでありました。

ところが、この人が数年後には捕われの身となったことを聞いて、かれこれ思い合わせ、無限の感慨を抱いたのであります。それから、ベルギーでレオポルド王が、小さい民部公子に製鉄の話をされました。

「鉄を使う国は強い、鉄を産出する国は富む、日本もまず鉄を使って強くなることが必要である。

鉄を使うためには外国から買わねばならぬ、買うならベルギーの鉄を買うように希望する」と、まことにうまいことをいわれました。しかし、孔孟の教えを学び、武士は食わねど高楊枝の空気につつまれていた私には、

「この王様は変なことをいわれる、王様ともあろう人が、かかる商売めいたことをいわれて差し支えないものか」

と疑った。だいたいこのような御話を申し上げましたら、陛下にも多少の御興味をお持ちのように拝されました。それから今度は、私が青年時代から今日までの経過について、次のようなことをお聴きに達しました。

「全体私は、若い時分には乱暴と見えるような思案をしました。ちょうど黒船が初めて日本に来た頃のことで、いかにも徳川幕府の仕打ちが物足りない。こんなことでは国家を無力に陥れる、何とかしなくてはならんと決心しました」

と前提して、そのとき私がやったことを、こうでした、ああでしたと、多少筋道立ててお話し申した。

それから、フランスへ行ったことについて申し上げ、郷里におった頃の攘夷の主義と、一応は相反するように思われるかも知れませんが、実は初めには外国嫌いであったが、しかし京都で慶喜公の下におって、種々なことにぶつかってみて、私の考えが間違っていたことに気が付いた、なるほど道徳倫理については西洋諸国に劣るところはないにしても、科学的方面は、これはどうしても西洋に学ばねばならないと考えておった際であったから、喜んでフランス行きをお引き受け

したことをお話ししました。

「かの地へ行ってから、種々目論見（もくろみ）を立てて、いよいよ研究にかかろうと思っておったとき、折悪しく慶喜公の大政奉還となり、民部公子の水戸藩相続となって、日本に帰らなくてはならないことになりました。

私は、大政奉還のことを遠いパリの地で聞いて、事情はわかりませんでしたが、とにかく帰って参りました。そして、帰国の上は、いまさら百姓にもなれぬので、思い返して、しばらくでもヨーロッパへ行っていた間に学び得たことで、我が国に欠けている点、すなわち官民接触の具合い、それからその両者の調和、換言すれば、人の器に応じて差別なく仕事をする道を開きたい、それには合本組織で商工業を経営したいと決心いたしました。

このことは、静岡藩にいる間に大久保一翁などの人々に、しきりに勧めてやりかかっておりましたところが、ちょうど大蔵省から呼び出されて、どうしても出仕しなくてはならないようになったから、いたしかたなく東京へ出て、辞退するつもりで大隈さんに種々書生論を述べたところ、却（かえ）ってやりこめられ、ついに大蔵省の官吏となりました。

そして明治二、三、四、五と四年おって、六年に井上さんと一緒に退き、ここでいよいよ、私が前もって思っておった官尊民卑の弊風打破の実を挙げるために、微力をいたすことになりました。それには合本組織で有力なる事業を経営するが一番よいと思って、まず第一国立銀行に関係したのであります。

爾来種々の会社を経営し、幸いに大した過失もなく、引き続き実業界にあり、のち隠退して今日に至ったのであります。

振り返って考えてみると、私のその時の思い入れというものは、たいして深い根拠はなかったかも知れませぬが、しかしそう間違ったものでもなかったから、十分ではないが、今日の功を奏したので、昨年私のため八十八の祝賀をしてくださったときのごとき、時の総理大臣が親しく臨席されて、過分の祝辞を読まれたような次第で、官尊民卑の風も矯正されたと心から感じました」といったようなことを申し上げたのでありますが、陛下にもお耳をお傾けになったように拝しました。また、

「かように長生きいたしますと、時に命長ければ恥多しの感を起こすこともありますが、今日のこの光栄に際会しますと、長生きしてよかったと衷心より思いまして、これに越す栄誉はないと存じます」

と申し上げたのであります。

要するに、今日は特に御座所近くの御室にて、いかにもおくつろぎのご様子で、私がお話し申し上げていると、時々お微笑をさえ浮かべておいでになりました。私は、大正十年（一九二一）の末にワシントン会議に際して、一私人としてであるが渡米し、翌年帰国をしましたが、そのとき、陛下に拝謁仰せ付けられたことがあります。もちろん当時は東宮時代で、摂政宮であらせられました。

今日再び親しく拝謁してみると、畏れ多い申し分でありますが、ご様子が全くご立派になっていさせられました。私は、今日の、陛下の厚き思し召しに感佩（かんぱい）（心から感謝して忘れないこと）する

と共に、自身の長寿を思い合わせて、長命のありがたさをしみじみ感ずる次第であります。

翁の謹話によって察せられるように、この賜餐は翁のために、翁のみのために御催しあそばされたのであった。さればこそ、老人の口に合うような極めて特殊の御献立であったと洩れ承ったのも、有り難きしだいである。

翁は従来、すでに御優遇を蒙り、従二位勲一等に叙せられ、旭日桐花大綬章を賜わり、子爵を授けられたけれども、記し来ったところによって明らかなように、拝謁を賜わる機会は少なかった。しかるに、特に単独御陪食を仰せつけられたのは、真に破格の御待遇と拝察し奉るのである。翁が、

「自身の長寿を思い合わせて、長命のありがたさをしみじみ感ずる次第であります」

といったのは、真にそのところである。

この光栄に感激しつつ、翁のまず聞こえ上げたことは何であったろうか。ナポレオン三世の不遜傲慢な態度であった。よしや、まず提供された話題が、民部大輔に随行したときのことであったにしても、この旅行に関連して話すべき題目は多い。何も特に、ナポレオン三世のことを挙げねばならぬはずはない。話の糸口をつけた人々にしても、翁の長きにわたる体験を親しく聴かんとするにあって、その最初としてこの旅行について聴いたのに過ぎない。

しかるに翁は、ただちにナポレオン三世に焦点を置いて説き出した。けだし、若かりし翁を刺激するところ強く、フランス旅行といえば、ただちに想起されるためでもあろう。当時の威容盛観（重々しく立派で盛大なさま）に比し、爾後の変遷余りにはなはだしき無量の感慨禁じ得ないためでもあろう。

しかしまた、聖上に奏上するために、特に選んだ題目であったと想像することは誤りであろうか。御進徳の資にもとの念慮をもって、身親しく見もし聞きもした西欧王者のことをもってしたと見ることは僻目（見まちがうこと）であろうか。

一読して感ぜられるであろうごとく、その表現はいかにも平板であるが、これをいう翁の衷情は察せられるのである。かく観じきたれば、ただちに転じてレオポルド王のことに触れた理由も分かる気がする。しこうして、合本組織のことにおよび、官尊民卑の打破を論じ、米寿祝賀会における挨拶をもって結んでいる。

後段、六十年の努力とその結果を奉答せるは、翁として当然であるが、その前提にフランスの王者を捉えきたったのは、聖徳御涵養に資せんとする深慮からであろうと察するのも、無理ではないと思うものである。

この御優遇に浴した翌年、昭和六年（一九三一）五月十二日、大宮御所に参入し、皇太后閣下に拝謁を賜わった。

かねて昨年秋頃から、内々で謁を賜うとの御沙汰がありましたけれども、老人の私は病気がちのため、御ゆるしを蒙っておりましたが、この頃では外出しても差し支えないまでに恢復いたしましたので、敬三が入江皇太后宮大夫と知り合いの間柄であるところから、入江大夫から御様子を伺って戴くと、十二日の午前十一時頃か十九日の午後一時頃ならばということでありましたから、十二日の午前十一時に参殿したのでありまして、別にとりたてて御話しするほどの事柄ではありませんが、私としては光栄この上ないことでありました。

御承知の通り、私は年来癩病の絶滅について思いをいたし、現に癩予防協会の設立に尽くし、その施設をなすべく、内務大臣の安達さんなどと相談して議を進めておりますが、このことが畏れ多くも、皇太后殿下の御耳に入り、癩病の撲滅ということは非常に大切なことで、外国でもいろいろその方法を講じていると聞いておる。しかるにこの病気は、日本にもあるそうである。渋沢などが大変心配しているのは、奇特の至りである。

いずれは費用も相当かかるであろうから、内帑（ないど）の節約を出来るだけして、その費用の中へ下賜金をしたい。そしてそれは一度には難しいから、毎年一万円程度を十ヶ年くらい支出するようにしたいゆえ、基本金の中へこれを差し加えることにしてもらいたいという意味の御事を、一木宮内大臣を通じて、安達内務大臣にまで御内意がありました。

このことを安達さんが渋沢事務所へおいで下すっての御話なので、私は実にありがたい思し召しに感泣した次第で、先の短い身ながら、出来得る限り予防協会のため尽力せねばならぬと思いました。

実際かような事業は、官民協力して行うべきでありまして、国家的にならねば完成は困難でありますが、そこへ、皇太后陛下がかくまでの思し召しを下さるのでありますから、私としては厚く御礼も申し上げねばならぬと考えていました、旁御所へ罷（まか）り出で拝謁を賜わったのでありました。

皇太后陛下に拝謁しましたことは数度で、一度は宮中、また一度は震災後、協調会で罹災者救護の方法を設けていたとき、行啓あそばされて親しく御言葉を賜わりました。それから今一度は慈恵会の病院が出来たとき、これを御覧のため同じく行啓になりましたときでありまして、いずれも当時はなお、皇后陛下であらせられました。

畏れ多い申し分ではありますが、何かにつけて私の事業のことを御心にかけさせられまして、種々近況について御下問を受けましたので、予防協会のことを御答え申し上げました。すると、私の老齢のことを御察し下さいましたものと拝察されまして、癩患者の絶滅に対する施設に熱心であるのは結構であるが、無理をして身体を壊さぬように、身を大切にすることを忘れないようにとの、もったいない御言葉を頂戴いたしました。

しかもまた、拝謁の折には椅子を賜わり、腰を下ろして対話するがよいとの仰せでございましたけれども、私はいささかの時間を失礼に当たってはと存じまして、立ったままで奉答申し上げましたところ、二度ばかりも、腰を下ろしたらよかろうと、老人を御労わり下さる御様子に、恐縮いたしましたような訳でございます。

そして、予防協会への御下賜金のことは別してありがたく拝承いたしましたことや、協会の法立ては未だ着手までに進んでおりませぬから、効果の現れますのは後々のことで、申さば気の長いことでございますが、一時も放擲しておくことの出来ぬことであります。

それを、陛下には万事御慮り下さいます思し召しは、事に従う私どもの光栄のみではございませぬ旨を申し上げ、かつ私としましては、年齢が年齢でありますゆえ、その効果の見えるまで努力し得るかどうかは予断のかぎりではありませぬが、まず癩病は空気伝染の惧れはないということに学者の意見も一致しておりますから、浮浪患者が約五千人あるという中で、千百人は東村山の全生病院で収容しており、なお千四、五百人を他の療養所で目下収容しているから、残りが二千五、六百人あるのを収容隔離することを目的とするものであります。

また自宅にあって療養している者はかなりある見込みであるが、これらは現在のごとき特殊の療養所に強制的に収容することは出来ないから、政府が隔離法を制定して、それに依らしめ、伝染の憂のないようにする。

そしてこれが撲滅には相当の年限を要する上、癩患者といえども、人として生まれて来た者でありますから、自然に死ぬまでは、この隔離所で慰安の方法を講じ、楽しく老後まで生活出来るようにすれば、凡そ四、五十年、少なくとも三十年くらいの年月は見込んで、その後においてこの病人が死に絶えるとき、効果が現れるということになっております。アメリカのごとき最もこの点に力を入れておるのであります。などと申し上げ御聴きに達したのでありました。

陛下には、私が養育院に尽力していることを、よく御承知であらせられます。さきに大森さんが皇后宮大夫であられましたとき、陛下の仰せであるとて、表立たないで養育院の参観に御出でになったことがあります。そのときに御内帑(ないど)金を下されましたので、その御礼言上に参内いたしましたところ、料(はか)らず拝謁を賜わりました。そのとき私が養育院に関係したそもその初めから申し上げ、すでに五十年にも相成りますと申し上げました。

すると、陛下には怪訝な御様子で、渋沢は幾つになるかとの御尋ねでございました。私はちょうど七十八歳のときでありましたから、その旨を御答え申しますと、はじめてなるほどと御頷きの御模様に拝しましたが、丈夫そうだからなお長年月経営が出来るであろうとの御言葉を賜わりました。

今度は癩予防のため私が努力していることを嘉せられました上、何分老年であるからという労わりの思し召しにより、拝謁を賜わったので、特に御紋章入りの御盃と、鶴の置物と、宮中で御養蚕あそばされた糸で織った反物、および御菓子を頂戴いたしました。

実に一般的な形式上の拝謁でなく、何とも御礼の言葉もなく、ひたすら養育院や癩予防に尽くさねばならぬと、今更ながら覚悟したような訳であります。

十八、手術

翁生涯の「秋」は次第に深い。翁の顔に、態度に、次第に「老」の影が刻まれて行く。

筆者がはじめて翁に親しく接した、大正三年（一九一四）頃の溢るる元気、輝ける顔色は、今はどこに求むべくもない。

渋沢子爵は今や東京近郊の別墅においで静かに晩年を送っているが、一見高齢なることは分かるけれども、かつて強壮であった体格は今なお頑丈で、腰も曲がらず、あたかも風雪に鍛えられた亭々たる巨木の概を示している。その眼光は鋭く、その記憶力は驚くべきものがある。

　子爵の含蓄ある談話を傾聴し、永き生涯の実歴談を聞いていると、日本の現代化の全期間にわたる堅固なるアーチが夕陽に燦たるを目のあたり見る心地がする。

と、セーラ・M・ロックウッド女史が、『ウォールズ・ウォーク』一九三一年六月号に発表した感想文、「日本の渋沢」を結んだのは当然であって、ことさらしく引用する必要もないほどである。しかるに、あえてこれを掲げるゆえんは、昭和六年（一九三一）の翁がいかに他人の眼に映じたか、ことにはじめて会う海外からの旅行者の眼に、いかに映じたかを知りたいためである。エトランゼ（外国人）としては、この時代の翁をよく見ているといわねばならない。何ら異議を挟むべきところはない。それだけに、翁の「老」の色のいよいよ濃いのを認めざるを得ない。

　女史としては、見るままに、感ずるままに、グランド・オールド・マン・オブ・ジャパンに対して、許すかぎりの礼讃をしたつもりであろう。しかるに、結果はいかがであろうか。

「かつて強壮であった体格」をたたえ、「永き生涯の実歴談」に傾聴することを喜んで、何ら将来におよぶところがない。「堅固なるアーチが夕陽に燦たるを目のあたり見る心地がする」と結んで、むしろ得意であろうと思われる。

　この昭和六年（一九三一）の、翁の動静をたずねてみよう。元旦は、曖依村荘において年賀を受けた。が、前年末風邪にかかり静養中であったため、恒例の第一銀行の年賀式には列しなかった。爾来静養を続けたが、一月二十六日、病を押して第一銀行定時株主総会に出席した。けだし、佐々木頭取退任の総会であったからである。

二月もまた、在邸静養を続けた。三月一日、第一銀行新旧頭取送迎会を曖依村荘において催し、越えて三日、中日実業会社相談役会に列し、翌四日、帝国劇場興業記念日午餐会に出席した。そののちまた、籠居の日が続いた。

四月八日、日本女子大学校臨時評議員会を曖依村荘に催し、十三日、渋沢信雄氏の結婚披露会に列し、三十日、徳川公爵を華族会館に訪問した。

五月に入って、やや元気を恢復し、二日、秀雄氏の出陳画を観るため、春陽会展覧会に赴き、五日、癩予防協会評議員会に列し、十二日、大宮御所に伺候して、皇太后陛下に拝謁を賜わり、十九日、日米関係委員会協議会を主宰し、二十六日、癩予防協会理事会、ならびに協調会理事会に出席し、三十日、国際連盟協会評議員会に出た。

六月十日、第六天徳川侯爵家を訪ね、十三日、東京市養育院本分院に赴き、十八日、報效会理事会ならびに評議員会に出席し、さらに如水会茶話会に臨んだ。十九日は、当時翁の招待によって来遊中であった、ハーバート・S・ヒューストン博士を中心とする日米関係委員会主催午餐会を曖依村荘において催し、二十二日、日本女子大学校新旧校長送迎会に列した。

七月は四日、東京石川島造船所重役を曖依村荘に招き、二十七日には第一銀行定時株主総会に出席した。けだし、新頭取石井健吾氏の初舞台に光彩を添えんがためであった。

八月は五日に、ヒューストン博士送別茶会を曖依村荘に催し、九月には六日夜、中華民国水災同情会長として、曖依村荘より放送しただけであった。

記しきたって、翁の日程の淋しさに驚くものである。この頃の翁を渋沢秀雄氏はこう見ている。

父は肘掛けの付いた籐椅子に、いつでもゆったりと腰をおろしていた。足のところには部厚なクッションが置いてあって、特に陽気の冷える時分には、黒っぽい毛布で腰から下を包んでいることもあった。黒塗りの粗末なその籐椅子は、北側の壁を背に、マントルピースの傍に置かれてあったので、父の頭はほとんど壁に着くくらいの位置で、椅子の背に凭せかけられていた。いきおい、胸から脚部に亙るカーブは、理髪店の椅子に仰向けさせられるほどの緩徐な線を描いて、地味な袖口から出ている左右の手頸は、力を抜いたまんまの形で、極めて自然に開かれた十本の指は、肘掛けをつかむような恰好で軽く置かれている。

プロフィールの形がよい偉大な頭、ボリュームに富んだ鼻、ちょっとヨーロッパ人に似た皮膚の光沢、さては、画に描いた布袋様のような腹、それらが総て、いかにものうのうと寛ぎきった、まことに天空海濶の姿勢であった。

私の読み声につれて、父はある時は無邪気に笑い、時には反問を試み、そしてある時はおもむろに玩味し、長い時間まったく飽くこともなく聞き入る様は、九十二の老人とは思いもよらない、根の善さと敏感さとがあった。

私はこうして本を読んでいる際なぞに、父の晩年ことに好んでいたらしい、陶淵明の帰去来の辞にいわゆる、「聊か化に乗じてもって尽くるに帰せん、夫の天命を楽しんで復た奚ぞ疑わんや」という末尾の句の境地に、父は身も心も到達し切っているんじゃないかということを、ハッキリ感じさせられた折が時たまあった。

外部に出て活動する機会を、医戒によって制限された翁は、自邸に在って静養する日が多かった。持病喘息に煩わされた翁は、横臥を嫌い籐椅子によることが多かった。この状態は、八月となり九月となって次第に多くなっていく。

淋しい翁の日程は、十月に入り、さらに淋しさを加える。月初より訴えた腹部の不快は次第に苦痛を加え、ついに腸閉塞の状態となり、そのまま放置しがたきに至った。かくて種々協議の結果、手術を行うことになった。そして、入沢達吉、佐藤三吉、大滝潤家、ならびに林正道、各国手（名医。名人医師の敬称）より、翁にこのことを申し出た。もちろん、身近い親族の人々も同席してのことであった。翁は、一同の切なる申し出を承諾した。しこうして、十月十四日決行のことにきまった。しかるに、翁は手術の日に先だつ二日、十二日に中止を希望した。その理由は、

自分は、すでに九十二の老人である。いわば、すでに死んでいるべき年である。しかるに、この齢まで生存して来たので、生命について何ら執着はない。しかし、なすべきことは多いから、天然の生命を縮めようとは思わぬが、特別のことをして、強いて生命を保とうとも思わない。今度の腸の疾患が、いかなる種類のものかを知らないが、手術までして生きたということでは残念であるから、そのままにして、もし死ぬるものなら死んでいきたい。ゆえに、せっかく皆の話でいったんは承諾したが、どう思い返しても、未練がましい気がするから、手術をやめたい。

というのであった。いうところは、いかにも翁らしい。しかし、これを徹すことになれば、過ぎし日

の苦痛を繰り返すことであり、策の得たるものでない。

一同種々凝議した結果、渋沢篤二氏より、切に手術を勧めることになった。

手術をおやめになろうというお気持ちは、一同十分に諒解します。しかしその理由がひどく特別な、新規なことをしてまで生命を延ばすのは嫌である、ということに承知いたしますが、もしさようであれば、失礼ながら違います。というのは、今度のは腸の働きが十分でなく、便通の具合いが悪いので、そのままにしておきますと、不潔物のたまるために、容易ならぬ苦しみをせねばならぬが、簡単に腸の先を切開して、そこから排泄することにすれば、その苦しみを避けることが出来るから、それを実行しようというのでありまして、何ら新規のことでなく、特別の試みをする訳でもありません。

手術というと、素人には大袈裟に聞こえますが、医者の方からいうと極めて普通のことで、特にご相談をするほどのことでもないのでございます。ただ高齢でおられるのと、とにかく腹部を切開することでございますから、特にお願いした訳でございます。

さらに生意気な申しようですが、かねて『論語』を尊信し、これを実行しておられる大人(たいじん)としては、天然の法則に従うということが、ご主張でもあり実際的でもあろうと思います。今度のことを、この点から考えますと、もしそのままにして何らのことをいたしません場合は、天然の法則に強いて反抗せんとするものでありまして、私どものお願いします小手術を実行されて、天然の法則に従われることが、平生の大人らしいと存じます。

このあたりをお考えくださいまして、ぜひ手術をお受けくださるように願います。なお大学へ行かれるということは、大袈裟になってお嫌でございましょうから、手術は無理でもこの邸で願うことにいたしますから、どうぞご承諾を願います。

という意味のことを繰り返して勧めた。翁もまた反対すべき理由なく、十四日午前、翁の居間に接したベランダで手術することになった。

晩年の父は、いつでも西洋館の居間で暮らしていた。……畳敷にしたら、かれこれ四十畳ほどもあろうか、南向きに間口の伸びた部屋であって、その南側は、幅一間半余りのベランダが付いていた。このベランダは、西の隅から南へ鍵の手に折れ曲っていて、食堂と応接間とを結びつけ、いわばベランダの廻り縁という形であった。ベランダの全部に差し掛けの屋根があり、側面は硝子(ガラス)張りの引戸と開きで蔽(おお)われていた。

だから、ベランダとはいい条、その実はサンルームの役目をしていた。招待客のあるときなぞは、棕梠竹(しゅろたけ)やデンドロビウムの鉢などが置かれて、立派に温室の役割を演じた。

こうした設備が役に立って、父の最後の手術の時に、塩田博士がメスを執(と)られたのも、このベランダになった訳であった。

と、『私の角度から見た父』の冒頭に渋沢秀雄氏が記した、そのベランダで手術をした。

夜来の豪雨に洗い去られて一点の塵をも留めず、庭前の木の葉は色冴え、晩秋の空はコバルト色に晴れ上がり、小春日和の肌も汗ばむほどであった。

手術は塩田広重博士の執刀、佐伯重治、白石四郎、両助手の補助、入沢、佐藤、大滝、林、諸国手の立ち会いの下に行われ、約二十分にして終わった。局所麻酔のため、手術終わり、居間に移らんとするに当たり、翁は、

「もはやすみましたか。私は関羽のような豪傑でありませんから、途中で閉口しはせんかと思いましたが、おかげで極めて楽でした」

といったほどであった。手術は順調であり、栄養は佳良であり、他に故障と認むべきものはなかった。しかし九十二の高齢である。塩田博士としても、体質といい、生活力といい、内臓の強さといい、何ら懸念するところなきも、ただ九十二の高齢なるがゆえに――未だ経験なき高齢者の手術なるがゆえに、一度は躊躇したほどである。予後を警戒せねばならぬ。

林、佐伯、白石の諸氏、また別に桜沢富士雄氏も加わり、交互に宿直警戒し、渋沢敬三氏はこの日より飛鳥山邸に泊り込み、渋沢事務所の渡辺氏と自分は交互に宿直することになった。

十月十五日は、平静に過ごし、切開部に軽度の疼痛を訴えるに過ぎなかったが、十六日午前には体温三十八度に上がった。しかし十七日には体温やや下降し、局所の疼痛も減退し、やや愁眉を開いた（ほっとした顔つきになった）が、食欲は振わなかった。十八日、十九日は、順調に過ごし、爾来さほどの故障はなかったが、食欲は依然として振わなかった。

二十九日は、体温三十七度台に終始し、脈拍九十前後であった。しかるに、食気不振、疲労の増進を認めざるを得なかった。かくて三十日に至り、親族ならびに入沢、林、両国手協議の上、翁の病気

を発表することになった。けだし、公人としての翁の病気を長く秘すべきでないからである。翌三十一日、各新聞紙に発表された容態は、左の通りであった。

本年春以来頑固の便秘あり、容易に治癒に向かわず、その際時々左腹部に隆起を認むることあるをもって、八月上旬レントゲン検査を行いたるに、大腸に狭窄症あるを確認せり。しかるに十月上旬に至り、腹部膨満に伴って腹痛を発せられ、一時腸管閉塞の症状を呈し、その苦悶堪え難きをもって、やむを得ず十月十四日自宅において塩田博士の執刀にて、人工肛門手術を行いたり。その後経過は順当なりしに、近日に至り微熱出で、食思不振となり、随って栄養衰え、昨今は幾分衰弱の徴現れたり。

体温　三七・〇—三七・八

脈拍　九〇前後

呼吸　二八—三〇

十九、永眠

翁の病状、新聞紙上に発表されると共に、曖依村荘は見舞い客をもって混雑した。よって、渋沢事務所の人々は部署を定めて来客に応接することになり、この夜から新聞社の人々も詰め切ることになったので、青淵文庫を開放した。この日、午後八時、主治医の発表した病状は左の通りであった。

午後一時半より約一時間にわたる悪寒あり、午後三時体温大いに上がり、夕刻に至るも下降せず。

体温　三九・〇　脈拍　一一三　呼吸　三六

月は改まって十一月になった。一日午前十時発表の容態はこうであった。

今朝に至り体温は下降せるも、右側に気管支肺炎の徴候を認む。食物摂取は依然少量なり。

さらに午後四時二十分、左の通り発表された。

気管支肺炎の徴候は今朝同様に歴然たるも、蔓延の様子なし。

体温　三七・二　脈拍　九四　呼吸　二五

食思依然不十分なるも意識明瞭なり。容態大体に於て今朝と変わりなし。

この日、畏くも、皇后陛下より御使あり、野菜を下賜された。十一月二日、皇太后陛下より御使あり、菊花、うずらの卵、果物、牛乳を賜わった。この日、容態はやや平静であったが、食思いまだ振るわず、一同の憂苦限りなきものがあった。御下賜の野菜をスープにして進め、また大宮御所よりの牛乳、ならびにうずらの卵を進めた。翁は感泣して摂取し、幾分活気を増したのであった。

三日は、「昨夜比較的安眠、容態大体において同様にして、体温三十七度前後、脈搏八十四ないし九十六、呼吸二十四ないし三十」であった。

四日午後五時、「経過平穏なるも、疲労やや増加の傾向あり、食思依然として振るわず」と発表され、第一の警鐘（けいしょう）は鳴らされた。

手術後、近親以外は病室に通らなかった。この面会禁止の間に、ただ一人翁に会った人がある。それは佐々木勇之助氏である。

十一月三日か四日と思います。私はお医者さん方と相談の上、佐々木さんを病室にお通しいたしました。病室には、入沢博士のほか、林さんと桜沢さんとがおられました。祖父はそのとき、上半身を少しベッドごと上げて、わずか右下にし、眠ってはいませんでしたが、何の苦痛なしに眼を閉じていました。

祖父の顔を見るためには、ベッドの足の方から一廻りせねばなりません。佐々木さんは——病臥せる祖父を見るのが痛々しくて堪えられぬという面持ちで、静かに近寄られ、一礼ののち、ジッと祖父の顔を見つめられました。そのまままた一礼して去られようとしたので、私は、

「佐々木さんがお見舞いにいらっしゃいました」

と申しますと、祖父は軽く眼を開いて、しばし無言で佐々木さんを見ておりましたが、右の手を差し延べて握手を求められました。

佐々木さんは恐縮されながらも、手を延べて、お二方は固く握手されました。否、佐々木さんは両方の手で、祖父の手を暖かくつつんでおられました。佐々木さんが、

「どうかお大切に」

といって手を離されるまで、ずいぶんと長い間、お二人ともほとんど無言でした。

しかしお二人とも眼に涙も浮かべられず、多く語らず、しかも極めて平静でした。少なくとも

私どもには、六十年にわたって相許した二人が、十二分にその最後を意識してのお別れとは思えぬほど、閑寂であり、枯淡でありました。

しかしその時の空気は、実に絶大な真剣さが、部屋中にこもっておりました。後ろでかすかにハンケチの音がするので、振り向くと、入沢さんも、林さんも、桜沢さんも、声を飲んで泣かれていました。私にはこの時の光景と感じは、とても筆に尽くせません。

渋沢敬三氏の記述の一節である。「疲労やや増加の傾向あり」を如実に描き出された思いがする。翁の病状を記しながら想い出されるのは、当時の憂慮と気忙しさとである。昼は、引きもきらぬ見舞い客の応接に息つく暇もなく、夜もまた、目まぐるしさと焦燥は続く。あの広壮な曖依村荘が、どの部屋も人で埋まって身動きもならなかったことによっても、人の出入りの劇(はげ)しさが想像せられるであろう。

この間を新聞社の人々にせがまれては、その時々の発表をせねばならない。見舞いの電話に応答せねばならない。受け付ける手紙の始末をせねばならない。

かくてようやく落ちつくのは、午前一時の頃であった。横になろうとすると、新聞社の人々の呼び出しである。風寒き庭を横切って青淵文庫に顔出しをすると、八方からの質問責めである。主治医の発表によって全部を尽くし、何ら加うべきもののなきにかかわらず、聴きたいのである。

その気持ちは十分分かるから、いいたいが、いうべき何ものもない。発表を繰り返し、多少の蛇足を加えるに過ぎない。それでも満足して、解放してくれるのはありがたい。

ようやく自分の体になって、ほとんどそのまま横になると、窓近く小やみなく忍び足に往来する靴の音が耳について、寝られるどころではない。けだし、徹宵（夜どおし）情報を嗅ぎ出さんとして警戒する新聞社の人々の足音である。

その熱心と努力とは敬服に値するが、憂愁に閉ざされる人々の気持ちにも同感してもらいたいとも思ってみる。かくてまた、慌ただしい日を迎え、目まぐるしさを繰り返す。この間に翁の容態はどう変わっていったであろうか。

六日午後五時の発表は、

「肺炎は漸次快癒に向かいつつあるも、食物摂取量十分ならず、ために疲労依然たり。食餌全摂取量四七五瓦――ウズラ卵八個、チャボ卵一個、――尿量六二〇瓦」

食餌と尿との量を比較して、いかに摂取量の少なきことであろう。

容態の発表の調子でも想像せられるように、食餌のいかんが最も重大であった。その時これだけの摂取量である。憂愁の気、邸内をおおったことが察せられるであろう。

七日午前、

「昨夜安眠、幾分元気恢復の様子なり」

と発表されたにかかわらず、午後に至ってやや思わしからず、しこうして、その報、外部に伝わったため、新聞社の自動車の往来頻繁となり、見舞い客の数さらに多きを加えた。

八日は、さらにいっそうの混雑であった。しかし経過は幾分良好で、むしろ一同やや愁眉を開くの思いがあった。財界その他の有力者の来訪多きを病床に伝え聞いた翁は、渋沢篤二をしてその心事を

伝えしめた。それは、

私は、帝国民として、また東京市民として、誠心誠意御奉公をして参りました。そして百歳の寿を保ち、どこまでも奉公したいと思いますが、このたびの病気ではもはや再起は困難かと思われます。しかしこれは病気が悪いので、私が悪いのではありません。たとえ私は他界しても、皆さんのご事業とご健康とを守護いたしますので、どうか亡き後とも、他人行儀にしてくださいますな。

というのであった。この日、高松宮家より西洋草花の寄せ植え一鉢を戴いた。

九日は、前日の小康にやや心安く感じた一同を驚かし、早朝急変の兆しがあり、近親、親戚の人々へ、電話、電報をもって通知し、朝靄（あさもや）の深いうちから、馳（は）せつける人々が続いた。午前八時三十分の容態発表は次の通りであった。

今暁（こんぎょう）三時体温昇騰三十八度に至る。五時悪寒を伴い、さらに四十度に達し、脈拍頻数微弱、呼吸不整、意識もまた不明となる。応急手当てにより、午前七時半脈拍および呼吸恢復し、体温もやや下降す。

体温　三九・六　　脈拍　一二六　　呼吸　三〇

また、正午の発表は左の通りであった。

今朝八時三十分発表後、意識依然不明にして、体温、脈拍、呼吸、共に今もって同様の状態にあり

体温　三九・六　　脈拍　一一六　　呼吸　二七

さらに午後五時の発表を見れば、次のごとくである。

　体温やや下降せるも、いまだ佳徴を認むるに至らず、依然今朝来の容態を持続す。

　体温　三八・六　　脈拍　一一六　　呼吸　三四

危険状態である。近親の人々はもちろん、懇親の人々、召し使いの者もまた最後の挨拶をすることになり、愁いに沈む人々は次々に病室に呼び入れられた。

高い寝台は南北に位置し、翁は上気したような艶のよい顔を心持ち東の窓へ向け、かなり深い呼吸をしている。周囲には近親の人々と、白衣の医師や看護婦が翁を真近く護っているが、いずれも興奮のさまで、室内の空気は緊張して一分のすきも与えない。

張りつめた瞬間が過ぎると、翁の容態もいつしか落ちつく。この日、翁の病篤しとの報、天聴に達し、畏くも葡萄酒を下賜せられた。かくてこの夜も更け、午後十二時を過ぐる十五分、村山侍医の御差遣を辱うした。診察した侍医は、病篤しと聞く翁の心臓の強さを驚きをもって語った。

九日夜よりはやや安静を保ち、侍医の御差遣をありがたく迎えた翁の容態は、十日午前七時頃から再び急変したので、いよいよ一同の者は、それぞれ病室に最後の暇乞いをすることになった。翁は、近親の人々に寄り添われ、酸素吸入に安らかな呼吸を運んでいたが、前日よりは熱が下がったためか、幾分顔色は白く沈んでいるかに見られた。そこでも、ここでも、すすり泣きの声が起こる。邸の内外は、極まりなき悲愁に閉ざされ尽くした感じであった。

　午前十一時、穂積男爵は、翁の代理として、侍医御差遣の御礼に宮内省へ出頭したが、その折り持参の容態書は左のごとくであった。

午前一時以後の経過左の如し。

午前三時　体温　三八・六　脈拍　一〇九　呼吸　二六

　五時　　　　　三八・九　　　　一一八　　　　二九

　七時　　　　　三八・八　　　　一一四　　　　二七

　九時　　　　　三八・四　　　　一一二　　　　二九

今朝に至り衰弱漸次増加の徴あり。　主治医　入沢達吉

次々に発表されたこの日の容態を記そう。

午前九時、

その後、体温、脈拍、呼吸、共に著変を見ざるも、今朝に至り衰弱は漸次増加の徴あり。

体温　三八・四　脈拍　一一二　呼吸　二九

正午、

午前十時三十分頃より、脈搏は依然変りなきも、呼吸困難となり、体温少しく昇騰す。一般の容態険悪となる。

体温　三九、〇　脈拍　一一八　呼吸　三〇

午後一時三十分、

依然重態にして、脈拍一二〇を算し、呼吸三〇——三二、体温は再び昇って三九・三に至る。

爾後の容態を数字をもって示そう。

（午後三時）　体温　三九・四　脈拍　一二〇　呼吸　三四
（同　四時）　体温　三九・三　脈拍　一二四　呼吸　三二
（同　五時）　体温　三九・四　脈拍　一二〇　呼吸　三六
（同　六時）　体温　三九・一　脈拍　一二六　呼吸　三一
（同　七時）　体温　三九・七　脈拍　一二八　呼吸　三四
（同　九時）　体温　三九・九　脈拍　一三八　呼吸　二八
（同　十時）　体温　三九・九　脈拍　一三六　呼吸　二二
（同十二時）　体温　四〇・一　脈拍　一二二　呼吸　二六

数字に妥協はない。冷酷に増し行く数字は、恨めしき限りである。

これより先、午後八時頃、容態は急変した。

重い憂欝が病室の隅々にまで拡がり満ちて、淡い電灯の光が、じっとベッドを見守る近親の人々、親戚一同の悲に沈んだ顔に、深い皺を刻んで見せる。翁の忙しい喘ぎに痰がからまった、「コトコト」という呼吸の一高一低が、恐ろしい不安と憂愁の中に、人々を誘いこんでいく。

入沢、大滝、両博士が、交互に脈を取りながら、刻々に変わり行く容態を気づかわしげに見守る。林氏が目をしばたたきながら、時々懐中電灯を先生の咽喉深く照らして、痰をとるのに懸命になっている。付添いの三国手（こくしゅ）や六人の看護婦が、息づまる雰囲気の裡にそれぞれの処置に忙しい。

時々注射がされる。氷嚢が取り換えられる。

昏々と眠る翁の枕頭（ちんとう）近く、何ごとかを祈り続けているかのような夫人、異様な緊張裡に身もだえしながら「涙にぬれた目を瞬時もお父様からお祖父様から離さない近親の人々」、悲しみと沈痛とにいたたまれず病室を出るけれども、すぐ不安と危惧とに取って返しては、また遂われるように出て行く親戚の人々。

外には風が出たのであろう。邸内の闇の中にカサコソと樹葉がそよいでいる。

午後十一時過ぎ、叙位の御沙汰が敬三氏によって粛然と読まれる。

従二位勲一等子爵渋沢栄一

叙正二位（特旨をもって位一級被進）

熱は徐々に騰って、四十度一分から四十度三分五厘となり、呼吸はますます忙しくなってくる様子である。重苦しい雰囲気を破って、マントルピースの上の時計が十二時を報ずる。

十一月十一日――世界平和記念日――翁がこの日頃心に念じ力を傾けた世界平和の克復第十三回記念日が、翁の枕頭を静かに訪れた。

いいあわせたように、ここかしこから低い囁きが起こる。

一時半、熱は四十度五分、呼吸はますます御悪く、枕頭に集う人々は、今は声もなく、言葉もあらず。痰のからまった低く高く断続する呼吸に、瞬間に驚き、瞬間に恐れて、身じろぎもせず、石のように堅く見入っている。

一時五十分。

火のような心臓の動きが、遂にパッタリと止んだ。御臨終を告げられる林氏の声も衰えて、枕頭にどっと人々が集まる。せきとめられていた人々の感情は、今身悶えと涙と肺肝を突き破る悲しみの声となった。

世界平和の記念日に、まことに世界平和の象徴である、太陽のごとく悠然と没し去った渋沢子爵、大きなものの中軸が深い闇の向こうに移って行ってしまったような、寂しさと空しさが、ひしひしと人々の胸に迫ってくる。

安らかに永久の眠りについた巨人の遺骸を囲んで、悲しさも淋しさも超越した涙と嗚咽（おえつ）とが、いつまでもいつまでも続いている。あの親しみ深い洋館の御居間の高い寝台の上で、先生はいとも安らかな眠りに入っておられる。生前から、生と死との間を超越しておられただけに、死という暗い陰は少しもない。

ただ深夜であることと、つつましい近親の方々の、巨人の薨去（こうきょ）に対する心遣いとで、あたりがしいんとしていることが、荘厳そのものの感じを与える。

兼子令夫人、篤二氏、敬三氏、穂積男爵御母堂、阪谷男爵令夫人、武之助氏、正雄氏、秀雄氏、明石氏、穂積男爵、またそれぞれの令夫人その他の方々が、目頭を赤くして立ち並んでおられる。またその傍には、『論語』をいっぱいに書かれた六曲屏風一双が、永久に先生を護り顔である。またいつもと変わらぬ先生の童顔は、心持ち東に向かっておられるが、そこには、皇太后陛下、高松宮、竹田宮から賜わった菊花や西洋花が置かれてある。また幾夜も幾夜も徹宵（てっしょう）看護に尽くされた諸先生や看護婦も厳粛に並んでいる。

一代の偉人、我々竜門社の者が慈父と仰ぎ慕った青淵先生には、和やかに、むしろ微笑ましげに、現世からの旅に立たれたのである。思えば十一月十一日は平和記念日とて、あの先生の円転たる御声が、ラジオによって、全国へ、否世界へ呼びかけられる日であったのだ。しかるに、この日のラジオは先生の薨去（こうきょ）を厳かに放送するに至ったが、それも深い由縁（ゆえん）であろう。

若くして逝（ゆ）いた熱の人意思の人、小川功暉、渋沢事務所の現れざる至宝として、その将来を待ち設けた良い意味の才人小川功暉の、涙をもって綴った翁の臨終記の一節である。「幾夜も幾夜も」寝なかったのは、いわゆる、「諸先生や看護婦」のみでない。敬三氏はじめ近親の人々、渋沢事務所の幹部、飛鳥山邸の人々は、ほとんど文字通り寝る暇もなかった。ここに悲しき日を迎えて記すべき文字もない。

二十、葬儀

準備

涙新たなる十一月十一日午前三時半、曖依村荘（あいいそんそう）洋館応接室において、渋沢家の葬儀委員会は開かれた。出席したのは、委員として渋沢敬三、阪谷芳郎、渋沢篤二、渋沢武之助、渋沢正雄、明石照男、渋沢秀雄、穂積重遠、阪谷希一の諸氏、ならびに幹事として渡辺得男氏および筆者であった。発喪の時期、葬儀執行の日時、式場、通知、来客接待、および焼香の方法、葬儀委員、ならびに事務分担であった。

何ら喪を秘する必要なきにつき、即時発表のことに決し、葬儀は十五日午前に執り行い、引き続き告別式を執行することに定め、式場は青山斎場を選んだ。通知は個々の通知を廃し、新聞広告のみとし、文面を左の通りに決めた。

正二位勲一等子爵渋沢栄一儀、病気の処、本日午前一時五十分逝去致候間、此段御通知に代へ謹告仕候。

追て来る十五日午後一時より三時迄、青山斎場に於て、仏式により告別式相営可申候。

尚生花其他御供物の儀は、遺志により一切御辞退仕候。

日付は、昭和六年（一九三一）十一月十一日、名儀は、嗣子渋沢敬三氏、外渋沢家葬儀委員諸氏（阪谷希一氏を除く）ならびに門下生として佐々木勇之助氏であった。

来客接待および焼香の方法は、全部立礼とし、葬儀委員長に佐々木勇之助氏、同副委員長に石井健吾氏を依頼すること、事務分担は両氏において考慮を請うことに定めた。

式場を青山斎場に決めたのは、一同苦心の結果であった。まず考えられたのは曖依村荘であったが、相当会葬者あるべきを予想する以上、スペースの関係からとうていできない相談である。次に菩提寺寛永寺であった。電車の便の良くないのと、雨天の場合のことを考えると、とうてい問題にならない。しからば日比谷公園にするかということになるが、派手派手しく葬儀を行うことは翁の意思でなく、遺族の好まぬところである。

かくてついに青山斎場ということになった。自動車の捌(さば)きについて多少の不安はあったが、考え得る限りにおいて最も適当なりとして決めた。

広告文は簡潔明瞭を主として立案し、何ら議論はなかったが、ただ佐々木勇之助氏を友人総代として連名を請う原案であったのが変わった。というのは、謙譲の氏が友人総代たるを固辞し、「門下生」としてならばと主張され、一同その意の在るところを容れ、前文の通り決まったのであった。氏の承諾を得んために交渉の任に当たった筆者は、懇願は容れられなかったけれども、氏の人格に触れ、その徳に打たれたことを、感激をもって永久に記憶するのである。

佐々木氏は葬儀委員長たることをもしきりに辞退したが、一同の懇請によりついに承諾したのは、午前五時近き頃であった。石井氏もまた副委員長たることを重任のゆえをもって固辞したが、一同より強いて依頼し、かつ佐々木氏を扶(たす)くる意味において承諾を請いたるため、ついに受けた。かくて午前五時、書院において、前夜より残れる財界の有力者、その他の人々に対し、佐々木葬儀委員長は、こう挨拶した。

ただいま御遺族の方々から御話がございまして、石井君と共にこんどの御葬儀について御世話申し上げることになりました。不肖私には非常な重任でございますが、種々御話がありましたので、職を汚すことになりました。それについては皆様の御尽力による外ありませんので、何とぞ宜しく御願い申し上げます。

差し当たりの問題は自動車の捌(さば)きでございますが、とりあえず御遺族の方々に申し上げまして、だいたい皆様の御案の通りで結構であろうということでございましたから、左様取り計らいたいと思います。

御遺骸は御納棺を終わるまで、ただいまの場所に御置き申すことになりました。弔問の方々はこの室に御通り願うことにしまして、やむを得ぬ人々に限り、あちらの御室へ御案内するということにいたしました。何分あちらの御室は狭いため、多人数を御通し申すことが出来ませんので、特別の人々と制限せられた次第でございます。

御葬儀の場所について種々御心配もございましたので、御遺族の方々に申し上げましたが、この御邸ではとうてい無理でございますし、寛永寺では電車の便が悪く、かつ雨天の場合には何とも方法がないというところから、両方とも不適当であろうという御意見でございます。日比谷公園という御話もありましたが、これは御遺志でもございませんし、御遺族の方々も同様御好みになりませんので、結局青山斎場ということになりました。電車の便から考えましても、雨天の場合の設備から見ましても、警察方面の人々が慣れている関係から見ましても、一番よかろうということでございます。私ども、至極御もっともと思いますので、その旨御答えいたしまして、青山斎場と決定いたしましたから、御承知願います。

御葬儀の御日取は、土曜日が友引でございますからこれを避け、大体十五日の日曜日に決定されました。それについては事務の分担、その他を決めねばなりませぬが、これについては渡辺君や白石君に案がありますから、これによって相談をいたしまして、それぞれ御願いしたいと思っております。

古河男爵、大倉男爵、森村男爵など、特に御配慮を得た方々には、御迷惑でも顧問に御願いいたしまして、各部を受け持って御尽力を願いたいと存じております。これらについては幹事と相談いたしました上、案を具してあらためて御諮り申し上げることにいたします。

なお今日午前十時頃から具体的の御相談をいたしたいと思っておりますから、添えて申し上げます。

同日午前十時、臨時に設ける葬儀委員長室において葬儀小委員会を催し、佐々木委員長、石井副委員長、渡辺、白石、両幹事出席し、顧問、委員を幹事の原案により嘱託することを決定し、同夜七時、渋沢家委員会第二回の会合を催し、輿(こし)、霊柩車、供花、墓標のことを打ち合わせ、さらに十時三十分第三回の会合を催した。

このときは供花ならびにその制限に伴う範囲の決定が主たる題目であった。供花は、皇室、宮家、徳川両公爵家、水戸徳川家、ならびに外国使臣、喪主、近親以外の分は全部辞退することにし、その他の供物も同様の取り扱いをなすことに決した。けだし翁の遺志を体し、葬儀委員の主張により決定したのであった。

これより先、佐々木、石井、正副委員長は、事務の分掌を定め、接待、外人接待、儀式、救護、受付、供物、会計、食事、記録、通信、連絡、交通、ならびに本部などを置き、顧問四十名、委員約六百名をそれぞれ嘱託した。それぞれの委員は、部内の協議会を催し、事務の打ち合わせを行い、自治的に活動をはじめた。

泰徳院殿仁智義譲青淵大居士

十一月十一日午前。一木宮内大臣より、渋沢敬三氏宛に左の通知を受けた。

　正二位勲一等子爵渋沢栄一薨去（こうきょ）ニ付、
特旨ヲ以テ弔問トシテ、本日午後二時三十分
勅使ヲ、同二時四十分
皇后宮使ヲ、同二時五十分
　皇太后宮使ヲ、同二時五十分
　皇太后宮使ヲ、其邸ニ被差遣候、此段及通達候也。

混雑せる邸内も、このありがたき御沙汰を受けて、これら尊き御使の御来邸を待つべく準備している中、予定のごとく、午後二時半、勅使本多侍従、同四十分、皇后宮御使野口事務官、同五十分、皇太后宮御使西邑事務官、次々に着かれ、近親の者廊下に待立して御迎え申し上げ、光栄ある御弔問の御言葉を賜わったので、喪主敬三氏謹んで御請けしたが、中にも皇太后陛下は特に、

「慈恵会や東京市養育院に対する渋沢の心尽くしを大変喜んで居た、また癩患者の救恤（きゅうじゅつ）については色々と心配していたが、この時に際し渋沢を失ったことは、返すがえすも惜しいことである」

との御言葉を賜わり、喪主はじめ一同、直接承った者はもちろん、洩れ承る者も、いずれも感泣せざるはなかった。

皇室の御処遇に感激したこの日、一般からも涙をもって弔われた。その状景は、各新聞紙の争って記したところであるが、ここには東京日日新聞の記事を掲げる。

十一日午前一時五十分、子爵渋沢栄一翁は九十二歳の高齢で遂に逝去した。渋沢邸に悲しみの一夜が明けて、初冬の冷い陽光が病室にしのび入った。故翁の遺骸はベッドの上に北枕におかれ、翁が生前愛誦した論語を書いた屏風がめぐらされ、香煙縷々と立ちのぼる。兼子夫人、令嗣敬三氏、長男篤二氏など、近親たちがみまもる翁の顔は、九十二年の永い間、広汎なる使命を果した満足さが浮んで、聖者のような清らかさに輝いている。時々すすり泣きの声が漏れる。邸外は黒白の鯨幕が張りめぐらされて、青年団や消防組の人々が喪章をつけて立つ、悲しみは滝野川の町一ぱいに広がった。未明から弔問客が続々とひきもきらず、自動車は屋敷内からあふれ、坂上から飛鳥山下まで数町の間長蛇の列、政界、財界、教育界、宗教界、社交界、軍人、芸術家と、全日本のあらゆる層の知名の人たちが、日本文化の育ての親である翁を弔いに集まった。玄関式台には喪服の応接係が左右に六人ずつ居並び、白木綿をかけたテーブルを前に、しめやかな弔問の挨拶が交わされる。故翁を神様のように尊敬している滝野川小学校の児童代表が玄関で泣きじゃくって、人々の涙をさそうた。関係会社の人々が一切の事務に当っている。悲しみと疲れに耐えられなくなった兼子未亡人と近親の人々は、しばし別室で休んだ。やがて昼となれば、庭の紅葉に陽光が輝いて、ざわめく風に色づいた桐の葉がサラサラと地上に散る。遺骸の安置された病室の窓は、カーテンと鎧戸を閉ざして音もない。正午ちょっと過ぎに、兼子夫人、令嗣敬三氏、長男篤二氏以下、近親や深い関係のある人々、恩顧を蒙った人たちなどが、改めてお別れをつげた。幼い令孫、曾孫の人たちが、うたた寝から呼びさまされ、眠さと悲しさに眼を真っ赤にして、おじいさまの遺骸に最後の別れを告げた。

この日、寛永寺門跡大多喜守忍大僧正によって、法号を泰徳院殿仁智義譲青淵大居士と定められ、儀式、読経の時間、勤行僧侶もそれぞれ決まった。

供物辞退について、受付委員の苦心は容易ならざるものがあった。「供物辞退」は、普通葬儀広告の辞令となっており、事実に行われることは少ないといっても差し支えない。辞退を標榜しながら、実は受けるのが一般の例である。それを文字通り辞退したので、この折衝の第一線に立つ受付委員の苦心は、察するに余りがある。

しかも主義確立前、すでに贈られたものも多い。たとえ内部における推移はどうでも、すでに受けた前例あるに、途中より辞退するのはなお苦しい。贈る人は厚意からである。厚意を無にせず主義を徹さねばならぬ。贈られる翁が翁だけに、贈る方でも義理一片でない。熱もあれば粘りもある。それを、感情を害せず、礼を失わず、断らずに、辞退せねばならぬ。真に容易のことではない。

時には委員の手におえず、本部から出張する。石井副委員長が出馬する。さらに佐々木委員長が自ら折衝する。全部を挙げての努力をもって、とにかく「辞退」の主義を立て徹した。のちには、生活改善の実行者たる翁の面目を発揮したと称せられたが、当時の苦労は今思っても汗が出る。

その一々を挙げる限りではないが、林主治医から電話で供物のことを相談され、生前嗜まれた梅干餡を、せめてもの心やりに供えたいといわれたのを、「辞退」したときのことを思うと、今なお身の縮む思いがする。けだし当時を思い返して、同じ感慨を起こす人の多いことであろう。かく一同言葉を尽くし礼を尽くして辞退したが、それでもなお、贈る人に対する敬意を失うことを恐れ、喪主の名をもって挨拶状を発した。

謹啓。陳者、此度祖父逝去に就て、御鄭重なる御供物御遣わし被下(くださり)、御懇情の程忝く奉拝謝候。然る処、予て新聞紙上にて申上置候通り、遺志に依り御辞退申上げ候儀、折角の御厚志に背き、失礼の段申訳無御座候えども、微衷御汲取の上、何卒不悪御諒恕被成下度、不取敢以書中御礼旁御詫申上候。敬具。

葬儀の準備と、弔問者の応接とに、十一日はいつしか暮れた。この夜六時から、国際連盟協会と東京市の共同主催をもって、朝日講堂に、「平和記念の夕」を催す予定であったが、にわかに翁の訃に遭い、「平和記念と渋沢子爵追憶の夕」とあらため、協会創立以来十二年間会長として努力しきたった翁を偲んだ。

永田東京市長は、翁が六十年の長き間、東京市のために尽瘁し、国際連盟協会についても率先尽力した功績を讃え、下村宏氏は、「渋沢子爵をしのぶ」と題して、追悼の意をいたした。

御沙汰書

十一月十二日を迎え、曖依村荘は哀愁のうちに明けた。昨日に引き続いて弔問の客が、早朝より玄関前の小砂利を踏んで相踵ぐ。宮家の人も、朝に立つ高官も、いたいけな少年も、田舎人らしい老人も、皆哀悼の意をこめている。そして書院では、これらの人々を近親や親戚や知己の人々が迎えて、翁の在りし日を追懐し、談話は尽くるところを知らない。

翁はなお、生前の病室に安らかに眠り、枕許には月出東山筆の『論語』の六曲屏風一双が淋しげに立って、他には何一つ飾られたものがなく、簡素にして清々しい。そして、香煙が静かにうす紫に立ち上る。

午前十時、皇太后陛下よりの御使があって、御盛菓子を賜わり、次いで、天皇、皇后、両陛下より御料理百人前の御下賜を拝したが、さらに東京慈恵会総裁としての竹田宮妃の御使、斯文会および理化学研究所総裁としての伏見宮の御使、聖徳太子奉賛会総裁としての久邇宮の御使があり、それぞれ御菓子を賜わった。

織るがごとき弔問客の応接と準備にいつしか日は暮れ、午後八時より納棺式が行われた。

これより先、七時というに、近親の人々は最後の訣別に、さらに新しい涙をしぼりつつ寛永寺大多喜大僧正の読経裡に一同の焼香を終え、いよいよ総桐作りの寝棺に移されたが、その中へは愛用の『論語』一巻、筆硯、銀器入れの飴玉、および団扇などが納められた。

書院正面の霊柩の上には、生けるがごとき翁の大写真、また、皇太后陛下、高松宮妃、久邇宮、竹田宮、伏見宮より賜った御供物、ならびに徳川家達公、同慶光公、同圀順公の供物を供え、さらに旭日桐花大綬章、勲一等瑞宝章、フランスのレジオンドヌール勲章、およびベルギーの王冠第一等章が飾られた。

午後九時、高松宮殿下御使の御来邸があり、ただちに焼香されたが、読経後、徳川慶光公御母堂、敬三氏、兼子夫人、篤二氏以下、親戚、知己の方々、また召し使いの者に至るまでの焼香があって、納棺式の夜は更けた。

翌十三日は、定められた人々以外、多数の人々の通夜に明けた。この日、皇太后陛下より御料理の下賜があり、また閑院宮殿下には恩賜財団済生会総裁として御盛菓子を賜わった。

葬儀はいよいよ迫った。葬儀の準備は次第に熱を加えた。午前十一時、葬儀委員総会を催し、佐々木委員長議長席につき、各部の主任ならびに幹部二十余氏が熱心に意見を闘わし、各般の決定をした。中で顧問森村男爵の提議により、告別式は焼香を廃し、礼拝にとどむることとしたことは記しておかねばならない。

明くれば十四日である。葬儀はいよいよ明日になった。眼の廻るような忙しさである。臨時に東京市の好意で引いた、葬儀委員専用の電話は間断なく鳴る。電話がかかると、すぐ傍には各部からの折衝員が立っている。電話が済むのを待ちかねて話しかける。話しているのを、後ろから呼びかける。もちろん立ち話である。話といっても椅子にかける時間はない。

それがいずれも明日の葬儀のことでなければ、目前処理を要することである。よく考えておこうなどという、緩慢なことではおさまらぬ。話しかける方も勢いこんでいる。答える方も昂奮している。答えたと思えば、すぐに声をかけられる。寸刻を惜しむために礼を失したことがあったであろうことを思い、今更背に汗する感がある。

正副委員長の信望と、明快なる判断と、親切なる指導と、各部委員の翁に対する限りなき追慕と、稀に見る自治協力とによって、あの大規模の葬儀が、何の滞(とどこお)りもなく執行された当時を思い返し、今更ながら翁の徳の偉大さに打たれる。翁の徳を思うと共に、各部委員の協調と、自制の実行力とに頭が下がる。同じく翁の徳に服し、恩を感ずる人々ではあるが、日常従事する業務が違い、信ずるところが違う。自然意見も違い、主張も異なるわけである。しかも数が多い。千に近いこれらの人々が集まっては、議論もあり、感情的になるはずである。それがなかった。意志の扞格(かんかく)（食い違い）もなければ、感情の疎隔(そかく)（へだたり）もなく、葬儀の遂行という大目的に向かって、ただ一団となって押し進んだ。その自制と協調との見事さを見せられたのは、この日であった。いよいよ葬儀を明日に控えた、十一月十四日であった。

玄関前には、「造生花その他御供物の儀は、遺志により堅く御辞退申し上げ候」という貼り紙があり、屋内の廊下には、「接待委員各位」と題し、「十五日午前九時二十分までに青山斎場へ御参集願い上げ候」とか、「受付委員各位」と題して、「十五日告別式当日、受付委員各位は午前九時までに青山斎場へ御参集被下度候」とか、また、「委員各位へ謹告」として、

一、当日の服装はモーニングまたはフロックコート。

一、帽子は任意の事。

一、左腕に喪章を付する事。

などという貼紙が掲示された十一月十四日であった。

この日、御弔問の勅使、皇后宮御使、皇太后宮御使の来邸のことが、予(かね)て宮内省より通達があったので、午前九時習礼を行って、準備を整えおると、予定の通り、午前正十時、勅使本多侍従来邸、西洋館応接の御休所にて少憩、ただちに喪主敬三氏進みて、

一、御沙汰書
一、両陛下よりの祭粢(さいし)料一封
一、白絹　五匹
一、供物　八台
一、花　一対

を拝受し、御沙汰書は敬三氏捧持(ほうじ)し、その他の賜物は、森村男爵、古河男爵、浅野総一郎氏がそれぞれ捧持した。

やがて田中栄八郎氏霊前に香炉を安置すれば、原忠道氏の「起立」の声に、一同起って勅使の参入を待つ。橋本実斐伯爵の御先導にて、勅使は静々と柩前に進み焼香せらる。その間満座寂として声なく、渋沢家一統はもちろん、並み居る者、皆この光栄に感激の涙なきはなかった。

勅使退席後、敬三氏は御休所に出でて御礼を言上した。かくて勅使退邸後、午前十時二十分には、皇后宮御使として野口事務官来邸、祭粢(さいし)料一封と花一対を賜わり、勅使同様焼香ありて退邸。次いで午前十時三十分、皇太后宮御使として西邑事務官来邸、祭粢料一封と花一対とを賜わり、焼香ありて退邸せられた。

かくて、敬三氏によって御沙汰書は恭(うやうや)しく読み上げられた。

高ク志シテ朝ニ立チ、遠ク慮リテ野ニ下リ、経済ニハ施設極メテ多ク、教化ノ振興ニ資シ、国際ノ親善ニ努ム。畢生公ニ奉シ、一貫誠ヲ推ス。恂ニ経済界ノ泰斗ニシテ、朝野ノ重望ヲ負ヒ、実ニ社会人ノ儀型ニシテ、内外ノ具瞻ニ膺レリ。遽ニ溘亡ヲ聞ク、焉ソ軫悼ニ勝ヘン。宜ク使ヲ遣ハシ賻（たすけ）ヲ賜ヒ、以テ弔慰スヘシ。右御沙汰アラセラル。

一座しばし声なく、深き感激に打たれたが、やがて感極まって嗚咽の声が起った。

その日

十一月十五日は来た。十四日の午後から降り出した雨が、夜に入って勢いを増し、ついに篠つく大雨となり、この日の天候が気づかわれたのであるが、午前四時頃、通夜に上気した頭をさまさんと、静かに広がる庭に出たときは、ほとんど感ぜぬほどの小雨となっていた。しかし、見上ぐる空に星もなく、ただ墨を流したごとく重く垂れたるに心安かざりしも、午前六時頃からはからりと晴れて、朝日のきらめきまぶしいくらい、ことに前日の雨で汚れを洗い落し、翁の土に還ります日をことさらに清々しからしめたのであった。

翁は羽二重の白無垢を身に纏い、桐の寝棺、その外を檜を蔽った柩に、安らかに眠り、そして丁度顔の上に当たるところには、御沙汰書が謹写され、硝子の窓を通して読まれるように貼られた。

午前七時、遺族の人々、親戚の人々、門下生など、書院にぎっしりと椅子により、廊下には立ったままの人も多く、寛永寺門跡大多喜大僧正以下の懇ろな読経をしみじみと聴く。次いで焼香が終わると、最後の告別がなされた。生前と少しも変わらぬ、ただ心持ち顔色が白いと思われる程度で、いつに変わらぬ温顔は、今にも口を開きそうである。かくて、再び還らぬ旅に出立つべく、霊柩はしずしずと日本玄関に運び出されて、霊柩車に移された。

葬列に加わる自動車に分乗の人々は、粛然として、しかも敏活に、何らの混雑なく、それぞれ所定の自動車に乗り、出発を待つ。自動車は番号順に正面内より順次玄関前に、玄関前より曲がって裏門に、さらに飛鳥山公園脇に配置され、さらに葬列外の自動車が公園前および道路向かい側に置いてあったが、全部乗り終わったのが午前八時四十分で、各車声もなく、ただ出発の合図を待っている。やがて、定刻九時が来るとともに、出発の喇叭（ラッパ）が高らかに鳴り響き、葬列は順次門を後にする。

沿道は美しく浄められて、電車も車馬も影を見せず、両側は戸毎に弔旗を掲げて深い弔意を表している。滝野川町を離れるまで、多数の町民や、翁関係学校の学生、生徒が堵列（とれつ）して見送る。かくて沿道いたるところ、心からなる弔意を受けつつ、予定の通り青山斎場に着き、午前九時五十分に準備を終わった。

祭壇は正面奥に輦輿（れんよ）（轅（ながえ）を肩に当てて移動する輿（こし））を置き、その前に翁の大写真額、その前には各種の御供物がそれぞれ配置され、その前に焼香机があり、その上には、中央に勅使、向かって右に、皇后宮御使、左に、皇太后宮御使の用いられる香炉が置かれ、供物台のすぐ左右には親族の生花、それからずっと前の左右に、聖上、皇后、皇太后三陛下より御下賜の生花が並べられ、その後に各宮家よりの榊（さかき）十五対が供えられ、向かって右の遺族ならびに親族席に向かって、フランス大使の生花、アメリカ大使の花環、それから徳川家達公の生花、徳川慶光公の生花、徳川圀順公の生花が並ぶ。また、左側正面に中華民国公使の花環、および徳川三家の生花が並んでいる。

しこうして遺族席の前方には、徳川家達公爵夫妻、徳川慶光公爵ならびに同母堂、徳川圀順公爵夫妻が座を占め、それから後に遺族親族が粛然と控え、それに対しては佐々木勇之助氏、石井健吾氏、永田市長、ならびに郷誠之助、団琢磨、古河虎之助、大倉喜七郎各男爵、その他顧問の人々が立ち並んだ。

式場の準備は出来た。勅使、御使を待つばかりである。大倉男爵など係員は緊張している。予定の午前正十時、勅使本多侍従御着車、少憩ののち、橋本伯爵の先導にて、原氏の警蹕(けいひつ)の声に一同の起立敬礼せる間を進みて、焼香あり、午前十時五分、皇后宮御使野口事務官御着車、金子武麿氏の先導にて焼香、次に午前十時十分、皇太后宮御使西邑事務官御着車、大倉男爵の先導にて同じく焼香があった。

かくて、ただちに大多喜大僧正以下の読経が始まった。その間に委員によって弔辞が霊前に供えられ、山のごとく盛り上がった。読経の終わるを待って、永田市長の弔詞があり、続いて郷男爵は日本商工会議所を代表して弔詞を読んだ。

葬儀は予定のごとく十一時半終了した。

告別式の予定は午後一時からであったが、約一時間前の正午頃、早くも会葬者が相踵(あいつ)いだので、式場の扉を開いた。扉の開くとともに、告別の人は続く。式の始まるのを待っていた血洗島の人々が、質朴(しつぼく)なる服装のまま、零時五分というに、早くも粛々として礼拝する。

受付に添って、「各位の御焼香は、僧侶が御代理を勤めておりますゆえ、右御諒承を願います」という立札が数本立てられた。けだし森村男爵の意見により焼香を廃したためであった。

受付は斎場正面左側に、正門より斎場入口まで続き、白木の三宝三十八個が名刺受として並んでいる。定刻近くになるにつれ、告別の人々はいよいよ増し、二列になって斎場内へ進んでいるかと見る間に、三列となり、四列となって、午後二時前後の斎場は人で埋められ、三宝の上にはみるみるうちに名刺の山をなす有様で、朝野の名士を網羅した上、子供伴づれの老人や学生など、あらゆる階級にわたっている。自動車の人々は表正面へ帰るが、徒歩の人々は皆裏門へ抜けて行く。もちろん、斎場表通りは告別に来る人以外の車馬の交通なく、混雑もなく、堰せかれるもののない水のように、人や自動車が流れ入り、流れ去る。

「参詣者の数は午後三時までに約四万人で、祭壇の前で参詣者の代理で焼香していた一人の僧侶は、過労の余り貧血を起こして倒れたほどで、個人葬儀としては青山斎場始まって以来の大葬儀であった」と、新聞に記されたほどであった。

この人と車の交通整理が空前の成績を示し、ただ一つの故障さえなかったことは、東京市当局ならびに警視庁の特別の好意と配慮によるのはもちろんであるが、内部における交通委員、特に主任として、全責任をもって交通に関する案を立てた東郷正作氏の苦心の結晶であった。

そしてなお、参拝者の絶えぬ午後四時、霊柩車は斎場を後にし、秋雨蕭々たる大路を、静かに谷中寛永寺の墓地に向かった。

著者
白石 喜太郎（しらいし きたろう）
1888（明治21）年、土佐（現在の高知県）生まれ。一橋学園出身。第一銀行に勤めた後、渋沢栄一事務所に勤め、二十年にわたって秘書として渋沢の仕事を助けた。1945（昭和20）年没。著書に『渋沢栄一翁』（刀江書院、1933）、『渋沢翁の面影』（四条書房、1934）、『渋沢翁と青淵百話』（日本放送出版協会、1940）など。

企画：西脇修二
現代文テキスト作成：佐藤義光
組版・編集協力：国書サービス（割田剛雄・吉原悠）
カバーイラスト：三村晴子

渋沢栄一 92年の生涯 冬の巻

2021年3月22日 第1版第1刷発行

著 者 白石喜太郎
発行者 佐藤今朝夫

〒174-0056 東京都板橋区志村1-13-15
発行所 株式会社 国書刊行会
TEL.03(5970)7421(代表) FAX.03(5970)7427
https://www.kokusho.co.jp

ISBN978-4-336-07098-2
印刷・株式会社エーヴィスシステムズ／製本・株式会社ブックアート
定価はカバーに表示されています。
落丁本・乱丁本はお取替いたします。
本書の無断転写（コピー）は著作権法上の例外を除き、禁じられています。

論語と算盤

B6判・並製　266頁　定価：本体1200円
978-4-336-01455-9

我が国近代化のためにその生涯を捧げた渋沢が晩年、折にふれ語った、処世から人生全般にわたる、滋味溢れる講話を集大成。半世紀を経た今日でも、彼の肉声は私たちの心に強く響いてくる。

先見と行動
時代の風を読む

四六判・上製　294頁　定価：本体1800円
978-4-336-05314-5

旺盛な好奇心、柔軟な思考、鋭い洞察力の持ち主…大著「青淵百話」より、その驚くべき先見性を中心に再構成。渋沢の言葉には先の時代を読み取る要素にあふれている。

立志の作法
成功失敗をいとわず

四六判・上製　302頁　定価：本体1800円
978-4-336-05313-8

大きく迷い大きく育った渋沢の志。紆余曲折の人生を歩んだ渋沢栄一の言葉だからこそ、多くの生きる術が得られる。大著「青淵百話」より、若者に贈ることばを中心に再構成。

徳育と実業
錬金に流されず

四六判・上製　270頁　定価：本体1800円
978-4-336-05312-1

本来の社会的使命を忘れた現代の金融、資本主義…いまこそ一番注目すべき経済道徳の真髄を渋沢の言葉から学ぶ。

国富論
実業と公益

四六判・上製　276頁　定価：本体1800円
978-4-336-05311-4

虚業に走り経済道徳をなくした現代こそ、渋沢の声に耳を傾けたい。個々人の公益と利益の追求とは何かを問う名著。大著「青淵百話」より、公利公益の哲学を中心に再構成。